南大专转本系列

总主编 凌达 杨波

新编专转本大学语文考试必读

南大专转本题库研究中心
苏天教育　　　　　　　　　　　共同审定
高职高专研究会基础课程研究分会

主编⊙董自厚
编者⊙张　强　赵锁龙　钱振昌　王火根　许卫全

南京大学出版社

图书在版编目(CIP)数据

新编专转本大学语文考试必读 / 董自厚主编. —南京：南京大学出版社，2016.9(2021.6重印)
ISBN 978-7-305-17624-1

Ⅰ.①新… Ⅱ.①董… Ⅲ.①大学语文课－成人高等教育－升学参考资料 Ⅳ.①H193.9

中国版本图书馆 CIP 数据核字(2016)第 225674 号

出版发行	南京大学出版社		
社　　址	南京市汉口路 22 号	邮　编	210093
出 版 人	金鑫荣		

书　　名	新编专转本大学语文考试必读		
主　　编	董自厚		
责任编辑	李廷斌　李鸿敏	编辑热线	025-83593947
照　　排	南京南琳图文制作有限公司		
印　　刷	南京人文印务有限公司		
开　　本	787×1092　1/16　印张 13.75　字数 335 千		
版　　次	2016 年 9 月第 1 版　2021 年 6 月第 5 次印刷		
ISBN 978-7-305-17624-1			
定　　价	35.00 元		

网址：http://www.njupco.com
官方微博：http://weibo.com/njupco
官方微信号：njupress
销售咨询热线：(025) 83594756

* 版权所有，侵权必究
* 凡购买南大版图书，如有印装质量问题，请与所购图书销售部门联系调换

前　言

　　时间的脚步走得永远是这样急促,人生的攀缘从来就没有像今天这般焦灼。年年专转本,今又专转本,亲爱的同学,在这个稍纵即逝的命运升华季,我们再度看见了您渴望向上的探求的凝眸,您洒然前行的风中的身影。

　　我们欣赏这种一直在自己认定的路径上站直了向前走的人,我们赞赏这种孜孜矻矻、永不停歇的"固执"。所以,风雨同行,在向您双手奉献《新编专转本大学语文考试必读》这块倾情垫脚石的同时,还想以您的同路人的名义,向您友情提示——

一、大学语文不同于中学语文

　　原因多多,主要有:
　　(一) 施教对象明显不同
　　一个面对的是仰望高校门槛的追梦人,另一个是"得陇望蜀"的逐日者。
　　(二) 施教目的也不一样
　　一个是为您进入"梦境"添翼,一个是为了您未来搏击风云的羽翼更健全、更丰满:提升您的综合素质,引领您的人文素养。
　　所以——

二、专转本大学语文考试与高考相同是认识误区

　　(一) 高考语文
　　中学是为升入高校学习打基础的阶段,因此高考语文全面考查学生的基本知识和基本技能。
　　(二) 专转本大学语文考试
　　选取某些有意义的角度,考查大学生适应社会需求的知识和技能,考查体现大学生人类终极关怀精神的人文素养。
　　于是,专转本大学语文考试——
　　1. "死"
　　"死"指专转本大学语文考试涉及的知识面明显宽阔多了。如2005年江苏省试题,基础知识部分只考字形、名句背诵和文学常识。而今,名句背诵不再直接考察,但文学常识的分量不减,而且涉及了当下阅读。小作文考查社会实用性极强的应用文写作,除了严格的字数限制之外,还有两条要求定得特别"死":一是"格式正确",二是"语言规范,表达准确"。开口"格式",闭口"规范",再不就是"准确",可谓"死"之至矣。
　　2. "活"
　　一者,考查内容与社会生活密切相关。仍以2005年江苏省试题为例,姑且不再提直面

现实的应用文"招聘启事",也不说大作文所供材料的现实寓意,单是"阅读理解"部分的两个大题,就足以体现"活"的特点。文言文阅读理解题以蝜蝂的"坠地死"讽刺贪婪腐败的官吏,让我们情不自禁地联想起现实;而现代文阅读材料《祈求》,则尊重梦想,礼赞野性,敬畏生命,体现出人类终极关怀的人文精神。如此等等,不一而足。

再者,即使是考查"死"的内容,也体现出"活"的特点。

比如应用文,写作者居然可以"自拟信息",就是说,内容自定。这真是一个大胆的创造。尤其是大作文题,不管是没有话题的材料作文,还是有引导语抑或没引导语的话题作文,都拥抱现实,灵活可喜。

总之,专转本大学语文考试从内容到形式,"死"中有"活","活"中有"死";"死"的死"脱","活"的活"够"。可以说,"死"去"活"来,就是专转本大学语文命题的精髓。

故而——

三、专转本大学语文应该有针对性地着手准备

没得说,"死"的基础知识部分就是要强化记忆,要舍得投放时间。本"必读"所提供的文学文化常识等方面的资料,一定要充分利用,多下苦功,多下硬功。

如何"活"法?

(1) 准确地把握命题特点,敏锐地感知卷面信息,联想,感悟,生发。

(2) 充分利用您的专业背景。比如应用文的"自拟信息",就可以结合自己的专业特点,做到扬长避短。

(3) 胸怀大千,走出小"我","我善养吾浩然之气"(孟子语),培养人文情怀。

新的转机和闪闪的星斗,正在缀满没有遮拦的天空。(北岛诗)专转本,又一个选择摆在了您的面前。我们祈望,大学语文不是您的绊脚石,而是您又一次勇敢挑战的助力器和催生剂。莫为难,莫畏惧,激情面对,相信我们,相信自己。

在教材的组稿和编写过程中,南京大学出版社及苏天教育的领导给予了大力的支持与帮助,他们多次审阅、修订教材的编写大纲及组织架构,对教材的每个细节都严格把关,目的是让此教材成为江苏省专转本考试辅导教材中的精品。在此,对他们的辛勤指导表示衷心感谢!

关于专转本大学语文的考试要求、题型特点、命题趋势等内容的介绍,请扫描右侧的二维码。另,考生可扫一扫封底二维码,关注南大专转本大学语文公众号,获取更多大学语文教学资源。

编者
2016 年 7 月于南京大学

专转本在线课程

目 录

上编 写 作

第一章 说理文写作 ... 3
第一节 审题立意 ... 3
第二节 拟写文题 ... 15
第三节 分析说理 ... 17
第四节 材料宝典 ... 24
第五节 语言风采 ... 41

第二章 应用文写作 ... 59
第一节 党政公文 ... 59
第二节 事务文书 ... 100

中编 阅读鉴赏

第三章 现代文阅读 ... 113
第一节 理解词语 ... 113
第二节 解释文句 ... 117
第三节 归纳概括 ... 121
第四节 鉴赏评价 ... 126

第四章 文言文阅读 ... 131
第一节 造字法 ... 131
第二节 文言实词 ... 132
第三节 文言虚词 ... 141
第四节 归纳概括 ... 146

第五章 诗词鉴赏 ... 151
第一节 诗词知识 ... 151
第二节 例说五种 ... 155

下编　语文知识

第六章　文学常识 ··· 161
　第一节　中国文学 ··· 161
　第二节　外国文学 ··· 173
　第三节　文学团体　文学运动　文学体裁 ······························ 177
　第四节　名著梗概 ··· 182
第七章　文化知识 ··· 187
　第一节　人称官职 ··· 187
　第二节　天文地理 ··· 194
　第三节　科举礼仪 ··· 201
　第四节　饮食文娱 ··· 208
　第五节　典籍辞书 ··· 211

上编 写作

해설

第一章 说理文写作

专转本大学语文大写作题占 70 分或者 80 分，是考试成功的关键。虽说体裁不限，但以写成说理文为宜。因为阅卷时讨论评分标准，只以说理文为例，其余体裁基本不涉及，由阅卷老师酌情给分。实际上，考生也以写成说理文者占绝对多数；何况，从长远看，文科生各级各类考试，只要考到写作，也都以考说理文为主，比如公务员考试，直接明确要求写成说理文。

前些年，以考材料作文、新材料作文为主；近年，主要考话题作文。

第一节 审题立意

审题就是为明确作文要求对作文题（包括题目、材料以及写作要求）进行审读。审题的过程就是通过筛选、提炼、归纳，将试题信息转化为具体的写作要求的过程。只有审清题意，写出来的文章才能"符合题意"。

立意是在准确审题的基础上确立文章的主题。立意的过程就是确定文章的观点及情感走向的运思过程。只有确立有价值、有意义、有真情、有独特见解的主题，写出来的文章才能"中心明确"、"思想健康"以至于"深刻"、"新颖"。

一、话题作文审题立意

（一）话题作文的标志

从语言上看，在题中有"话题"这样的字眼，就是话题作文。

如："请以'理想'为话题"，"以'亮点'为话题"，这就是话题作文。

（二）话题作文的类型

1. 材料＋提示语＋话题＋要求

如：宋国有一个富人，一天大雨把他的墙淋坏了。他儿子说："不修好，一定会有人来偷窃。"邻居家的一位老人也这样说。晚上富人家里果然丢失了很多东西。富人觉得他儿子聪明，而怀疑是邻居家老人偷的。以上是《韩非子》中的一个寓言。直到今天，我们仍然可以在现实生活中听到类似的故事，但是，也见到许多不同的甚至相反的情况。我们在认识事物和处理问题的时候，感情上的亲疏远近和对事物认知的正误深浅有没有关系呢？是什么样的关系呢？请就"感情亲疏和对事物的认知"这个话题写一篇文章。

[注意] ① 所写内容必须在话题范围之内。② 立意自定。③ 文体自选。④ 题目自拟。⑤ 800 字以上。⑥ 不得抄袭，不得套作。

其中：

宋国有一个富人，一天大雨把他的墙淋坏了。他儿子说："不修好，一定会有人来偷窃。"邻居家的一位老人也这样说。晚上富人家里果然丢失了很多东西。富人觉得他儿子聪明，而怀疑是邻居家老人偷的。这就是背景材料。

以上是《韩非子》中的一个寓言。直到今天,我们仍然可以在现实生活中听到类似的故事,但是,也见到许多不同的甚至相反的情况。我们在认识事物和处理问题的时候,感情上的亲疏远近和对事物认知的正误深浅有没有关系呢?是什么样的关系呢?这就是提示语。

请就"感情亲疏和对事物的认知"这个话题写一篇文章。显然是话题。

[注意] ① 所写内容必须在话题范围之内。② 立意自定。③ 文体自选。④ 题目自拟。⑤ 800字以上。⑥ 不得抄袭,不得套作。这就是要求。

2. 材料＋话题＋要求

如:一位中国留学生刚到澳洲时,好不容易找了一份工作,然而招聘主管问他:"你有车吗?你会开车吗?这份工作没车是不行的。"为了这份工作,从未摸过方向盘的他不假思索地回答:"有,会。""四天后你开车来上班。"主管说。四天后开车上班,这位中国留学生做到了。他借钱买了一辆二手车,第一天跟人学开车,第二天摸索练习,第三天歪歪斜斜地开着车上了路,第四天竟开着车去公司报到了。今天,他已是"澳洲电讯"的业务主管。

请以"谎言"为话题,写一篇800字以上的文章,文体不限。

3. 提示语＋话题＋要求

如:书可以医治愚昧,书可以使人聪惠,书是人类进步的阶梯;书寄托着长辈的期冀,书演示着人成长的途径;书折射着老师、同学的情义和我们的喜怒哀乐……

要求:请以"书"或"读书"为话题写一篇800字以上的文章,题目自拟,文体不限。

4. 话题＋要求。即直接出示话题

如:请以"理想"为话题,写一篇800字以上的文章。

以"亮点"为话题,自拟题目,写一篇800字以上的文章。

话题作文的四个部分材料＋提示语＋话题＋要求,其中"材料"、"提示语"可有可无,但"话题"和"要求"是不可少的。

(三) 话题作文的审题

人们习惯上的审读顺序是:材料→提示语→话题→要求。其实,这种"先看材料、后看话题"的顺序,是不正确的,因为"话题作文"审题立意的中心是"话题",不是材料,也不是提示语。所以话题作文的审读顺序应该是:"先看话题、后看材料"。也就是:话题→材料→提示语→要求。

1. 审话题

什么是话题?话题就是规定一个写作范围。它是个触发点,能引导你的发散思维。

注意:

第一,明范围。就是审清话题所给定的写作范围,也就是审清话题的限制。

如:以"自信"为话题作文,所写内容必须在"自信"范围内。

以"书"为话题作文,所写内容必须与"书"有关。

第二,抓关键。就是抓关键词,也就是"题眼"来进行写作。如以"团队精神"、"美丽瞬间"、"难忘的校园生活"等为话题作文,像这样以一个短语为话题的,一定要抓住关键词。在这三个话题当中,"团队、瞬间、难忘"就是题眼,是写作的重点。

第三,明内涵。如果以一个词为话题,既要审清它的表面义,还要审清它的引申义(象征义、比喻义、深层含义等)。

如:以"门"为话题写一篇文章。

门可以是指一扇具体的门,也可以把它比喻为人与人之间的一种隔膜、人为制造的一种障碍,门还可以是一种封闭的象征。有了这样的理解,写作思路自然就打开了。

2. 审材料

话题作文的材料可以是一个事实、一段小故事、一个寓言等。它是作文的源头,是启发你打开思路的一个例子。因此,写话题作文时,对这个材料不必推敲,不必从材料中提炼观点或主题。行文时,可用,亦可不用。

3. 审提示语

提示语是对材料做解释、说明或补充,帮助你更好地理解材料,拓展思维,使你很快地进入构思状态。

例如:

书可以医治愚昧,书可以使人聪慧,书是人类进步的阶梯;书寄托着长辈的期冀,书演示着人成长的途径;书折射着父兄、师长的情义和我们的喜怒哀乐……

要求:请以"书"或"读书"为话题,写一篇800字以上的文章,题目自拟,文体不限。

每句话都是一个提示,你可以把话题"化一为万",再从"万里挑一",确定你自己喜欢写作的题目。

4. 审要求

话题作文的要求,一般包括对文体、选材(范围)、中心、表达、字数、校名、地名、人名等的要求。它们是写作时的注意事项,是指令,是限制。你必须照办。

小结:

材料,是个引子,仅供参考。

提示语,是对材料的解释和补充,帮助打开写作思路。

话题,是写作范围,而不是题目。

要求,是写作时的注意事项,你必须照办。

(四)话题作文审题立意指导

指导一:

世界永远处在变化之中,自然界在不停地变,社会在不停地变,人在不停地变。有位哲人说:世上唯一永恒的事情就是变化。面对这变化无穷的世界,人该怎么办呢?请以"变化"为话题,写一篇文章,题目自拟,文体不限,800字以上。

写这个题目不能停留在反映"变化"上。话题材料已经说明了世界是变化的,再停留在反映这一点上便不符合命题要求。要紧紧抓住话题材料提出的问题"面对这变化无穷的世界,人该怎么办呢"来思考作文的立意,写出鲜明的观点来。如"以变应变"、"与时俱进"等,以及我们不仅要适应世界的变化,更要探索变化的规律,主动地去改变世界等等。这样抓住关键思考立论,文章就有了深度。

指导二:

随着交通、通讯越来越发达,随着网络的出现,世界似乎正变得越来越小;而随着对宇宙的探索和研究越来越深入,越来越多的人意识到地球不过是人类居住的一个小小的村落。于是,一个新名词"地球村"出现了。"地球村",多么形象的称呼。对此,你有什么联想、想象或见解呢?请以"地球村"为话题写一篇作文,题目自拟,文体不限,800字以上。

写这篇文章容易犯的毛病就是重复话题材料已经说明的意思,地球变小了,变成村落了。这是话题材料已经说明的意思,不宜再多说。这个题目实际上是要求以"地球已经是个村"为前提,来写你的联想、想象和见解。明白了这一点,思路就不难打开,文章也不难写好。如,地球变小,经济一体化了,我们应该怎么应对(可以联系我国加入WTO来写,这既是我国经济发展的必由之路,也可以促进世界经济的共同繁荣)。再如,在一个村子里,和平得格外重要,而现在的世界还不怎么安宁,呼吁和平可以成为很好的立意。再如,地球变小,资源更应珍惜,环境更需要保护等等。这些方面都有很多文章可做。

二、新材料作文审题立意

(一) 新材料作文的特点

新材料作文,也叫题意作文、命意作文、后话题作文,就是一种以"给材料但不给话题,在材料范围内自主确定角度、立意、文体、标题"为特征的命题形式。它不同于以往根据材料写议论文的材料作文,也有别于有明确话题的话题作文,是介于材料作文和话题作文之间的一种新的作文形式。

(二) 新材料作文与材料作文、话题作文的区别

1. 新材料作文与材料作文的区别

(1) 旧材料作文的命题要求一般是:请自选角度,自拟题目,联系实际,写一篇800字以上的议论文。

新材料作文的命题要求一般是:全面理解材料,但可以选择一个侧面、一个角度构思作文。自主确定立意,确定文体,确定标题,不要脱离材料的含意作文,不要套作,不得抄袭。或者:以上文字可以让人产生不同的联想或感悟。请根据材料,自选角度,自定文体,自定立意,自拟题目,写一篇800字以上的文章。

(2) 在文体要求上:

旧材料作文一般只要求写成议论文,新材料作文则要求"自主确立文体"。

(3) 在"对待"材料的态度上:

旧材料作文要求必须引述材料,新材料作文则可引可不引。

(4) 旧材料作文立意必须是在对材料进行整体感知与全面观照的基础上准确、全面地立意;新材料作文立意立足于材料的整体含意或局部含意皆可,以不脱离材料的含意为底线。

2. 新材料作文与话题作文的区别

(1) 新材料作文不直接提供话题,其话题就是考生对材料的感悟或联想。

(2) 话题作文命题的基本格式为:"材料语"+"话题语"+"要求语"。

新材料作文命题的基本格式为:"材料语"+"要求语"。

(3) 有无"话题语"是话题作文命题和新材料作文命题的根本区别。

(三) 新材料作文审题立意的原则

新材料作文审题立意的原则可简要概括为"三性四清"。

三"性":

1. 整体性原则

新材料作文的审题要有全局意识,要从材料的整体着眼,不能纠缠局部的细节,否则很

有可能出现偏题走题现象。

2. **多向性原则**

一般来说,新材料作文中材料所蕴含的观点并不是唯一的,从不同的角度可以得到不同的结论,因此,要学会多角度审视材料。

3. **筛选性原则**

因为我们从材料中获得的观点具有多样性,因此,在进入写作时对所得到的观点还要进行适当筛选。筛选的原则:① 服从材料的整体;② 观点可能比较新颖;③ 自己有话可说。

四清:

1. **理清对象**

有些材料可能会涉及两个甚至两个以上对象,这几个对象之间并无明显的主次之分,而是平行并列的关系。所以,从理论上来说,每一个对象都可以提炼出至少一个观点。

2. **分清主次**

有些材料可能会涉及几个对象,但这几个对象并不是并列的关系,其中有主次之分,那么,我们在审题时就应该分清主次,从主要对象入手进行分析,而不能是次要对象,否则有可能出现偏题现象。

3. **辨清关系**

有些材料可能会涉及几个对象,而且这几个对象之间存在着一定的内在联系,审题时一定要辨析清楚这几个对象间的可能存在的关系。

4. **析清含义**

有些材料蕴含比喻或哲理,审题时我们首先应该认真分析,仔细揣摩,从而揭示出材料所蕴含的意义或道理,并以此作为立论的根据。

(四) 新材料作文审题立意的方法

1. **提炼中心法**

这是写新材料作文最为常见且最为稳妥的审题立意方法。写新材料作文时,如果能准确地提炼出材料的中心,并以其作为文章的主旨,一定会使所写文章既切题又有深度。所以,写新材料作文时应尽量采用这种方法来立意。

【材料】 一次,盖达尔旅行时,有一个小学生认出了他,抢着替他提皮箱。小学生见皮箱十分破旧,便说:"先生是大名鼎鼎的盖达尔,为什么用的皮箱却是随随便便的呢?太不协调了。""不协调吗?如果皮箱是大名鼎鼎的,而我却是随随便便的,那岂不是更糟?"盖达尔笑着说。

小学生看着盖达尔笑了。

【分析】 分析这则材料,我们可以提炼出这样的中心意思:这则材料通过写大名鼎鼎的盖达尔和小学生关于皮箱破旧的对话,表达了身外之物可以随随便便,但做人不能随随便便的道理。据此,可以提炼出如下两种观点:(1) 做人不应该随随便便;(2) 做人要做有真才实学的人,不能徒有虚名。

2. **抓关键句法**

关键句常常有暗示材料中心的作用。所以,有些新材料作文材料中的关键性语句可以作为选择立意角度的突破口。在新材料作文的材料中,关键句常常是命题者或材料中的人物的评议性语句。

【材料】 一只蚌跟它附近的另一只蚌说:"我身体里有个极大的痛苦。它是沉重的、圆圆的,我遭难了。"另一只蚌怀着骄傲自满的情绪答道:"我赞美上天,也赞美大海,我身体里毫无痛苦,我里里外外都是健康的。"这时,有一只螃蟹经过,听到了两只蚌的谈话。它对那只里里外外都很健康的蚌说:"是的,你是健康的。然而,你的邻居所承受的痛苦却是一颗异常美丽的珍珠。"

【分析】 通过分析这则材料,我们会发现这则材料中的关键句就是螃蟹所说的话——"你的邻居所承受的痛苦却是一颗异常美丽的珍珠"。据此,可以立意为——成功必须经过艰辛和痛苦,成功的喜悦与创造过程的艰辛密不可分。

【材料】 有一个生长在孤儿院的男孩,悲观地问院长:"像我这样没人要的孩子,活着究竟有什么意思呢?"院长交给他一块石头,说:"明天,你拿这块石头去卖,但不是真卖,不论别人出多少钱,绝对不能卖。"

第二天,男孩蹲在市场的角落,真有好多人要买那块石头,而且价钱越出越高。晚上,院长要他明天拿到黄金市场去叫卖。在黄金市场,竟有人出比昨天高十倍的价钱要买那块石头。

最后,院长叫男孩到宝石市场去卖这块石头,结果,石头的身价较昨天又涨了十倍,甚至被传扬成"稀世之宝"。

院长对男孩说:"生命的价值也就像这块石头一样,一块很不起眼的石头,由于你的珍惜而提升了它的价值。"

【分析】 很多人以"珍惜"为话题,容易写成"珍惜友谊"、"珍惜时间"、"珍惜幸福生活"、"珍惜学习机会"等,都未免偏颇。只要我们再全面深入地进行分析,就会明白这则材料的主旨才是话题——"只要自己看重自己,珍惜自己,你的生命就有意义、有价值。"材料对"珍惜"有了更具体的限制。

3. 由果溯因法

事物都是互相联系的。比如,有很多事物就是以因果关系的联系形式存在的。写新材料作文,审题时如果能由材料中列举的现象或结果推究出造成所列现象或结果的本质原因,往往能找到最佳的立意。

【材料】 一个六岁的孩子,放学回家后,拿起刀子就要切苹果。只见他让苹果横躺下,一边是花蒂,一边是果把,刀子放在中间。刚要切,爸爸赶忙喊道:"切错了!切错!"话音刚落,苹果早已被切开,儿子拿起一半给爸爸看,喊到:"爸爸快看,好漂亮的一颗五角星!"只见苹果的横断面上,由果核的轮廓组成了规则的五角星。

【分析】 为什么会出现五角星图案?是小孩子不按常规而横切苹果。可引申出结论:创造性思维能获得意料不到的成功。

【材料】 一个小女孩迷上了小提琴,每晚都在家里拉个不停。家人不堪这种"锯床腿"的干扰,每次都向小女孩求饶。小女孩一气之下跑到一处幽静的树林,独自演奏了一曲。突然,她听到一个老妇人的赞许声:"拉得真不错!"老人继而说:"我的耳朵聋了,什么也听不见,只是感觉你拉得不错!"于是,小女孩每天清晨都来树林里为老人拉琴。每奏完一曲,老人都会连声赞许:"谢谢,拉得真不错!"终于有一天,小女孩的家人发现,小女孩的琴拉得早已不是"锯床腿"了,便惊奇地问她有什么名师指点。这时,小女孩才知道,树林中的那位老妇人竟是著名的器乐教授,而她的耳朵也从未聋过。

【分析】 赞美的力量。

4. 由物及人法

写新材料作文时,有寓意的材料或叙述"物"的材料,需要学生采用"由物及人"的横向联想法进行立意,即由材料中的物联想到人,进而联想到与材料内容相类似的人生哲理、社会现象等,从而提炼出写作的观点。

【材料】 据《深圳风采周刊》报道,不久前浙江嘉定徐行镇发生了一件怪事,一位朱姓村民家中的小猫竟被老鼠活活咬死了。

德国海德堡大学教授穆勒博士在分析研究城市老鼠猖獗的原因时指出:当代城市中的猫,处于一种恶性循环中,一方面是因为猫已普遍家养,有充足的食物而不必以捕鼠为生;另一方面是因为猫无法从老鼠体内获取一种名为牛磺酸的物质——这种物质能提高猫的夜视能力,于是现在家养的猫几乎丧失了夜视能力,捕鼠的能力也就越来越差,因此老鼠咬死猫就不奇怪了。

【分析】 分析类似的材料时,要把握这样一个原则——一切非人的东西都要联想到人。上述材料中的主要叙述对象是小猫,立意时可以把小猫想象成人,如青少年,把饲养小猫的主人想象成青少年的父母,并由"小猫被老鼠活活咬死"联想到如今的青少年由于父母溺爱、家庭生活条件优裕等,逐渐丧失了自食其力的能力,从而提炼出这样的立意——只有放手让孩子在生活的风雨中经受磨炼,才能培养他们的生存能力。

5. 分析关系法

【材料】 一位大学生,在校花销吃紧,写信向在乡下种地的父亲要钱。信只有三个字——"爸:钱。儿"。这封三字信传开以后,人们议论纷纷。请以这位大学生同学的身份就此给他写一封信。

【分析】 这则材料的中心内容就是三字信。材料中的人物关系是父与子的关系,其正常关系是骨肉关系、亲情关系;可是儿子的三字信中,除了"钱"连接关系外,再也没有其他,甚或一两句问候语。这说明儿子与父亲是一种不正常的关系,究其原因是儿子缺乏礼貌,缺乏孝心,缺乏对在乡下日夜操劳的父母的安慰。因此,给他写信就要劝导、教育他要懂得孝敬父母。若不从此入手,就会在"花销紧"要节约上大做文章,而不能切中问题的要害。

6. 明确褒贬法

有些新材料作文,材料中的语句常常蕴含着命题者的褒贬情感,审题时必须充分捕捉这些语言信息,细致体会命题者的感情色彩,这样才能根据命题者的感情倾向确立最佳的立意角度。

【材料】 武汉市的珞珈山,是武汉大学的所在地。山上有闻名遐迩的樱花园。每年的樱花时节,游人如织,总见一些青年朋友穿着和服在樱花丛中摄影留念。一次,一位在武汉留学的韩国青年见此大为不解,她对她的导师说:"他们为什么要穿着和服去照相呢?我们韩国也有樱花,但从没有人穿着和服去同樱花照相。"她的导师苦笑了一下,无言以对。

【分析】 这则材料从导师的"苦笑"、"无言以对"来看,表现了导师对那些穿着和服照相的青年人的不满和鄙视。导师的心声体现了命题者的意图,也体现了材料的主旨,即批评那些穿和服照相的中国青年,批评他们崇洋媚外,民族尊严沦落,国家观念淡薄。这则材料涉及的对象有四个:一是游人,二是中国青年,三是韩国青年,四是导师。这四个对象表现为材料的四个角度。而最能表现题旨和意图的是第二和第四角度。在第二和第四个角度中,假

· 9 ·

如从反面立意,指出"苦笑"是思想封闭的表现,由此而论证中国要走向世界,要增进各国人民的友谊,就必须解放思想。这个文意,虽然新,但不符合材料的题旨和命题者的意图。所以,在平时的作文训练中,应当正确把握角度与题旨的关系。如果一味求新,"反弹琵琶",只会曲解原材料的意思。

【材料】 一个面包师长期从他的邻居——一个农民那儿购买黄油。有一天,他竟然发现黄油的分量不足。以后,他定期称量,每回都是这样。于是,面包师把农民告到了法官那里。农民在法官面前辩解说:"面包师向我购买黄油的同时,我也一直从他那里购买同样重量的面包,并且以他的面包作为称黄油的砝码。如果我的砝码不准,那不是我的过错,而是他的过错。"面包师听后哑口无言了。

【分析】 这则材料中,有一句话暗示了命题者的褒贬情感,它是"面包师听后哑口无言了"。"哑口无言"是贬义词,暗示了命题者对面包师的行为持否定态度。据此,可以立意为——做人要诚信,如果心怀不轨,居心叵测,自己也必将被背叛和欺骗。

7. 多向辐射法

有些新材料作文的材料比较散,常常会出现许多人和事,好像根本就没有一个明确的中心。对于这样的材料,审题时可以采用多向辐射的思维方法围绕材料展开多角度立意。比如,既可以着眼于甲事物立意,又可以着眼于乙事物立意,还可以着眼于甲乙两事物的关系立意;既可以联系事物(对象)的正面立意,还可以联系其侧面和反面立意。

【材料】 2002年8月20日,3 000多位世界一流的数学家在北京人民大会堂参加了第二十四届国际数学大会开幕式。

在诞生过张衡与祖冲之的华夏古国召开这样的大会是我们祖国的一大盛事。大会名誉主席——97岁的陈省身教授坐在轮椅上发言时,身边的国家主席欠身为他调好麦克风。陈省身在发言时含蓄地说:"中国数学领域还有很长的路要走。"

大会颁发了数学领域与计算机理论运用方面的世界最高成就奖"菲尔兹奖"与"内万林奖"。三位获此奖项的都是"老外",他们都只有36岁,全是1966年出生的。

【分析】 这则材料,可以采用多向辐射法进行立意。(1)从主席欠身为陈省身教授调整麦克风的细节出发立意——我们国家以及国家领导人非常尊重知识和科学,对科学家更是充满无限敬意。(2)从获奖者全是"老外"的角度立意——我国的科学工作者任重道远,我国还需要再次吹响"向科学进军的号角"。(3)从三位获奖者全是36岁的角度立意——我国在科学领域也要"年轻化"。

这样提炼出多个立意后,再择优进行写作。

【材料】 有个鲁国人,擅长织麻鞋,他的妻子擅长织白绢。他们想到越国去居住,于是有人对他们说:"你们将会贫穷不堪了。"这个鲁国人问他是何道理,那人说:"麻鞋是穿在脚上的,而越国人是赤脚走路的;白绢是做帽子的,而越国人是披发的。你们夫妻的特长,在越国是无用武之地的,怎么能不穷呢?"

【分析】 多角度入手:

横向立意:就是在思考问题的过程中,顺着原材料所告诉读者的指向去考虑。我们无论做什么事,都不能脱离实际。这种立意的好处是能紧扣材料的基本倾向、主要观点,因而不会出现偏题、走题的现象。

反向立意:就是把原材料的问题倒过来想想,从相反的角度对原材料提出质疑。因为越人赤脚、披发,鞋帽就大有市场,就会得出鲁人未必会穷的结论。这就要求鲁人敢于尝试、敢于冒险、敢于改革。

延伸立意:就是在原材料已知内容的基础上,对原材料作合理的联想,进行恰当的推理、引申,就能出现"亏本生意做不得"、"无用武之地焉能致富"等观点。

类比立意:就是通过联想,把材料的已知内容同材料外的其他内容由此及彼地联系起来考虑,找出其中的相似点。办企业、做生意,要根据当地的生产、消费、风土人情等情况,也要根据需要与可能,那么就要求我们考虑动机与效益,又要扬长避短,才能生财有道。

8. 舍次求主法

有些新材料作文的材料往往会牵涉许多人和事。因此,审题时要明确哪些是材料的主要人物或事件,哪些是材料的次要人物或事件,并舍弃次要人物或事件,从主要人物或事件的角度审题立意。

【材料】 从前,有位年轻的猎手枪法极准,但总捕不到大雁。于是,他去向一位长者求教。长者把他领到一片大雁栖息的芦苇地,指着站得最高的一只大雁说:"那只大雁是放哨的,我们管它叫雁奴。它只要一发现异常情况就会向雁群报警,所以接近雁群很困难。但是,我们有办法,你现在故意惊动雁奴再潜伏不动。"年轻人照着做了,雁奴发现年轻人后立即向同伴发出警告。正在休息的雁群得讯后纷纷出逃,但没有发现什么危险。于是,它们又飞回了原地。长者让年轻人如法炮制了好几回。终于,有几只以为受骗的大雁向雁奴发动了攻击。如此再三,几乎所有的大雁都以为雁奴是谎报军情,纷纷把不满发泄在了它身上——可怜的雁奴被啄得伤痕累累。"现在,你可以逼近雁群了。"长者提醒道。于是,年轻人大摇大摆地走进芦苇地。雁奴虽然瞧在眼里,但它已经懒得再管了。年轻人举起了枪……

【分析】 这则材料中共出现了四个"人物"——年轻人、长者、雁奴和雁群。审题时,可以舍弃年轻人和长者这两个次要人物,从雁奴和雁群的关系入手确定如下立意:

(1) 从雁群角度立意:不要轻易误解忠诚的人,因为被误解的人因此会放弃忠诚。

(2) 从雁奴的角度立意:忠诚被误解后该怎么办呢?是坚持到底,还是放弃忠诚?这是忠诚的真正考验。

9. 求异同法(异中求同、同中求异)

【材料】

一、维纳斯失去的手臂就如同一个充满诱惑力的圈套。断臂的维纳斯出现在人们面前时,吸引了无数好事之徒。他们提出了种种接上维纳斯断臂的奇思异想。但迄今为止,仍没有任何一种设计能取得普遍的赞赏。

二、有一次,记者问棒球明星史蒂夫·加里威:"你从来没有哭过吗?"史蒂夫回答说:"是的,我从不掉泪。"记者又对他说:"我认为你倒不如像大多数人一样,有时不妨也掉掉泪,这样才能证明你是一个真正的人,一个有喜怒哀乐的人,一个感情丰富的男子汉。"

【分析】 这两则材料表面上看起来风马牛不相及,但仔细一分析,就会发现,它们在本质上有许多相同之处。显然,材料一中的好事之徒和材料二中的记者都是求同心理在作怪。这就是这两则材料的共同点,据此可以确立这样的立意:(1) 做事要克服求同心理;(2) 不可用狭隘的经验看待世界和生活。

【材料】

(1) ① 马克思23岁被誉为当时德国最伟大的哲学家。② 恩格斯21岁就著文批判当时德国哲学家谢林。③ 列宁17岁就开始革命活动。④ 毛泽东26岁主编《湘江评论》。⑤ 徐特立48岁留法,克服困难,学会法语。

(2) ① 一根木头搁在山涧之上,下面深不见底,则敢于走过去甚少,但若横木置于地,则常人皆能步其上而过。② 小李第一次演讲,他事先也做好了充分准备,但一走上台,看到下面一礼堂黑压压的人,便浑身冒汗,脑子里一片空白,一句话也记不起来了。

【分析】

(1) 五个材料都是讲伟人们在事业上都有所成就,这是材料的共性,倘若就此立论,观点就缺乏深度了。进一步分析材料会发现①~④还有一个共同点,即青年时代就出成果,而材料⑤是讲徐特立48岁苦学法语有所成,年龄特点与前四位伟人不同。根据这个不同点可以立论:年轻时代是出成果的黄金时代,但是,年龄并不是成就事业的唯一条件,关键在于有无坚定的志向和坚韧不拔的毅力。

(2) 两则材料,一则是说很少有人能走过搁在山涧上的木头,一则是说小李演讲面对黑压压的人一句话也记不起来。两则材料从形式上看是不相同的,但他们的结果都是一样——未能如愿以偿,究其原因都是胆小,缺乏良好的心理素质。由这个共同点,我们可以提炼这样的观点:① 良好的心理素质是成功的重要因素;② 要培养良好心理素质。

10. 寻互补法

【材料】

① 佛罗伦萨诗人但丁的名言:"走自己的路,让别人去说吧!"

② 波兰谚语:"常问路的人不会迷失方向。"

【分析】 材料①"走自己的路"强调要有坚定的信念;材料②"常问路的人不会迷失方向"是讲走路时要有虚心求教的精神,要听从他人指导。两者谁是谁非呢?都很有道理,但都只是就某一方面而言,两者具有很强的互补性,若将两者结合起来,就既全面而又很合理。因此,可以提炼这样的观点:既要有"走自己的路"的坚定信念,又要有"常问路"的虚心精神,才能走好自己的人生之路。

当然,新材料作文审题立意的方法还有很多。此外,这些方法也不是孤立的,在具体的审题立意过程中可以综合运用几种方法。

(五)新材料作文审题立意例析

1. 古希腊神话中有这样一则故事:安泰是众所公认的英雄,所向无敌,地神盖亚是他的母亲。安泰在格斗时,只要身不离地,便可源源不断地从大地母亲身上汲取力量,因而能够击败任何强大的对手。不幸的是,安泰克敌制胜的奥妙,被一个叫赫拉克勒斯的对手发现了,于是安泰被弄到空中扼死了。

【分析】 材料写了三个人物,先要弄清他们的关系,安泰和盖亚是母子关系,安泰和赫拉克勒斯是敌人,一向无敌的英雄安泰被赫拉克勒斯弄到空中扼死。究其原因,是安泰离开了力量之源——大地母亲。

我们可以从三个角度来立意:

从安泰的角度探究他失败的原因,一向无敌是因为不断从大地母亲身上吸取力量,而被扼死是因为离开了大地被弄到空中,没有了力量之源,可见个人的力量是渺小的,要依靠集体才能有所作为。

从母亲的角度看,她给予安泰力量,却不给予安泰自立的能力,对安泰的悲剧她有责任。

所以适当的给予是必要的,但更重要的是培养孩子的自立能力。

从赫拉克勒斯的角度来看,他能打败安泰的关键在于他掌握了对手的致命弱点,所以只有知己知彼,才能百战不殆。

2. (一)志愿军英雄马玉祥曾说:"我不是什么英雄,当年在朝鲜战场上我是个兵,后来转业到地方,我也是个'兵',现在离休了,我还愿当个老'兵'。这辈子我掂量自己,只要够个兵的分量就心满意足了。"

(二)拿破仑说:"不想当元帅的兵不是一个好士兵。"

请你联系时代的特点来谈谈自己的看法,写成一篇议论文。

【分析】 先找出两则材料的同和异,谈的都是理想和自我价值的问题,但看法迥异。对马玉祥的话,应抓住关键的一句,"这辈子我掂量自己,只要够个兵的分量就心满意足了"。理想的确立应从自身实际出发,在普普通通的岗位上照样能干出成绩来,能实现自身的价值,要正确理解"兵的分量"的具体内涵。而对拿破仑的话我们要作具体分析,不宜笼统地肯定或否定,想当元帅的兵是有目标有理想的,但要明确为谁而当、为什么要当元帅这些问题,才能有正确的人生观、价值观。

审题时还应注意"联系时代特点"这句话,也就是要立足于时代的高度,结合当代青年所担负的社会责任和历史使命来思考这一问题,同时还应联系自身的实际来确立人生的目标。比如你欣赏老黄牛还是千里马,我们的时代需要老黄牛的精神、千里马的速度。因此,可立意为:

人生既要有拿破仑那种雄心壮志,也需要马玉祥那样甘于从平凡做起的精神,因为任何雄心壮志的实现,都离不开脚踏实地地苦干。

3. 从前,在美国标准石油公司里,有一位小职员叫阿基勃特。他在出差住旅馆时,总在自己签名的下方写上"每桶四美元的标准石油"字样;在书信及收据上也不例外,签了名,就一定写上那几个字。他因此被同事叫作"每桶四美元",而他的真名倒没有人叫了。

公司董事长洛克菲勒知道这件事后说:"竟有职员如此努力宣扬公司的声誉,我要见见他。"最后,洛克菲勒指定他为自己的继任者,成为公司的第二任董事长。

请就此材料,写一篇文章。

【分析】 写上"每桶四美元的标准石油",只是一件举手之劳的事,谁都可以做得到,可是只有阿基勃特一个人去做了,而且坚定不移,乐此不疲。嘲笑他的人中,肯定有不少人的才华与能力在他之上,可最后只有他接了洛克菲勒的班。可立意为:

有些人常常不屑去做一些不起眼的小事,然而事实上,做好不起眼的小事,体现了敬业精神,这正是筑起大厦的基础。

4. 张老师在一次上语文课时,误将"晏"写成"宴",李明同学当即指出了他的错误。张老师把"宴"改成"晏"之后说:"唔!汉字就是这个毛病,相同的零部件,摆的位置不同,结果就不一样。外国文字可不会这样。"谁料话音刚落,李明同学又举手了。张老师问李明同学有什么问题,李明同学说:"英文的 god(上帝)和 dog(狗)呢?"

请就李明同学的做法写一篇议论文,题目自拟,800字以上。

【分析】 解答过程如下:

第一步,认真阅读。

这是答好新材料作文题的前提和基础。此题内容可以概括为一句话:学生李明连续两次当场指出老师的错误。
第二步,提炼观点。
从逻辑上讲,对李明同学的做法,无非三种态度:要么赞同,要么反对,要么部分肯定,部分否定。于是,提炼观点如下:
① 李明同学勇于质疑、求真求实的精神值得提倡。
② 李明同学不顾场合、对象,让老师下不了台的做法不可取。
③ 李明同学勇于质疑的精神可嘉,但具体做法还可商榷。
如果提炼出的观点竟是"张老师的行为崇洋媚外",这显然有些跑题了,写的不是李明的行为而是张老师的行为了。
第三步,联想素材。
上述三种观点均可以写。如选定第三种观点,那么,不妨全面展开联想,想到什么就先记下来。例如可能会想到以下各条:
① 当说不说的好好先生　　　② 邹忌讽齐王纳谏
③ 敢于直谏的魏徵　　　　　④ 火刑(布鲁诺)
⑤ 伽利略推翻亚里士多德的落体理论　⑥ 面对歹徒,敢说敢斗
⑦ 人非圣贤,孰能无过　　　⑧ 真理的相对性与绝对性
⑨ 外国文字与外国月亮　　　⑩ 爱迪生晚年自以为是,一无所成……
第四步,列出提纲。
下面是一份拟好的提纲:
① 中心论点:
李明勇于质疑的精神值得学习,但具体做法还可商榷。
② 引论:简述材料,提出论点。
③ 本论:A. 列举、简析生活中不正常的现象。
　　　　B. 结合典型事例(正反)剖析说理。
　　　　C. 论"进谏"需要勇气。
　　　　D. 结合有关哲学原理分析。
④ 结论:　总结全文,辩证分析。
⑤ 素材:A. 商纣王、魏徵　　B. 布鲁诺、伽利略
　　　　C. 比干、屈原　　　D. 邹忌
从上列提纲看,想到的素材中的⑥⑨两条显然应删除,②③⑦属同类素材,④⑤⑩应归为一类……这些素材不一定都用,只要选取一部分就可以了。
第五步,撰写成文。

5. 一位裁缝在吸烟时不小心将一条高档裙子烧了一个窟窿,使其成了废品。这位裁缝为了挽回损失,凭借其高超的技艺,在裙子四周剪了许多窟窿,并精心饰以金边,然后,将其取名为"金边凤尾裙"。裙子不但卖了好价钱,还一传十,十传百,使不少女士上门求购,生意十分红火。
要求:全面理解材料,但可以从一个侧面、一个角度构思作文。自主确定立意,确定文体,确定标题;不要脱离材料内容或其含意范围作文,不要套作,不得抄袭。
【分析】 材料中的裁缝利用自己的智慧和技艺,使自己摆脱了失误不利的局面,变废为

宝,走向成功。在理解题意的时候,我们要抓住材料中的关键词句来准确把握立意的关键。"不小心"、"废品"、"为了挽回损失"等词可以帮助我们明确"金边凤尾裙"的发明并不是主观创新和时尚潮流的产物,而是一种"挽回损失",灵活地变"废"为宝的作品。"凭借其高超的技艺"、"精心"、"取名为'金边凤尾裙'"等词句告诉我们,裁缝能够变废为宝的主要原因是他主观上并不放弃,甚至非常用心,加上技艺高超,创意无限。

因此,从立意上看,我们认为以下几种立意属于准确地理解材料,应判切合题意,内容项在一档打分。

(一)人要从不利走向有利,就要依靠自己永不放弃的精神。(二)人要从失误的阴影中走出来,就需要聪明过人的智慧、灵活变通的思维、高超绝妙的技艺。(三)成功往往有其偶然性,但更有其必然性。

其中(一)(二)两点可同时采用,也可从任意一个或几个角度立意。

以下几种立意属于较准确地理解材料,应判符合题意,内容项在二档打分。

(一)做人不能被失误打倒。(二)要战胜困难才能成功。(三)挫折不可怕,战胜挫折才能成功。

这几类立意只是抓住了材料的表面现象,而没有深入理解裁缝成功的根本原因,因此在内容项只评为二类。

以下立意属于对材料的理解存在一点偏差,应判基本符合题意,内容项在三档打分。

(一)创新塑造成功。(二)天生我材必有用。

其他立意则属于偏离材料,应判离题,内容项在四档打分。如"潮流往往是偶然的创作"、"我们不应盲目追求潮流"等。

第二节 拟写文题

《只缘身在此山中》、《莫让情云遮慧眼》、《让我们拥有宁静朴素的心》、《浓妆淡抹总相宜》、《生于忧患,死于安乐》、《幸福的意义》、《送人玫瑰,手有余香》、《梦想为帆,奋斗为桨》、《言必信,行必果》、《学会放手》、《诚以养德,信以修身》、《活出自己》、《生命"诚"可贵》、《真情永恒吗?》、《用乐观点亮生命》、《做片快乐的树叶》、《扛起生命之重》……

以上是近年应试说理文出现的优秀或较好的文题,夺人眼球,引人入胜。

题好文一半,无论是材料作文,还是话题形式的说理文的拟题,必须根据实际情况,紧扣材料和要求,在准确简洁的前提下,力求生动形象、有创意,富有表现力,拟制出让阅卷者一见倾心的标题来。

一、文题类型

说理文拟题,有三种类型:话(论)题型、主旨(论点)型、内容型。

二、拟题要求

题好文一半。好的文题往往是传达文章主旨、内容和意蕴之神的"眼睛",它可以为文章画龙点睛,增添色彩,从而诱人阅读。就议论文而言,拟题的总体要求是醒目舒畅。

1. 准确贴切

准确的具体要求是：没有错别字和语病；符合事理；题文要一致；符合材料内涵。如《没有污泥，怎有莲花》，与常理明显不符。题与文要一致，即文题要涵盖文章的内容或与其相关，切忌题文泾渭分明，互不相干。最后一点与审题正确与否密切相关。一般说来，审题出现偏差往往在文题上有所反映，所以在很多情况下，阅卷者仅仅从题目就可以判断出我们的作文是否跑题或离题。

2. 鲜明突出

文题要清楚地向人透露文章的议论话题，乃至基本内容或观点。要使人一看就明白文章的论题，或者是文章赞成什么，反对什么。简言之，鲜明就是要有透明感和清晰感，能反映出文章的某一要点，让人看文题便知内容或主旨或话题，如《反对党八股》、《责任重于泰山》、《走创新之路》等。

3. 简洁明了

写文章要求"文约而事丰"，拟题亦然。要用简明的文字，传达尽可能多的信息，"以少许胜多许"。文题要有简洁之美，可用概括的语言勾勒出文章的缩影。也可引用蕴含哲理的古诗文名句做文题，如《满招损，谦受益》、《祸患常积于忽微》等。

4. 形象新颖

形象新颖的标题最具感染力和吸引力。拟题力求形象新颖，必须避免"平"、"实"、"熟"和"抽象"，让人看其题就一定要读其文。平常或一般化的题目、太实在的题目、常见的题目以及抽象的题目，要尽量给它们披上形象的外衣，使人一见而生清新之感。如《人生离不开自立》可改成《自立——人生的风帆》，《谈理解》可换成《搭起通向理解的五彩桥》，《环境影响人》可形象化为《近墨者黑》，《走出自卑》可修饰为《天空中也有你的星座——走出自卑》。

三、拟题技巧

标题是文章的"眼睛"，好的标题会使文章生色，而拙劣平淡的标题会冲淡文章的内容。议论文的题目，或直接点明论点，或交代议论范围，或引起人们注意，或令人深思警醒。标题新颖，不同凡响，让人一接触标题，就有迫不及待、非读不可的感觉。"花香蜂自来，题好文一半"，许多满分的议论文，大都会有一个先声夺人的标题。那么我们应该怎样拟好议论文的标题呢？下面介绍几种拟题方法：

1. 引用拟题

名言警句、成语典故、电影片名具有语句凝练、含义深刻、易懂好记的特点，直接引用以之为题，可以使文题典雅大方，亦庄亦谐，妙趣横生，新颖生动。如谈知识重要的文章，可拟题为《知识就是力量》；谈节俭的文章，可拟为《由俭入奢易，由奢入俭难》或《粒粒皆辛苦》；谈环境影响的文章，可拟为《近墨者黑》或《近墨者未必黑》；谈逆境的文章，可拟为《生于忧患，死于安乐》；谈金钱的文章，可拟为《人生就是一件交易吗》；谈自信的文章，可拟为《自信人生二百年，会当击水三千里》。

2. 仿改拟题

巧妙的仿写、改写，可以使题目鲜活别致，新人眼目，具有很强的吸引力。如《怎一个"慢"字了得》，巧妙地化用了李清照《声声慢》中的名句，诙谐幽默，新颖别致；《付出未必有回报》，改写歌词"付出总有回报"；以"改变"为话题的作文，可拟题为《生于改变，死于顽固》；谈清正廉明的文章,某生拟题为《人淤泥而不染》,改写《爱莲说》中的诗句"出淤泥而不染",一字之别,真可谓匠心独具。

3. 修辞拟题

事实上,文章的题目和内容一样,需要形象生动,有文采。运用修辞手法拟题可达到熠熠生辉的效果。如《理想的阶梯》、《莫做"墙头草"》、《痛苦是一笔财富》。有人拟了这样一个题目《想象是创新的条件》,应该说这是非常准确的,但太呆板、没有文采,若改为《想象是创新的翅膀》,运用比喻的修辞手法,效果就截然不同了。有的标题,采用反问,加强语气,如《祖传的就好么》;有的标题,运用谐音,俏皮幽默,如《验收?宴收?》……根据特定的语言环境和内容,灵活巧妙地使用修辞手法,能避免一览无遗,使文题生动形象、精练紧凑、含蓄隽永,能使文章锦上添花。

4. 逆向拟题

写文章要善于逆向思维,打破常人的思维模式,做到别出心裁,有个性。拟题更是如此,换个角度去思考,或许会"柳暗花明",出奇制胜,吸引读者。如《感谢你的敌人》,敌人本来令人憎恨,怎么还要感谢呢?原来,没有天敌的动物往往最先灭绝,有天敌的动物则会逐步繁衍壮大。人类社会也是如此,真正促使你成功的常常是那些想置你于死地的敌人。又如《名师未必出高徒》、《旁观者未必清》、《近朱者未必赤》、《有钱就幸福吗》、《谦虚使人进步吗》、《好酒也怕巷子深》、《吃一堑未必长一智》、《请珍惜你的痛苦》、《渴望检查》、《不要金子》、《渴望是"穷人"》等,都是用反常法制作的好标题。

5. 贴近时代拟题

要使标题新颖,还要有浓厚的时代气息,使人一看题目,就觉得春风扑面,清新醉人。谈连战回大陆的文章,如以《此岸·彼岸·桥梁》为题,分析三者之间的关系,"此岸"是台湾,"彼岸"是大陆,要想从此岸达到彼岸,必须通过连战等人一代又一代艰苦奋斗这一"桥梁"。又如《8与发》、《雷锋"出国"了》、《变味的掌声》、《真情不"下岗"》、《更新我们头脑中的教育"软件"》、《该出手时不出手》等出奇制胜。

文无定法,拟题的方法也多种多样,只要勤思考,多练习,善总结,一定有很多清新脱俗的题目在你的笔下诞生,令人拍案叫绝,一见倾心。

第三节 分析说理

分析说理是说理文的核心环节,它使文章"立"起来。

一、说理方法

(一) 假设分析法

这种方法,就是在列举事实论据后,从正面或反面进行假设,假设材料中能达到的某种结果的条件不存在,将会出现什么样的结果,来揭示论据和论点之间的内在联系。

有志者事竟成

王羲之九岁就开始练字,立志要做书法家,无论严寒酷暑,还是刮风下雨,从不间断。他在绍兴兰亭的一个水池边练字,池水都被他洗笔砚染黑了,他那俊秀飘逸的字体,千百年来被人们奉为瑰宝。

假如王羲之根本没有立志想过要当什么书法家,只是想平庸地过日子,那他绝不可能有这么坚强的意志去练字。那样,王羲之其人也不为我们后人所知。由此可见,立志对一个人来说是多么重要呀!

作者为了论证"有志者事竟成"这个论点,选取了王羲之的事例,之后对这个事例进行了分析。这段文字是如何对论据进行分析的?

这段文字在叙述完论据后,从假设的角度对论据进行了分析。假设他没有立志会怎么样。

标志性词语:假如、如果、试想、倘若。

再如分析论证论点:创新能促进社会的发展。

海尔集团始终坚持自主创新,以技术作为发展的手段和依托。在十几年的发展过程中,从引进技术到整合国内外资源,坚持自主创新的研发理念,通过技术创新使集团在中国市场和国际市场上取得长期的成功。

可见,海尔的成功在于创新。假如海尔集团因循守旧,不进行技术创新,不更新研发理论,也许海尔早就被市场所淘汰,"海尔"这个品牌也不会闻名中外。正是因为海尔集团的不断创新,打响了"海尔"这个品牌。可见,创新是海尔发展的不竭动力,是促进社会发展的不竭源泉。

上文一个正面举例,反面假设;一个反面举例,正面假设,要使用得当,不能绝对化。

(二) 因果分析法

就是对事例中的行为,沿着"为什么"这条思路,探求其根源,由果索因,使内容逐步深化。

靠奋斗冲破"埋没"的压力。古今中外,许多取得了重大成就的人,很多都遭受过"埋没"的命运。爱因斯坦就曾被埋没在一个专利局中,充当小职员的平凡角色。但他没有灰心,抓紧一切机会进行研究,终于开创了物理学的新天地。华罗庚曾"埋没"在小店铺里,但他没有消沉,每天在做好营业工作后,抓紧一分一秒的时间,昼夜不停,寒暑不辨,刻苦自学,潜心研究数学,终成著名的数学家。他们为什么没有因埋没而窒息,并且能有建树呢?因为他们是生活的强者,不管在什么不利的情况下,他们始终没有丧失奋斗的勇气和力量;他们坚信如果真是千里马,又不失千里之志,终有奋蹄腾飞的日子。可见在"埋没"的情况下,不是怨天尤人,而是努力拼搏奋斗,终会有冲破"埋没"脱颖而出的一天。

本段落是从因果关系上对论据进行的分析。

标志性词语:"为什么……因为……""正因为如此……所以……""之所以……是因为……"

因果法和假设法可以同时使用。例如:

自信,但不能盲目

三国时的马谡乃蜀军一员大将。镇守街亭,他把二十万大军驻扎在高山上,久经沙场的老将王平力劝他撤离此山,理由已让在场的将士信服,但唯有马谡仍然坚持自己的意见。结果被司马氏围山断水,放火烧山,蜀军不战而乱,几乎全军覆没。马谡也依军法被处斩,身首异处。

街亭失守,是因为马谡不懂兵法吗?不,他自幼熟读兵法,曾献计于诸葛亮,使其七擒孟获,平定南方边境;又离间曹叡与司马懿,使司马懿被罢官归田。马谡的失败,是因为他狂妄自大,盲目自信,不能听取别人的正确意见。"前事不忘,后事之师",我们在决策、办事时不能盲目自信,要择善而从,虚心听取他人的意见,这样才能获得成功。

自信,但不能盲目

三国时的马谡乃蜀军一员大将。镇守街亭,他把二十万大军驻扎在高山上,久经沙场的老将王平力劝他撤离此山,理由让在场的将士信服。但唯有马谡仍然坚持自己的意见,结果被司马氏围山断水,放火烧山,蜀军不战而乱,几乎全军覆没。马谡也依军法被处斩,身首异处。

假如当初马谡不狂妄自大,不盲目自信,能够听取他人的意见,选择有利地势防守,那么司马氏又怎么能在这次战争中轻易取胜呢?他自己又怎么可能身首异处呢?可见,人不能盲目自信。

(三) 正反对比法

正反对比有两种情况:一是摆出一正一反两个例子,同时还要对它们进一步分析;一是只举一个例子,这个例子里面含有正反两种因素,作者从正反两个方面进行对比性分析,重在分析,不是例子。例如:

2000年奥运会上,面对枪靶,44岁"高龄"王义夫老枪新传,一枪失准,下枪再来,最后关头的二次举枪显示出过人的老练,终于用金牌洗雪了亚特兰大奥运会的遗憾。而英国网球运动员亨曼虽然一直保持在一流选手的行列之中,但从未拿过一项大满贯赛事冠军。在2005年的澳网赛场上,比他小7岁的俄罗斯选手达维登科都能教训他一把。

同样是一流高手,结果却大相径庭,究其原因是个人的品质和心理起了关键的作用。王义夫因为有了顽强的意志和惊人的镇定,所以在一枪失准的情况下,能快速调整心态,重整旗鼓,在下面的几次射击中打出最好的成绩,赢得了金牌。而英国网球运动员亨曼却因为丧失了意志力,惨败连连,留下了终身的遗憾。

上文是从两个相互对立的例子或同一例子对立两面对论据进行的分析。

常用词语:然而,但是,与此相反……

(四) 条件论说法

条件论说就是提出一个条件,然后说明在这种条件下产生的结果,从而证明观点。

坚强,让鲜艳的花朵开放在人生的困境中。耳聋让邰丽华告别了世间一切美妙的声音,但她勇敢地承受了这一切,历经重重磨难,表演出震撼人心的《千手观音》。只有坚强地面对生命中的苦难,才能克服常人所不能想象的困难,在无声的世界中舞动出音乐的旋律;只有坚强地面对人生的不圆满,才能在困境中舞动出绝美的舞姿。

常用词语:只有……才能……

(五) 一分为二法

一分为二、辩证分析,就是运用联系的观点,由此及彼、由现象到本质地分析两事物之间的联系;或是运用发展的观点,分析同一事物在不同时期、不同环境内的发展变化;或运用一分为二的观点,对同一事物的正反两个方面进行分析,探求规律,以辩证全面、深入地认识问题,分析问题。

这既是一种论述方法,也是一种思维方法。这种方法,尤其适用于某种观点或事例容易给人造成某方面误解时。采用这种方法说理,常用的表达句式是"我所说的是……而不是……"或者"……固然有一定的道理,但是……"。这样说理,全面辩证,让人无懈可击。

例如:

直尺　褒扬:本身正直,才敢去度量别人;
　　　批评:总以自己的标准去衡量别人。

梅　　褒扬:每绽放一次,都展现出风骨和气节;
　　　批评:过分清高孤傲,终究不能成为春天百花园的一员。

石榴　褒扬:敢于袒露自己的内心世界,是成熟的标志;
　　　批评:肚里有点东西,就笑裂了嘴。

竹笋　褒扬:敢于"冒尖",才能脱颖而出;
　　　批评:削尖了脑袋往上钻。

黄牛　褒扬:用默默无言成就了坚韧和踏实;
　　　批评:过分忍耐,终究要生活在皮鞭之下。

灯蛾　褒扬:为追求光明,不惜赴汤蹈火;
　　　批评:总想把火扑灭,真是不自量力。

瓦　　褒扬:手挽手,肩并肩,辛勤地为人们遮风挡雨;
　　　批评:一生总喜欢爬到高处抛头露面。

铁钉　褒扬:把别人的打击,化作自己前进的动力;
　　　批评:从不主动进取,因而只能被动挨打。

天平　褒扬:公正无私的楷模;
　　　批评:谁多给点儿,就倾向于谁。

流星　褒扬:在生命的最后一刻,仍然闪闪发光;
　　　批评:偏离了正确的轨道,必然坠入黑暗的深渊。

月亮　褒扬:在人们需要的时候,给大地送来光明;
　　　批评:借助太阳的光辉来炫耀自己。

气球　褒扬:你的信念是不断追求圆满;
　　　批评:被吹得越大,越接近毁灭的边缘。

秤砣　褒扬:身子虽小,却能压千斤;
　　　批评:一生都在称量别人,却从不知道自己的重量。

金钱　褒扬:金钱是一个化妆师,可以描绘出青春、友谊和荣耀;
　　　批评:金钱是刽子手,可以杀掉亲情、勤奋和创造。

漏斗　褒扬:流过的油水成千上万,从不为自己截留一点一滴;
　　　批评:张开贪婪的大口总也没有满足的时候。

风　　褒扬:每一次久旱后的甘霖,都是你辛勤的功劳;
　　　批评:万里迷茫的沙尘暴的降临,你负有不可推卸的责任。

二、材料处理

(一) 单则材料的使用

要学会化整为零,边叙述材料边结合观点展开分析说理。材料与分析相穿插,避免行文板滞、不畅,令人见之生厌。

叙述材料要简明扼要。一般而言,说理文叙例应是针对构成论点的要素做概括的叙述,不使用描写,删去与论点关系不大的内容,不宜面面俱到,全盘照抄。当然,更不能篡改材料。

例如:

知识就是力量。(观点句)它首先是一种难以量化的、伟大的精神智慧,当然更可转化为具体的、可见的、巨大的物质力量。(阐释句)一介书生,手无缚鸡之力,却可以坐知天下之事。(材料句)凭什么?知识,以及知识带来的预见性。(分析句)史蒂芬·霍金,被卢伽雷氏症禁锢在轮椅上20多年,全身能"活动"的,除了眼睛,只剩一根食指,但这并不影响他能成为继爱因斯坦之后当代最伟大的理论物理学家,享有国际声誉的伟人、超人。(材料句)靠什么?知识——关于宇宙奥秘:天体物理、时空本质的最新知识,最富有想象力、创造力的智慧。(分析句)可见,知识能够改变世界,知识能够决定命运,知识能够给人自由。(结论句)

(二) 多则材料的使用

概例排比,简短有力。采用列举的方式,一口气铺陈若干个事例,形成排比的语言方阵。

例如:

"不积跬步,无以至千里;不积小流,无以成江海。"凡立功名于世者,无不是从小处做起,注意点点滴滴的积累,有意识地培养自己的品德才能,不断自我完善的。若无每日闻鸡起舞、坚持不懈的毅力,那么祖逖又怎能北伐中原而名垂千古!若无长年笔走龙蛇、墨染池水的功夫,那么王羲之又怎能挥毫盖世被尊为书圣呢?若无半生钻研演算、草稿盈筐的血汗,那么陈景润又怎能摘取明珠而享誉世界呢?

这种排比的语言方阵,可以是多种句式结构:

1. 反复句式

纵观古今中外,大凡获得发展、成功,有所建树,无不经过了"柔而固"的努力,都闪烁着韧的光彩。王羲之用练字染黑池水之韧,终成一代书法大家;马克思为寻求真理,用在大英博物馆的水泥地上留下的深深足迹之韧,终成无产阶级的伟大导师;张海迪在身体三分之二失去知觉时,没颓唐,没悲观,而是同疾病展开了韧的斗争,终于赢得了当代保尔的光荣称号。所有这些,都充分说明韧是发展的动力,是成功的基石。

2. 假设句式

凡立功名于世者,无不是从小处做起,注意点点滴滴的积累,有意识地培养自己的品德才能,不断自我完善。若无每日闻鸡起舞、坚持不懈的毅力,那么祖逖又怎能北伐中原而名垂千古!若无长年笔走龙蛇、墨染池水的功夫,那么王羲之又怎能挥毫盖世被尊为书圣呢?若无半生钻研演算、草稿盈筐的血汗,那么陈景润又怎么能摘取明珠而享誉世界呢?

3. 条件句式

勤学苦练是成功的必要条件。不是这样吗?有勤,才有"韦编三绝"的佳话,孔子方能成为世界文化史上的名人之一;有勤,才有"闻鸡起舞"的美谈,祖逖方能雄才大展,实现北伐报国的理想;有勤,才有"当代保尔"的美誉,张海迪方能成为当代青年学习的楷模。由此可见,碌碌无为与大有作为之间差的不就是一个"勤"吗?勤,有如一架彩桥,把人们从无知引向有知,从有知引向有才,从有才引向有为……

4. **转折句式**

徒有万般"羡鱼"心,而无一丝"结网"意,结果定会一事无成。道理虽然浅显,却不是每个人都能认识到的。有人希望成为爱迪生式的"发明大王",却畏于钻研科学知识之难;有人想继莫泊桑之后,再夺"短篇小说之王"的桂冠,但又惮于常年练笔之艰辛;有人想一鸣惊人成为"音乐巨匠",却惰于在五线谱的田地上埋首耕耘。如此心怀鸿鹄之志,而身随燕雀之行,怎能实现恢宏的大志呢!

5. **因果句式**

事业是人生的不朽丰碑。人类的历史告诉我们:凡是留下英名的人,无不成就了伟大的事业。屈原、岳飞、郑成功之所以载入史册,是因为他们为中华民族留下了伟大的爱国精神;李自成、洪秀全、孙中山之所以名垂千古,是因为他们推动了历史的前进;蔡伦、毕昇、祖冲之之所以永远为人民纪念,是因为他们贡献了自己的聪明才智,在科学领域为后人留下享用不尽的财富。谁建树了对人类有益的事业,谁就筑起一座人生的纪念碑。

(三) 一材多用

由于事物本身的丰富多彩,一则好的材料总是立体型的,具有多元的属性,再加上不同的人对材料的理解不同,立意的角度有异,因此,同一则材料往往可以从中挖掘出几个不同的观点。如《烛之武退秦师》,就可以多角度切入:

① 金子总会发光的。烛之武是块"金子",年轻时精力旺盛,才华横溢,但被埋没几十年而黯然失色。到了晚年,国难当头,终于被伯乐发现他的才能,被委于重任,出使秦国,挽救了危难中的国家。

② 千里马需要伯乐的发现和扶植。千里马就是烛之武,伯乐就是佚之狐。如果没有佚之狐对烛之武的充分了解和极力举荐,烛之武纵有多大才华也没有施展的机会。

③ 顾全大局,国家利益高于一切。烛之武年轻时未被重用,难免产生委屈和不满,但国难当头,他不计个人恩怨,毅然出使秦国。

④ 责己恕人,宽容待人。面对烛之武的牢骚,郑伯没有表现出丝毫不满,而是深深自责,连说"吾不能早用子,今急而求子,是寡人之过也"。

⑤ 烛之武善于辞令,值得我们学习。与战国时代纵横家的危言耸听不一样,烛之武的外交辞令委婉曲折,柔中有刚,弦外有音。在今天市场经济大潮中,人际交往大大增加,不善辞令的人,将找不到自己的一席之地。

一材可以多用,但首先得有分析的头脑,才可能从同一材料中发现蕴藏着不同的意义。同时,运用材料不是原封不动地照搬,而应根据不同观点的需要,做一定的取舍,在叙述时要突出和强化与观点相关的地方,其他无关内容可一笔带过或省去。

就拿 2008 年的金融危机来说,发端于美国的次贷危机正在一步步演化和扩大为一场全球金融危机,没有一个国家可以不受影响。这个材料,我们就可以从以下多个角度运用:① 危机与机遇共存;② 面对危机人们有不同心态,不同心态必将决定不同的命运,人如此,国家亦然;③ 合作共赢:这是一场全球性经济危机,没有哪个国家能"独善其身"。要度过危机,只有依靠各国的共同努力,团结合作。此外,还可以有现象与本质、原因与结果等不同立意。

三、材料叙述

有了精当的材料,如果叙述不当,也不会收到良好的论证效果。那么,材料的叙述有哪些要求呢?

(一) 概述

生活是材料的源泉,有许多动人的故事,写记叙文时可做详尽的叙述和描写。但议论文与记叙文不同,它不能像记叙文那样详尽、细致地叙述,否则论点会掩盖在叙述之中,而突现不出来。

初中时,有一天我穿了一套新连衣裙去上学,浅蓝色的,很漂亮。走到楼梯转弯处,我不小心绊了一下,向前冲了两步,不偏不倚与迎面一个端水盆的同学撞了个满怀。尽管那同学使劲端稳水盆,水还是晃了出来,漂亮的新裙子一下子溅上了污水。我顿时气愤难平,升起一股无名之火,泼口就嚷:"怎么走路的?你有毛病啊!"那同学诚惶诚恐,端着水盆不知所措。看到他尴尬的样子,我的心中却一阵快慰,于是狠狠地瞪了那同学一眼,自顾自地走了。我事后也没怎么留意,想不到那同学课后专程向我道歉,那份小心着实让我焦急、不安。可以说,这本是我的错,自己绊了一下撞上去的,却怪在别人身上,还责骂他。如果这点磕磕碰碰当时不发脾气,克制一下,不愉快的事就根本不会发生。这事让我明白了一个道理,如果不懂得克制,不学会忍让,不仅会伤害了别人,而且也会伤害自己。

虽然说这个例子是很好的,然而由于描写得很不精简,使叙述(描写)占了主导地位,使人忽视了论点的存在。为了达到真正的目的,可做如下改动:

一次,由于我撞翻了一位同学端的水,我的新裙子被弄脏了,我不但不赔礼,反而还骂他,弄得那位同学反来向我道歉,这使我有些不安。现在想想,如果我当时懂得克制、忍让,就不会伤害别人,也就不会伤害自己了。

(二) 侧重

一则材料有时隐含多种意义,可用来证明多个论点。我们叙述论据时不需要面面俱到,而要紧扣论点,侧重写某方面,使论点与论据紧密配合。如下例《果戈理和屠格涅夫》:

1852年2月21日,俄国伟大的作家果戈理逝世了,他的挚友屠格涅夫,用沉重的笔和着自己的悲伤、泪水,赶写出一篇悼念果戈理的文章。但是,沙皇统治者害怕这个俄罗斯人民爱戴的名字出现在报刊上。他们禁止发表一切悼念和颂扬果戈理的文章。正直而勇敢的屠格涅夫不怕专制主义者的威胁,他机智地避开沙皇侦探的监视,离开彼得堡,把文章送到莫斯科,趁那里还没有接到禁令,把文章在《莫斯科新闻》上刊登了出来。沙皇的特务机关不久就见到了这篇文章,他们传讯了屠格涅夫。沙皇早就痛恨这个经常在《现代人》杂志上登载《猎人笔记》的作家。在屠格涅夫被监禁一个月后,沙皇亲自下令,把屠格涅夫流放到斯马达斯基去。为了果戈理,为了朋友而被流放的屠格涅夫,感到自豪和光荣。

这个故事可证明这样几个论点:① 友谊高于一切;② 勇敢的人敢于战胜困难;③ 正义终将战胜邪恶;④ 敢于向权势挑战。如要证明"敢于向权势挑战"这个论点,则可做如下叙述:

1852年,俄国作家屠格涅夫的挚友果戈理逝世了,他为此赶写了一篇悼文。但是沙皇统治者禁止发表任何有关果戈理的文章。正直而勇敢的屠格涅夫不怕专制主义者的威胁,机智地避开沙皇侦探的监视,离开彼得堡,把文章送到莫斯科,趁那里还没有接到禁令,把文章在《莫斯科新闻》上刊登了出来。

这样的叙述,侧重点就很明确,又增强了说理文的说服力。

第四节 材料宝典

材料是说理文的支撑,要不断积累,要人无我有。

一、"原则"、"效应"

【蝴蝶效应】

20世纪70年代,美国一个名叫洛伦兹的气象学家在解释空气系统理论时说,亚马孙雨林一只蝴蝶翅膀偶尔振动,也许两周后就会引起美国得克萨斯州的一场龙卷风。

蝴蝶效应是说,初始条件十分微小的变化经过不断放大,对其未来状态会造成极其巨大的差别。有些小事可以糊涂,有些小事如经系统放大,则对一个组织、一个国家来说是很重要的,就不能糊涂。

【青蛙现象】

把一只青蛙直接放进热水锅里,由于它对不良环境的反应十分敏感,就会迅速跳出锅外。如果把一个青蛙放进冷水锅里,慢慢地加温,青蛙并不会立即跳出锅外,水温逐渐提高的最终结局是青蛙被煮死了,因为等水温高到青蛙无法忍受时,它已经来不及,或者说是没有能力跳出锅外了。

青蛙现象告诉我们,一些突变事件,往往容易引起人们的警觉,而易置人于死地的却是在自我感觉良好的情况下,对实际情况的逐渐恶化,没有清醒的察觉。

【鳄鱼法则】

其原意是假定一只鳄鱼咬住你的脚,如果你用手去试图挣脱你的脚,鳄鱼便会同时咬住你的脚与手。你愈挣扎,就被咬住得越多。所以,万一鳄鱼咬住你的脚,你唯一的办法就是牺牲一只脚。

譬如在股市中,鳄鱼法则就是:当你发现自己的交易背离了市场的方向,必须立即止损,不得有任何延误,不得存有任何侥幸。

【鲶鱼效应】

以前,沙丁鱼在运输过程中成活率很低。后有人发现,若在沙丁鱼中放一条鲶鱼,情况却有所改观,成活率会大大提高。这是何故呢?

原来鲶鱼在到了一个陌生的环境后,就会"性情急躁",四处乱游,这对于大量好静的沙丁鱼来说,无疑起到了搅拌作用;而沙丁鱼发现多了这样一个"异己分子",自然也很紧张,加速游动。这样沙丁鱼缺氧的问题就迎刃而解了,沙丁鱼也就不会死了。

一个组织的工作达到较稳定的状态时,常常意味着员工工作积极性的降低,"一团和气"的集体不一定是一个高效率的集体,这时候"鲶鱼效应"将起到很好的"医疗"作用。一个组织中,如果始终有一位"鲶鱼式"的人物,无疑会激活员工队伍,提高工作业绩。

【羊群效应】

头羊往哪里走,后面的羊就跟着往哪里走。

在一群羊前面横放一根木棍,第一只羊跳了过去,第二只、第三只也会跟着跳过去。这时,把那根棍子撤走,后面的羊,走到这里,仍然像前面的羊一样,向上跳一下,尽管拦路的棍子已经不在了。这就是所谓的"羊群效应",也称"从众心理"。

【刺猬法则】

两只困倦的刺猬,由于寒冷而拥在一起。可因为各自身上都长着刺,于是它们离开了一段距离,但又冷得受不了,于是凑到一起。几经折腾,两只刺猬终于找到一个合适的距离:既能互相获得对方的温暖而又不至于被扎。

刺猬法则主要是指人际交往中的"心理距离效应"。

【手表定律】

手表定律是指一个人有一只表时,可以知道现在是几点钟,而他同时拥有两只时却无法确定。两只表并不能告诉一个人更准确的时间,反而会使看表的人失去对准确时间的信心。

这说明,更多选择、更多标准会让人无所适从。

也说明,明确目标,不受干扰,懂得取舍,该放则放,很重要。

【破窗理论】

一个房子如果窗户破了,没有人去修补,隔不久,其他的窗户也会莫名其妙地被人打破。一面墙,如果出现一些涂鸦没有被清洗掉,很快的,墙上就布满了乱七八糟、不堪入目的东西;一个很干净的地方,人们不好意思丢垃圾,但是一旦地上有垃圾之后,人就会毫不犹疑地抛掷,丝毫不觉羞愧。

【二八定律】

19世纪末20世纪初意大利经济学家巴莱多认为,在任何一组东西中,最重要的只占其中一小部分,约20%,其余80%尽管是多数,却是次要的。社会约80%的财富集中在20%的人手里,而80%的人只拥有20%的社会财富。这种统计的不平衡性在社会、经济及生活中无处不在,这就是二八法则。

例如:

20%的人成功——————————80%的人不成功
20%的人用脖子以上赚钱——————80%的人用脖子以下赚钱
20%的人正面思考————————80%的人负面思考
20%的人买时间—————————80%的人卖时间
20%的人找一个好员工———————80%的人找一份好工作

20%的人支配别人————————80%的人受人支配
20%的人做事业——————————80%的人做事情
20%的人重视经验————————80%的人重视学历
20%的人认为行动才有结果————80%的人认为知识就是力量
20%的人我要怎么做才有钱————80%的人我要有钱我就怎么做
20%的人爱投资——————————80%的人爱购物
20%的人有目标——————————80%的人爱瞎想
20%的人在问题中找答案—————80%的人在答案中找问题
20%的人放眼长远—————————80%的人只顾眼前
20%的人把握机会—————————80%的人错失机会
20%的人计划未来—————————80%的人早上起来才想今天干吗
20%的人按成功经验行事—————80%的人按自己的意愿行事
20%的人做简单的事情——————80%的人不愿意做简单的事情
20%的人明天的事情今天做————80%的人今天的事情明天做
20%的人如何能办到————————80%的人不可能办到
20%的人记笔记——————————80%的人忘性好
20%的人受成功的人影响—————80%的人受失败人的影响
20%的人状态很好—————————80%的人态度不好
20%的人相信自己会成功——————80%的人不愿改变环境
20%的人永远赞美、鼓励———————80%的人永远漫骂、批评
20%的人会坚持——————————80%的人会放弃

二八法则告诉我们，不要平均地分析、处理和看待问题。

【木桶理论】

组成木桶的木板如果长短不齐,那么木桶的盛水量不是取决于最长的那一块木板,而是取决于最短的那一块。也可称为短板效应。

【马太效应】

马太效应,指强者愈强、弱者愈弱的现象,广泛应用于社会心理学、教育、金融以及科学等众多领域。其名字来自圣经《新约·马太福音》中的一则寓言:"凡有的,还要加给他叫他多余;没有的,连他所有的也要夺过来。""马太效应"与"平衡之道"相悖,与"二八定则"有相类之处,是十分重要的自然法则。

【鸟笼逻辑】

挂一个漂亮的鸟笼在房间里最显眼的地方,过不了几天,主人一定会做出下面两个选择之一:把鸟笼扔掉,或者买一只鸟回来放在鸟笼里。这就是鸟笼逻辑。

设想你是这房间的主人,只要有人走进房间,看到鸟笼,就会忍不住问你:"鸟呢?是不是死了?"当你回答:"我从来都没有养过鸟。"人们会问:"那么,你要一个鸟笼干什么?"最后你不得不在两个选择中二选一,因为这比无休止的解释要容易得多。

鸟笼逻辑的原因很简单:人们绝大部分的时候是采取惯性思维。

【责任分散效应】

1964年3月13日夜3时20分,在美国纽约郊外某公寓前,一位叫朱诺比的年轻女子在结束酒吧间工作回家的路上遇刺。当她绝望地喊叫:"有人要杀人啦!救命!救命!"听到喊叫声,附近住户亮起了灯,打开了窗户,凶手吓跑了。一切恢复平静后,凶手又返回作案。当她又叫喊时,附近的住户又打开了电灯,凶手又逃跑了。当她认为已经无事,回到自己家上楼时,凶手又一次出现在她面前,将她杀死在楼梯上。在这个过程中,尽管她大声呼救,她的邻居中至少有38位到窗前观看,但无一人来救她,甚至无一人打电话报警。这件事引起纽约社会的轰动,也引起了社会心理学工作者的重视和思考。人们把这种众多的旁观者见死不救的现象称为责任分散效应。

对于责任分散效应形成的原因,心理学家进行了大量的实验和调查,结果发现:这种现象不能仅仅说是众人的冷酷无情,或道德日益沦丧的表现。因为在不同的场合,人们的援助行为确实是不同的。当一个人遇到紧急情境时,如果只有他一个人能提供帮助,他会清醒地意识到自己的责任,对受难者给予帮助。如果他见死不救会产生罪恶感、内疚感,这需要付出很高的心理代价。而如果有许多人在场的话,帮助求助者的责任就由大家来分担,造成责任分散,每个人分担的责任很少,旁观者甚至可能连他自己的那一份责任也意识不到,从而产生一种"我不去救,由别人去救"的心理,造成"集体冷漠"的局面。如何打破这种局面,这是心理学家正在研究的一个重要课题。

【帕金森定律】

英国著名历史学家诺斯古德·帕金森通过长期调查研究,写出一本名叫《帕金森定律》的书。他在书中阐述了机构人员膨胀的原因及后果:一个不称职的官员,可能有三条出路,第一是申请退职,把位子让给能干的人;第二是让一位能干的人来协助自己工作;第三是任用两个水平比自己更低的人当助手。第一条路是万万走不得的,因为那样会丧失许多权利;第二条路也不能走,因为那个能干的人会成为自己的对手;看来只有第三条路最适宜。于是,两个平庸的助手分担了他的工作,他自己则高高在上发号施令,他们不会对自己的权利构成威胁。两个助手既然无能,他们就上行下效,再为自己找两个更加无能的助手。如此类推,就形成了一个机构臃肿、人浮于事、相互扯皮、效率低下的领导体系。

【晕轮效应】

所谓晕轮效应,就是在人际交往中,人身上表现出的某一方面的特征,掩盖了其他特征,从而造成人际认知的障碍。

晕轮效应是一种以偏概全的主观心理臆测,其错误在于:第一,它容易抓住事物的个别特征、习惯以个别推及一般,就像盲人摸象一样,以点代面;第二,它把并无内在联系的一些个性或外貌特征联系在一起,断言有这种特征必然会有另一种特征;第三,它说好就全部肯定,说坏就全部否定,这是一种受主观偏见支配的绝对化倾向。总之,晕轮效应是人际交往中对人的心理影响很大的认知障碍,我们在交往中要尽量地避免和克服晕轮效应的副作用。

在日常生活中,"晕轮效应"往往在悄悄地影响着我们对别人的认知和评价。比如有的老年人对青年人的个别缺点,或衣着打扮、生活习惯看不顺眼,就认为他们一定没出息;有的青年人由于倾慕朋友的某一可爱之处,就会把他看得处处可爱,真所谓"一俊遮百丑"。

俄国著名的大文豪普希金曾因晕轮效应的作用吃了大苦头。他狂热地爱上了被称为"莫斯科第一美人"的娜坦丽,并且和她结了婚。娜坦丽容貌惊人,但与普希金志不同道不合。普希金每次把写好的诗读给她听时,她总是捂着耳朵说:"不要听!不要听!"相反,她总是要普希金陪她游乐,出席一些豪华的晚会、舞会,普希金为此丢下创作,弄得债台高筑,最后还为她决斗而死,使一颗文学巨星过早地陨落。在普希金看来,一个漂亮的女人也必然有非凡的智慧和高贵的品格,然而事实并非如此,这种现象被称为晕轮效应。

【霍桑效应】

心理学上的一种实验者效应。20世纪20—30年代,美国研究人员在芝加哥西方电力公司霍桑工厂进行的工作条件、社会因素和生产效益关系实验中发现了实验者效应,称霍桑效应。

实验的第一阶段是从1924年11月开始的工作条件和生产效益的关系,设为实验组和控制组。结果不管增加或控制照明度,实验组产量都上升,而且照明度不变的控制组产量也增加。另外,又试验了工资报酬、工间休息时间、每日工作长度和每周工作天数等因素,也看不出这些工作条件对生产效益有何直接影响。第二阶段的试验是由美国哈佛大学教授梅奥领导的,着重研究社会因素与生产效率的关系,结果发现生产效率的提高主要是由于被实验者在精神方面发生了巨大的变化。参加试验的工人被置于专门的实验室并由研究人员领导,其社会状况发生了变化,受到各方面的关注,从而形成了参与试验的感觉,觉得自己是公司中重要的一部分,从而使工人从社会角度方面被激励,促进产量上升。

这个效应告诉我们,自己受到公众的关注或注视时,学习和交往的效率就会大大增加。因此,我们在日常生活中要学会与他人友好相处,明白什么样的行为才是他人接受和赞赏的。我们只有在生活和学习中不断地增加自己的良好行为,才可能受到更多人的关注和赞赏,也才可能让我们的学习不断进步,充满自信!

【习得性无助实验】

习得性无助效应最早由奥弗米尔和西里格曼发现,后来在动物和人类研究中被广泛探讨。简单地说,很多实验表明,经过训练,狗可以越过屏障或从事其他行为来逃避实验者施加于它的电击。但是,如果狗以前受到不可预期(不知道什么时候到来)且不可控制的电击(如电击的中断与否不依赖于狗的行为),当狗后来有机会逃离电击时,它们也变得无力逃离。而且,狗还表现出其他方面的缺陷,如感到沮丧和压抑,主动性降低等等。

狗之所以表现出这种状况,是由于在实验的早期学到了一种无助感。也就是说,它们认识到自己无论做什么都不能控制电击的终止。在每次实验中,电击终止都是在实验者掌控之下的,而狗会认识到自己没有能力改变这种外界的控制,从而学到了一种无助感。

人如果产生了习得性无助,就成了一种深深的绝望和悲哀。因此,我们在学习和生活中应把自己的眼光再开阔一点,看到事件背后的真正的决定因素,不要使我们自己陷入绝望。

【罗森塔尔效应】

美国心理学家罗森塔尔等人于1968年做过一个著名实验。他们到一所小学,在一至六年级各选三个班的儿童进行煞有介事的"预测未来发展的测验",然后实验者将认为有"优异发展可能"的学生名单通知教师。其实,这个名单并不是根据测验结果确定的,而是随机抽取的。它以"权威性的谎言"暗示教师,从而调动了教师对名单上的学生的某种期待心理。8个月后,再次智能测验的结果发现,名单上学生的成绩普遍提高,教师也给了他们良好的品行评语。这个实验取得了奇迹般的效果,人们把这种通过教师对学生心理的潜移默化的影响,从而使学生取得教师所期望的进步的现象,称为"罗森塔尔效应",习惯上也称为皮格马利翁效应(皮格马利翁是古希腊神话中塞浦路斯国王,他对一尊少女塑像产生爱慕之情,他的热望最终使这尊雕像变为一个真人,两人相爱结合)。

教育实践也表明:如果教师喜爱某些学生,对他们会抱有较高期望,经过一段时间,学生感受到教师的关怀、爱护和鼓励,常常以积极态度对待老师、对待学习以及对待自己的行为。学生更加自尊、自信、自爱、自强,诱发出一种积极向上的激情,这些学生常常会取得老师所期望的进步。相反,那些受到老师忽视、歧视的学生,久而久之会从教师的言谈、举止、表情中感受到教师的"偏心",也会以消极的态度对待老师、对待自己的学习,不理会或拒绝听从老师的要求。这些学生常常会一天天变坏,最后沦为社会的不良分子。尽管有些例外,但大趋势确是如此。

【虚假同感偏差】

我们通常都会相信,我们的爱好与大多数人是一样的。如果你喜欢玩电脑游戏,那么就有可能高估喜欢电脑游戏的人数。你也通常会高估给自己喜欢的人投票的人数,高估自己在群体中的威信与领导能力等。这种高估与自己的行为及态度有相同特点的人数的倾向性就叫作"虚假同感偏差"。

【马斯洛需求层次理论】

马斯洛需求层次理论(Maslow's hierarchy of needs),亦称"基本需求层次理论",是行为科学的理论之一,由美国心理学家亚伯拉罕·马斯洛于1943年在论文《人类激励理论》中所提出。

马斯洛理论把需求分成生理需求、安全需求、归属与爱的需求、尊重需求和自我实现需求五类,依次由较低层次到较高层次排列。

【首因效应】

首因效应,是人与人第一次交往中给人留下的印象,在对方的头脑中形成并占据着主导地位的效应。首因效应也叫首次效应、优先效应或第一印象效应。它是指当人们第一次与某物或某人相接触时会留下深刻印象,个体在社会认知过程中,通过"第一印象"最先输入的信息对客体以后的认知产生的影响作用。第一印象作用最强,持续的时间也长,比以后得到的信息对于事物整个印象产生的作用更强。首因,是指首次认知客体而在脑中留下的第一印象。

【斯德哥尔摩症状】

斯德哥尔摩症候群(Stockholm syndrome),又称为人质情结,是指犯罪的被害者对于犯罪者产生情感,甚至反过来帮助犯罪者的一种情结。

1973年8月23日,两名劫匪在瑞典斯德哥尔摩一家银行劫持了三女一男四名职员为人质。警察随即包围现场,于28日突击成功,救出人质并擒获劫匪。人质在警匪对峙的六天中,生死完全由劫匪决定,人质为求生而认同劫匪,向媒体和政府总理帕尔梅呼吁撤走警察和满足劫匪要求,这是合乎正常人心理的行为。人质获救以后,生命威胁解除,却继续认同劫匪,向媒体和法官赞美劫匪,感谢劫匪不杀和善待之恩。一位女人质竟和劫匪之一订婚。瑞典是一个民主开放的国家,因此全世界通过媒体看到了事件全过程。这个暴力威胁下洗脑生效并且在暴力消失后不可逆转的案例引起全世界心理学界注意。瑞典心理学家Nils Bejorot把它定名为"斯德哥尔摩症状",近几十年来劫持人质在全球越演越烈,"斯德哥尔摩症状"频频发生,例如美国报业巨子赫斯特的孙女Patty Hearst被恐怖组织辛比由尼斯解放军(SLA)绑架后自愿入伙,并参加持枪抢劫银行,所以世界心理学界对这一现象的热烈讨论至今不衰。

要人产生斯德哥尔摩综合征,必需以下4个条件:

第一,让你切实感觉到你的生命受到威胁,至于是不是要发生则不一定。然后相信这个施暴的人随时会这么做,并毫不犹豫。

第二,这个施暴的人一定会给你施以小恩小惠,如在你各种绝望的情况下给你水喝。

第三,除了他给所控制的信息和思想,任何其他信息都不让你得到,完全隔离了。

第四,让你感到无路可逃。

有了这四个条件,人们就可能会产生斯德哥尔摩综合征。

斯德哥尔摩综合征案例

一名劫匪在持枪抢劫银行时中了警方的埋伏,随即劫持了一男三女,将他们扣押在保管库内。匪徒提出的条件是,释放在押的同伙,保证他们安全出境,否则将人质一个个处死。经过六天的包围,警方设法钻通了保管库,用催泪瓦斯将人质和劫匪驱赶出来,狙击手同时做好了危急情况下击毙劫匪的准备。然而,"离开保管库后,三名人质反而将劫持者围了起来,保护他不受警方的伤害,并拒绝提供不利于他的证词。一个女人质还说她爱上了劫持者,等他获释后就嫁给他"。

这是发生在1973年瑞典斯德哥尔摩的一个真实的故事。从那时起,心理学增添了一种新病例——斯德哥尔摩综合征。斯德哥尔摩综合征在西方人质劫持事件中是相当普遍的一种现象。请看以下事例:"劫持者与当局交火,而人质却帮助他们填子弹……

"有一次,一个劫持者带着他的女人质通过一片沼泽地逃跑,警察即将赶上,劫持者嫌人质拖累,就决定放她,但这个女人一直跟在后面跑。当警察逼近时,她还朝警察掷石头,想减慢他们的速度,掩护劫持者逃跑……

"曾发生过这样的情况,当警察进行袭击时,人质竟自动站出来用身体为劫持者挡枪子……

"有一次,被释放的人质偷偷越过警察跑到劫持者那里,向他们报告警察所在的位置……

"被绑架的人质可能向警方提供不可靠的情报,甚至假情报,例如虚报劫持者的武器数量及种类。当局的援助工作可能受到阻碍。……"

人质这是怎么了?恐惧能够产生爱?伤害能够带来依恋?高尔基曾经讴歌:"人,这是个大写的字母!""大写字母"从什么时候起写得歪歪扭扭的?

【海恩法则】

海恩法则是飞机涡轮机的发明者德国人帕布斯·海恩提出的一个在航空界关于飞行安全的法则,海恩法则指出:每一起严重事故的背后,必然有29次轻微事故和300起未遂先兆以及1 000起事故隐患。法则强调两点:一是事故的发生是量的积累的结果;二是再好的技术,再完美的规章,在实际操作层面,也无法取代人自身的素质和责任心。

【墨菲定律】

墨菲定律是美国的一名工程师爱德华·墨菲做出的著名论断,是西方世界常用的俚语。墨菲定律主要内容是:事情如果有变坏的可能,不管这种可能性有多小,它总会发生。

根据"墨菲定理":

一、任何事都没有表面看起来的那么简单;

二、所有的事都会比你预计的时间长;

三、会出错的事总会出错;

四、如果你担心某种情况发生,那么它就更有可能发生。

二、传说典故

【潘多拉的盒子】

潘多拉是希腊神话中第一个尘世女子。普罗米修斯盗天火给人间后,主神宙斯为惩罚人类,命令神用黏土塑成一个年轻美貌、虚伪狡诈的姑娘,取名"潘多拉",意为"具有一切天赋的女人",并给了她一个礼盒,然后将她许配给普罗米修斯的弟弟埃庇米修斯(意为"后知")。埃庇米修斯不顾禁忌地接过礼盒,潘多拉趁机打开,于是各种恶习、灾难和疾病立即从里面飞出来。盒子里只剩下唯一美好的东西:希望。但希望还没来得及飞出来,潘多拉就将盒子永远地关上了。

"潘多拉的盒子"被用来比喻造成灾害的根源。

【达摩克利斯剑】

达摩克利斯是希腊神话中暴君迪奥尼修斯的宠臣,他常说帝王多福,以取悦帝王。有一次,狄奥尼修斯让他坐在帝王的宝座上,头顶上挂着一把仅用一根马鬃系着的利剑,以此告诉他,虽然身在宝座,利剑却随时可能掉下来,帝王并不多福,而是时刻存在着忧患。

人们常用这一典故来比喻随时可能发生的潜在危机。

【缪斯】

缪斯是希腊神话中九位文艺和科学女神的通称。她们均为主神和记忆女神之女。她们以音乐和诗歌之神阿波罗为首领,分别掌管着历史、悲剧、喜剧、抒情诗、舞蹈、史诗、爱情诗、颂歌和天文。古希腊的诗人、歌手都向缪斯呼告,祈求灵感。

后来,人们就常用"缪斯女神"来比喻文学、写作和灵感等。

【斯芬克斯之谜】

斯芬克斯是希腊神话中以隐谜害人的怪物,埃及最大的胡夫金字塔前的狮身人面怪兽就是他。他给俄狄浦斯出的问题是:什么东西早晨用四只脚走路,中午用两只脚走路,傍晚用三只脚走路?俄狄浦斯回答:是人。在生命的早晨,他是个孩子,用两条腿和两只手爬行;到了生命的中午,他变成壮年,只用两条腿走路;到了生命的傍晚,他年老体衰,必须借助拐杖走路,所以被称为三只脚。俄狄浦斯答对了。斯芬克斯羞愧地坠崖而死。

"斯芬克斯之谜"常被用来比喻复杂、神秘、难以理解的问题。

【皮格马利翁】

皮格马利翁是希腊神话中的塞浦路斯国王。他憎恨女性,决定永不结婚。他用神奇的技艺雕刻了一座美丽的象牙女像,并爱上了她。他像对待妻子那样抚爱她,装扮她,并向神乞求让她成为自己的妻子。爱神阿芙洛狄忒被他打动,赐予雕像生命,并让他们结为夫妻。

皮格马利翁效应告诉我们,当我们怀着对某件事情非常强烈的期望的时候,我们所期望的事物就会出现。

"皮格马利翁效应"后来被用在教育心理学上,也称"期待效应"或"罗森塔尔效应",比喻教师对学生的期待不同,对他们施加的方法不同,学生受到的影响也不一样。

【犹大的亲吻】

犹大是《圣经》中耶稣基督的亲信子弟十二门徒之一。耶稣传布新道虽然受到了百姓的拥护,却引起犹太教长老祭司们的仇恨。他们用30个银币收买了犹大,要他帮助辨认出耶稣。他们到客马尼园抓耶稣时,犹大假装请安,拥抱和亲吻耶稣。耶稣随即被捕,后被钉死在十字架上。

人们用"犹大的亲吻"比喻可耻的叛卖行为。

【诺亚方舟】

出自《圣经》。人类犯下罪孽,上帝非常忧伤,决定用洪水消灭人类。诺亚是个正直的人,上帝盼咐他造船避灾。经过40个昼夜的洪水,除诺亚一家和部分动物外,其他生物都被洪水吞没。

后被用来比喻灾难中的避难所或救星。

【伊甸园】

出自《圣经》。上帝在东方的一片富饶的平原上开辟了一个园子,里面有果树和各种飞禽走兽。上帝让亚当看守园子。为排解他的寂寞,上帝从亚当的身上取出一根肋骨,造成一个女人——夏娃来陪伴他。他们过着无忧无虑的日子。

人们用伊甸园比喻人间的乐园。

【禁果】

出自《圣经》。亚当和夏娃住在伊甸园中,上帝允许他们食用园中的果实,唯独"知善恶树"上的果实不能吃。狡猾的蛇引诱他们吃了禁果,从此他们懂得了善恶,辨别出真假,而且产生了羞耻之心。上帝因此将他们逐出伊甸园。

偷食禁果被认为是人类的原罪及一切其他罪恶的开端。

禁果比喻被禁止得到而又渴望得到的东西。

【多米诺骨牌】

这是一种西洋游戏,将许多长方形的骨牌竖立排列成行,轻轻推倒第 1 张牌时,其余骨牌将依次纷纷倒下。

"多米诺骨牌效应"常指一系列的连锁反应,即"牵一发而动全身",与蝴蝶效应相似。

【象牙塔】

出自 19 世纪法国诗人、文艺批评家圣佩韦·查理·奥古斯丁的书函《致维尔曼》。奥古斯丁批评同时代的法国作家维尼作品中的悲观消极情绪,主张作家从庸俗的资产阶级现实中超脱出来,进入一种主观幻想的艺术天地——象牙之塔。

"象牙塔"被用来比喻与世隔绝的梦幻境地。

【滑铁卢】

1815 年,在比利时的滑铁卢,拿破仑率领法军与英国、普鲁士联军展开激战,法军惨败。随后,拿破仑以退位结束了其政治生涯。

"滑铁卢"被用来比喻惨痛的失败。

【阿喀琉斯之踵】

传说古希腊神话中的阿喀琉斯是海神之子,荷马史诗中的英雄,他的母亲曾把他浸在冥河里使其能刀枪不入。但因冥河水流湍急,母亲捏着他的脚后跟不敢松手,所以他脚踵是最脆弱的地方,一个致命之处。长大后,阿喀琉斯作战英勇无比,但终于给人发现了弱点。在特洛伊战争中,阿喀琉斯杀死了特洛伊王子赫克托耳,因而惹怒了赫克托耳的保护神阿波罗,于是太阳神用毒箭射中了阿喀琉斯的脚后跟,送了这位勇士的命。这就是至今流传在欧洲的谚语"阿喀琉斯之踵"的来历。

"阿喀琉斯之踵"用来指致命的弱点、要害。任何一个强者都会有自己的致命伤,没有不死的战神。

【乌托邦】

源自希腊文,意即"乌有之乡"。英国空想社会主义者莫尔在他写的《乌托邦》一书中描绘了一个他所憧憬的美好社会,那里一切生产资料归全民所有,生活用品按劳分配,人人从事生产劳动,而且有充足的时间从事科学研究和娱乐,那里没有酒店、妓院,也没有堕落和罪恶。在那里,财产是公有的,人民是平等的,实行着按需分配的原则,大家穿统一的工作服,在公共餐厅就餐,官吏由公共选举产生。

乌托邦用于比喻无法实现的理想或空想的美好社会。

【奥吉亚斯的牛圈】

出自希腊神话。奥吉亚斯是海神的儿子,他养了无数的牛,30年来未清扫过,粪秽堆积如山。

比喻累积成堆或肮脏腐败得难以解决的问题。

【布利丹毛驴】

出自14世纪法国哲学家布利丹的寓言。有一头饥饿的毛驴站在两捆同样的干草之间,居然不知吃哪边的干草才好,结果饿死了。

比喻那些优柔寡断的人。

【酸小姐】

出自俄国作家波米亚洛夫斯基的小说《小市民的幸福》。女主人公莲诺奇卡是一个目光短浅、精神空虚的"千金小姐",由于失恋而成为忧心忡忡、痛苦悲伤的"酸小姐"。

后比喻矫揉造作、装腔作势的女子。

也泛指目光短浅、思想庸俗或感情脆弱、喜怒无常的人。

【超人】

出自尼采《查拉图斯特拉如是说》。尼采认为"超人"是代表统治阶层的理想化的无所不能的全才人物。他说:"一个人是可以使千万年的历史生色的——也就是说,一个充实的、雄厚的、伟大的、完全的人,要胜过无数残缺不全、鸡毛蒜皮的人。"

比喻那些自以为凌驾于一切之上的、自命不凡的利己主义者。

也指那些能力卓异、超越常人的人。

【安泰】

安泰俄斯是希腊神话中的巨人和英雄,是海神波塞冬和地神盖亚的儿子。他的力量来源于大地母亲,只要身不离地,就力量无穷,所向无敌;如果身体离开了大地母亲,就会失去生存能力。后来,安泰被希腊神话中最伟大的英雄赫拉克勒斯举在空中击毙了。

现在人们常用安泰俄斯的故事来比喻精神力量不能脱离物质基础,或一个人不能脱离他的祖国和人民。

【洗礼】

出自《圣经》。人类的始祖亚当和夏娃因听了蛇的话,偷吃禁果犯下了罪,这个罪从此代代相传,叫作"原罪";各人违背上帝旨意也会犯罪,称为"本罪"。所以,凡笃信上帝的人,必须经过洗礼,洗刷原罪和本罪。洗礼时,主洗者口诵经文,受洗者注水额上或头上,也有全身浸入水中的,故洗礼也称"浸洗"。

后比喻经受某种锻炼或考验。

【泥足巨人】

典出《圣经·旧约》。说的是巴比伦王尼布甲尼撒梦见一尊巨像,其头是金的,胸臂是银的,腰肚是铜的,腿是铁的,脚是半铁半泥的。他正观看着,忽然天外飞来一块石头击碎巨像的泥足,于是金银铜铁泥同化为粉末。

后来人们常以"泥足巨人"来形容外强中干、色厉内荏的庞然大物。

【香格里拉】

典出英国小说家詹姆斯·希尔顿的名著《失去的地平线》。书中描述了在中国喜马拉雅山山脉延伸到巴基斯坦的一个小山麓里,有一处美得像童话里仙境的地方叫香格里拉。在那里男女不问世事,不知困苦,也没有疾病和暴力,如同陶渊明笔下的世外桃源一样。

人们常用"香格里拉"来喻指世外仙境,也指避世隐居的地方。

【特洛伊的海伦】

特洛伊战争是以争夺世上最漂亮的女人海伦为起因,导致以阿伽门农及阿喀琉斯为首的希腊军进攻以帕里斯及赫克托尔为首的特洛伊城的十年攻城战。为了争夺最美丽的女人海伦,特洛伊城被毁灭。

【特洛伊木马】

希腊联军围困特洛伊久攻不下,于是假装撤退,留下一具巨大的中空木马,特洛伊守军不知是计,把木马运进城中作为战利品。夜深人静之际,木马腹中躲藏的希腊士兵打开城门,特洛伊沦陷。

后人常用"特洛伊木马"这一典故,用来比喻在敌方营垒里埋下伏兵里应外合的活动。特洛伊木马如今也是著名电脑木马程序的名字。

【金羊毛】

希腊神话故事中金羊毛被看作稀世珍宝,很久以来,希腊人对它传说纷纷。许多英雄和君王都想得到它。金羊毛,不仅象征着财富,还象征着冒险和不屈不挠的意志,象征着理想和对幸福的追求。

【柏拉图式恋爱】

也称为柏拉图式爱情,以西方哲学家柏拉图命名的一种精神恋爱,追求心灵沟通,排斥肉欲。柏拉图认为:"当心灵摒绝肉体而向往着真理的时候,这时的思想才是最好的。而当灵魂被肉体的罪恶所感染时,人们追求真理的愿望就不会得到满足。当人类没有对肉欲的强烈需求时,心境是平和的,肉欲是人性中兽性的表现,是每个生物体的本性。人之所以是所谓的高等动物,是因为人的本性中,人性强于兽性,精神交流是美好的、是道德的。"柏拉图式爱情根植于古希腊的理性主义传统和同性恋爱风尚。

【俄狄浦斯情结】

恋母和弑父都是俄狄浦斯,他不认识自己的父母,在一场比赛中失手杀死了父亲,又娶了自己的母亲,后来知道真相了,承受不了心中痛苦,就自杀了。

心理学用来比喻有恋母情结的人,有跟父亲作对以竞争母亲的倾向,同时又因为道德伦理的压力,而有自我毁灭以解除痛苦的倾向。

【第二十二条军规】

"如果你能证明自己发疯,那就说明你没疯。"源出美国作家约瑟夫·赫勒1961年根据自己在第二次世界大战中的亲身经历创作的黑色幽默小说《第二十二条军规》。这部小说太有影响了,以至于在当代美语中,"第二十二条军规"已作为一个独立的单词,使用频率极高,用来形容任何自相矛盾、不合逻辑的规定或条件所造成的无法摆脱的困境、难以逾越的障碍,表示人们处于左右为难的境地,或者是一件事陷入了死循环,或者跌进逻辑陷阱等等。

三、生活启迪

生命的价值

在一次讨论会上,一位著名的演说家没讲一句开场白,手里却高举着一张20美元的钞票。

面对会议室里的200个人,他问:"谁要这20美元?"一只只手举了起来。他接着说:"我打算把这20美元送给你们中的一位,但在这之前,请准许我做一件事。"他说着将钞票揉成一团,然后问:"谁还要?"仍有人举起手来。

他又说:"那么,假如我这样做又会怎么样呢?"他把钞票扔到地上,又踏上一只脚,并且用脚碾它。尔后他拾起钞票,钞票已变得又脏又皱。

"现在谁还要?"还是有人举起手来。

"朋友们,你们已经上了一堂很有意义的课。无论我如何对待那张钞票,你们还是想要它,因为它并没贬值,它依旧值20美元。人生路上,我们会无数次被自己的决定或碰到的逆境击倒、欺凌甚至碾得粉身碎骨。我们觉得自己似乎一文不值。但无论发生什么,或将要发生什么,在上帝的眼中,你们永远不会丧失价值。在他看来,肮脏或洁净,衣着齐整或不齐整,你们依然是无价之宝。"

是啊,我们千万不能因为昨日的沮丧而使得明天的梦想也黯然失色!

昂起头来真美

珍妮是个总爱低着头的小女孩,她一直觉得自己长得不够漂亮。有一天,她到饰物店去买了只绿色蝴蝶结,店主不断赞美她戴上蝴蝶结挺漂亮。珍妮虽不信,但是挺高兴,不由昂起了头,急于让大家看看,出门与人撞了一下都没在意。

珍妮走进教室,迎面碰上了她的老师,"珍妮,你昂起头来真美!"老师爱抚地拍拍她的肩说。

那一天,她得到了许多人的赞美。她想一定是蝴蝶结的功劳,可往镜前一照,头上根本就没有蝴蝶结,一定是出饰物店时与人一碰弄丢了。

母牛也许是黑色的,但牛奶一样白。自信原本就是一种美丽,而很多人却因为太在意外表而失去很多快乐。

为生命画一片树叶

美国作家欧·亨利在他的小说《最后一片叶子》里讲了个故事:一个生命垂危的病人从房间里看见窗外的一棵树,叶子在秋风中一片片地掉落下来。病人望着眼前的萧萧落叶,身体也随之每况愈下,一天不如一天。她说:"当树叶全部掉光时,我也就要死了。"一位老画家得知后,用彩笔画了一片叶脉青翠的树叶挂在树枝上。

最后一片叶子始终没掉下来。只因为生命中的这片绿,病人竟奇迹般地活了下来。

只要信念仍在,希望也就在,就总有奇迹发生,而希望虽然有时渺茫,但它永存人世。

飞翔的蜘蛛

一天,我发现,一只黑蜘蛛在后院的两檐之间结了一张很大的网。难道蜘蛛会飞?要不,从这个檐头到那个檐头,中间有一丈余宽,第一根线是怎么拉过去的?后来,我发现蜘蛛走了许多弯路——从一个檐头起,打结,顺墙而下,一步一步向前爬,小心翼翼,翘起尾部,不让丝沾到地面的沙石或别的物体上,走过空地,再爬上对面的檐头,高度差不多了,再把丝收紧,以后也是如此。

蜘蛛不会飞翔,但它能够把网结在半空中。它是勤奋、敏感、沉默而坚韧的昆虫,它的网制得精巧而规矩,八卦形地张开,仿佛得到神助。这样的成绩,使人不由想起那些沉默寡言的人和一些深藏不露的智者。于是,我记住了蜘蛛不会飞翔,但它照样把网结在空中。奇迹是执着者造成的。

阴影是条纸龙

人生中,经常有无数来自外部的打击,但这些打击究竟会对你产生怎样的影响,最终决定权在你手中。

祖父用纸给我做过一条长龙。长龙腹腔的空隙仅仅只能容纳几只蝗虫,投放进去,它们都在里面死了,无一幸免!祖父说:"蝗虫性子太躁,除了挣扎,它们没想过用嘴巴去咬破长龙,也不知道一直向前可以从另一端爬出来。因而,尽管它有铁钳般的嘴壳和锯齿一般的大腿,也无济于事。"

祖父把几只同样大小的青虫从龙头放进去,然后关上龙头,奇迹出现了:仅仅几分钟,小青虫们就一一地从龙尾爬了出来。

命运一直藏匿在我们的思想里。许多人走不出人生各个不同阶段或大或小的阴影,并非因为他们天生的个人条件比别人要差多远,而是因为他们没有想到要将阴影纸龙咬破,也没有耐心慢慢地找准一个方向,一步步地向前,直到眼前出现新的洞天。

成功并不像你想象的那么难

并不是因为事情难我们不敢做,而是因为我们不敢做事情才难的。

1965年,一位韩国学生到剑桥大学主修心理学。在喝下午茶的时候,他常到学校的咖啡厅或茶座听一些成功人士聊天。这些成功人士包括诺贝尔奖获得者,某一些领域的学术权威和一些创造了经济神话的人。这些人幽默风趣,举重若轻,把自己的成功都看得非常自然和顺理成章。时间长了,他发现,在国内时,他被一些成功人士欺骗了。那些人为了让正在创业的人知难而退,普遍把自己的创业艰辛夸大了。也就是说,他们在用自己的成功经历吓唬那些还没有取得成功的人。

作为心理系的学生,他认为很有必要对韩国成功人士的心态加以研究。1970年,他把《成功并不像你想象的那么难》作为毕业论文,提交给现代经济心理学的创始人威尔·布雷登教授。布雷登教授读后,大为惊喜,他认为这是个新发现,这种现象虽然在东方甚至在世界各地普遍存在,但此前还没有一个人大胆地提出来并加以研究。惊喜之余,他写信给他的剑桥校友——当时正坐在韩国政坛第一把交椅上的人——朴正熙。他在信中说:"我不敢说这部著作对你有多大的帮助,但我敢肯定它比你的任何一个政令都能产生震动。"

后来这本书果然伴随着韩国的经济起飞了。这本书鼓舞了许多人,因为它从一个新的角度告诉人们,成功与"劳其筋骨,饿其体肤"、"三更灯火五更鸡"、"头悬梁,锥刺股"没有必然的联系。只要你对某一事业感兴趣,长久地坚持下去就会成功,因为上帝赋予你的时间和智慧让你足够做完一件事情。后来,这位青年也获得了成功,他成了韩国泛亚汽车公司的总裁。

人世中的许多事,只要想做,都能做到,该克服的困难,也都能克服,用不着什么钢铁般的意志,更用不着什么技巧或谋略。只要一个人还在朴实而饶有兴趣地生活着,他终究会发现,造物主对世事的安排,都是水到渠成的。

永远的坐票

有一个人经常出差,经常买不到对号入座的车票。可是无论长途短途,无论车上多挤,除超常繁忙的"春运",他总能找到座位。

他的办法其实很简单,就是耐心地一节车厢一节车厢找过去。这个办法听上去似乎并不高明,但很管用。每次,他都做好了从第一节车厢走到最后一节车厢的准备,可是每次他都用不着走到最后就会发现空位。他说,这是因为像他这样锲而不舍找座位的乘客实在不多。经常是在他落座的车厢里尚余若干座位,而在其他车厢的过道和车厢接头处,居然人满为患。

他说,大多数乘客轻易就被一两节车厢拥挤的表面现象迷惑了,不大细想在数十次停靠之中,从火车十几个车门上上下下的流动中蕴藏着不少提供座位的机遇;即使想到了,他们也没有那一份寻找的耐心。眼前一方小小立足之地很容易让大多数人满足,为了一两个座位背负着行囊挤来挤去有些人也觉得不值。他们还担心万一找不到座位,回头连个好好站着的地方也没有了。与生活中一些安于现状、不思进取、害怕失败的人,永远只能滞留在没有成功的起点上一样,这些不愿主动找座位的乘客大多只能在上车时最初的落脚之处一直站到下车。

自信、执着、富有远见、勤于实践,会让你握有一张人生之旅永远的坐票。

心中的顽石

从前有一户人家的菜园摆着一块大石头,宽度大约有四十厘米,高度有十厘米。到菜园的人,不小心就会踢到那一块大石头,不是跌倒就是擦伤。

儿子问:"爸爸,那块讨厌的石头,为什么不把它挖走?"

爸爸这么回答:"你说那块石头?从你爷爷时代,就一直放到现在了,它的体积那么大,不知道要挖到什么时候。没事无聊挖石头,不如走路小心一点,还可以训练你的反应能力。"

过了几年,这块大石头留到下一代,当时的儿子娶了媳妇,当了爸爸。

有一天媳妇气愤地说:"爸爸,菜园那块大石头,我越看越不顺眼,改天请人搬走好了。"

爸爸回答说:"算了吧!那块大石头很重的,可以搬走的话在我小时候就搬走了,哪会让它留到现在啊?"

媳妇心底非常不是滋味,那块大石头不知道让她跌倒多少次了。

有一天早上,媳妇带着锄头和一桶水,将整桶水倒在大石头的四周。

十几分钟以后,媳妇用锄头把大石头四周的泥土搅松。

媳妇早有心理准备,可能要挖一天吧。谁都没想到几分钟就把石头挖起来……

这块石头没有想象的那么大,都是被那个巨大的外表蒙骗了。

你抱着下坡的想法爬山,便无从爬上山去。如果你的世界沉闷而无望,那是因为你自己沉闷无望。改变你的世界,必先改变你自己的心态。阻碍我们去发现、去创造的,仅仅是我们心理上的障碍和思想中的顽石。

四、时代风采

你未痊愈,我不敢老

李月亮

里约奥运会,奶奶级选手丘索维金娜又登场了。

41岁。七次参加奥运会。这在20岁就被称为"老将"的体操界,真心是个绝无仅有的神话。

丘索维金娜第一次在奥运会上拿金牌时,她如今的对手大部分都还没出生。

而她为儿子而战的故事,更是感动过全世界。

很多中国的年轻人,都是在作文素材里认识她的。

他们背诵过她的传奇经历,甚至在中考或高考作文里写过她。

所以,当她鲜活地出现在今天的奥运赛场上,奔跑、腾空、旋转,无数网友都震惊了:天呐,她居然还在!

是的。她还在。而且依然强大。

丘索维金娜出生于乌兹别克斯坦。7岁开始体操训练,16岁就在世锦赛获得了第一个世界冠军。17岁,她在巴塞罗那奥运会上,夺得了女子体操团体比赛的金牌。

乌兹别克斯坦训练条件比较滞后,几乎是体操的荒漠,大部分时间里,都是丘索维金娜一个人在支撑乌兹别克斯坦的体操门面。

虽然几乎是一个人在战斗,但丘索维金娜从1993年到2006年,为乌兹别克斯坦赢得了70块奖牌。

当年见过她的记者至今仍记得,她当年"很漂亮,很可爱","身材矮小,但有力,跳马尤其出色,像个弹簧一样"。

1996年亚特兰大奥运会后,21岁的丘索维金娜曾经功成身退,结婚生子。她老公是乌兹别克斯坦一名优秀的摔跤运动员,也参加过奥运会。

做了几年幸福小女人后,丘索维金娜的平静生活戛然而止:她三岁的儿子患上了白血病。

噩梦开始。

作为一个妈妈,她当然要竭尽全力去救儿子的命。

可之前做运动员的那点积蓄,完全不足以支撑十几万美元的治疗费用。

她选择复出。因为她能赚钱的手段,只有体操。

她老公则放弃了热爱的摔跤运动,在家照顾儿子。

26岁,丘索维金娜重回赛场,并朝着全能型发展,艰苦训练,到处比赛。

有时候,她会在一场巡回赛中参加全部女子项目的比赛,而不是专注于一两项,她说:"一枚世锦赛金牌等于3 000欧元的奖金,这是我唯一的办法。"

她参加所有比赛的理由,都是为了钱。对于这一点,她从不回避。

她不敢生病,不敢受伤,不敢休息,不敢懈怠,不停地比赛。

赢得奖金,为孩子治病,是她生活的全部。

因为儿子的病,在乌兹别克斯坦得不到很好的治疗,丘索维金娜辗转带他去了德国医院。

这里治疗费用更高。夫妻俩卖掉了小公寓和汽车,四处筹钱,依然付不起。

为了拿到更多奖金,丘索维金娜加入了德国国籍,为德国征战。

2008年的北京奥运会上,丘索维金娜为德国斩获了一枚宝贵的跳马银牌。就在那一次,很多中国人认识了她。

而三个月后,她在又一次国际比赛中,不幸跟腱断裂。这对于体操运动员来说,是致命的伤害。

当时所有人都推测,这名33岁的老将一定是要退役了。

让人意外的是,2011年,她再次出征,并在两场国际比赛中,都获得跳马银牌。

面对世人的惊叹,她平静地说:"只要儿子还没病愈,我就要一直坚持下去。他就是我的动力。"

这句"你未痊愈,我不敢老",曾让无数人瞬间泪目。

幸运的是,在这位英雄妈妈的全力以赴下,孩子的病大为好转,如今已经不必接受治疗,只需要每年去医院做个检查就好。

不必再为儿子奔命,但丘索维金娜依然没有离开体操赛场。

她重新回到了乌兹别克斯坦,继续着她热爱的体操事业。

她状态依然很好。

现在,她终于可以纯粹为自己而战了。

41岁的丘索维金娜站在赛场上,身边的对手,都是跟她儿子同龄的小姑娘。

她显得有点另类。

她不漂亮了,皮肤松弛,皱纹显露,腰肢略粗。

但是,这又怎样?

她说:"我不觉得我老,我总感觉自己还是十八岁。""年轻的对手不会给我压力,她们有压力才对,因为我有经验。"

她应该是本届奥运会上,最值得敬佩的选手。

她的人生,是个大写的赞。我们给她多少掌声和敬意都不为过。

也许你跟我一样,喜欢说"我老了"。

二十岁想学钢琴,会说,我老了,手指僵硬,学不了了。

三十岁没结婚,就很焦虑,想着自己这么老,一定找不到合适的人了。

四十岁要换工作,也不敢——一把年纪了,难道要跟二十多岁的年轻人一起从头开始吗?

五十岁想创业,更胆怯。心里再悸动,也还是放弃了——这么老了,还是别瞎折腾了。

因为自己设定的"老",我们不知错过了多少美好。

看看丘索维金娜,也许你会对横亘在自己心头的"老",有一个新的认识。

其实,你未必真的老。

你只是缺少一个足够强大的动力,足够盛大的热爱,足够强韧的坚持。

"我老了",只是你对人生懈怠的借口。

或许,我们更该像丘索维金娜那样,对自己和世界说:我不服。我想再试一次。我要坚持下去。

我们的身体里,可能也藏着洪荒之力。

不给自己设限,人生必将有所不同。

第五节 语言风采

作文评分的"发展等级"里有一个很重要的标准是"有文采",而"有文采"又包含三个方面:① 词语丰富,句式灵活;② 善于运用修辞手法;③ 文句有意韵。语言表达的功力主要靠日积月累,但是短时间内的集中强化学习与训练也不应该忽略,尤其是对于语言意识的提高,更有其不可小觑的作用。

一、对称句

通常所说的对称句,指的是整句,包括排比句、对偶句、连用四字短语及大体整齐的一组语句。对称句相当于宽式对偶句,是指两两对举出现,而字数和结构相同或大体相同的两个句子。在议论文中,对称句既可以用来说理,又可以用来举例。

运用对称句应注意以下三点:

一是在构思对称句时,应运用联想拓宽思路。每写一事物时,想一想与之相反、相对或相同的其他事物,这样就可打开思路。如下例:

兼听则明,偏信则暗,这已是被无数古今事实证明了的真理。邹忌直言讽谏,齐王悬赏纳谏,齐国得以强盛;王平诚心忠告,马谡固执己见,街亭终致失守;唐太宗任用魏徵,开言路,纳直谏,得有贞观之治;朱元璋求教朱升,广积粮,缓称王,建立大明天下;李鼎铭的意见得到采纳,精兵简政,人民拥护;马寅初的理论遭到批判,人口激增,国家受害……这些事例,不都有力地说明了"从善如流"的重要道理吗?

二是在选定了相对实物后,便可选用恰当的词语——对应地去写其状态、特征等。选用词语时,应尽量选用词性与结构相同或相似的词语。如:"同顶炎炎烈日,共沐皎皎月辉。"

三是对称句既可是句与句的对称,也可是句子内部成分的对称。例如:

我仿佛置身于一幅多彩而又圆润的油画之中。树,轻拂着;草,摇曳着。身旁是深邃的回廊,宁谧的曲径。近处,一边是夕阳中闪着金光的梧桐树,一边是蓝天下散发着清香的翠竹林。远处还有流光溢彩的喷泉和绚丽缤纷的花坛点缀,此情此景,谁能不醉?

【示例】

1. 诚信

一份诚信,一腔热血,一片流云心事。

一曲诚信,一阕高歌,一剑笑看风云。

诚信是五千年流淌的河,涓涓不绝,流出了黄面孔,流出了黄土地,流出了华夏大地的芸芸众生。

诚信是一只神龟,龟背上长出了汉字,汉字上长出了华夏。一代代,一脉脉,吸天地之灵气,吮日月之光华。

诚信是中华民族的魂,华夏礼仪之邦,诚信成为高尚道德的尺度,美丽灵魂的筹码。诚信者,人必敬之。

2. 陶渊明的选择

五斗米不能令你折腰,你选择的是南山下的菊丛。

帝乡的富贵不是你的心愿,你选择的是回乡种豆除草。

嫌宫廷太繁杂,你宁愿选择桃李萦绕的草庐。

嫌案牍太劳形,你宁愿选择欲辩忘言的独坐。

不是每个人在面对功名利禄时,都能像你一样,懂得自己本来的方向。你在三十几岁时陡然觉醒,于是彻彻底底地抛弃了误落尘网中的以往,奔向了松菊里的旧宅。你所关心的唯有桑麻和农家的亲情,睢园绿竹,清气盛满了你的酒壶,或许南山下的菊丛,才是你真正的故乡。

3. 山与水

在我的眼中,山是雄浑的,沉稳的,坚实的,忠厚的,可以以身相托;水是温柔的,清纯的,专一的,凝重的,可以以身相许。

在我的眼中,山是一条汉子,一条魁伟高大,坚定有力,给人以信心力量鼓舞和有安全感的北方汉子;水是一位女郎,一位婀娜多姿,温柔贤淑,让人欢悦松弛憧憬和有慰藉感的南国女郎。

4. 每个人各有一个世界

生活中,不能互相理解的例子比比皆是。年轻人嫌老年人保守有余,老年人怪年轻人过分开放;爱读书的不理解舞厅疯狂的旋转,喜欢娱乐的不明白阅览室灯光的温馨……每个人各有一个世界,各有自己的生活方式,不理解在情理之中。

5. 自强

成功了,不欣然自喜;失败了,不心灰意冷。迎接生活馈赠的鲜花与美酒时,坦然泰然;面对生活的刀风剑雨时,毅然凛然……人,只有做到这样,才能远离自负与自卑。自强不息者的头顶,永远是晴空万里。

【练习题】
1. 完成下列对称句。
(1) 追求是人生的花环。人生只有插上追求的翅膀,才能翱翔,人生只有＿＿＿＿＿＿＿＿＿＿,才能＿＿＿＿＿＿＿＿＿。
(2) 目光短浅者,以物质的享受为生活的乐趣;志向高远者,＿＿＿＿＿＿＿＿＿＿＿＿＿＿＿＿＿＿。
(3) 生活的方式有两种,一种是腐朽,一种是燃烧。腐朽的人,在岁月的长河中任意飘零;＿＿＿＿＿＿＿＿＿＿＿＿＿＿＿＿,＿＿＿＿＿＿＿＿＿＿＿＿＿＿＿＿。
(4) 时间把勤奋者奉为主人,护送他踏进成功之门;时间把＿＿＿＿＿＿＿＿＿＿＿＿＿＿＿,＿＿＿＿＿＿＿＿＿＿＿＿＿＿＿。
(5) 成功的花朵,开放在勤劳的枝头上;失败的＿＿＿＿＿＿＿＿＿＿＿＿＿＿＿＿,＿＿＿＿＿＿＿＿＿＿＿＿＿＿＿。
(6) 春夏秋冬,汇成了岁月之河;酸甜苦辣,＿＿＿＿＿＿＿＿＿＿＿＿＿＿＿＿＿＿。
(7) 空谈家的言语,＿＿＿＿＿＿＿＿＿＿＿＿＿＿＿;耕耘者的汗水,＿＿＿＿＿＿＿＿＿＿＿＿＿＿＿。
(8) 努力的人,不一定都成功;成功的人,＿＿＿＿＿＿＿＿＿＿＿＿＿＿＿＿＿＿。
(9) 绝妙的风景在陡峭的险峰之上,绝妙的人生＿＿＿＿＿＿＿＿＿＿＿＿＿＿＿＿＿＿。
(10) 把理想建在个人的安乐窝上,理想就会＿＿＿＿＿＿＿＿＿＿＿＿＿＿＿;把理想建在祖国的大厦上,理想就会＿＿＿＿＿＿＿＿＿＿＿＿＿＿＿。

2. 把括号中的句子改写成对称句。

战绩只是衡量水平的客观依据。从主观角度看问题,对水平会得出相反的结论。昔日孟德擒吕布、诛袁绍、挟天子以令诸侯,是何等的威风。然而他也曾五攻臧霸不下,四越巢湖不成;(他被孙刘联军火烧赤壁,只落得折戟沉沙,败走华容,八十万大军被周郎谈笑间烧得灰飞烟灭;而在潼关战马超,更是一败涂地,以致换掉战袍、割掉胡须才侥幸逃得性命。)他敢于涉险,不惜被创;从战争中学习战争,拿来对手的长处,弥补自己的短处。而这种胆略和毅力,则来自"周公吐哺,天下归心"的宏伟志向。

3. 补写对称句。

谁不爱风流呢? 松,高洁;兰,清幽,风流自有特殊的魅力。牛,＿＿＿＿＿＿＿＿＿＿＿＿;狮,＿＿＿＿＿＿＿＿＿＿＿＿;风流＿＿＿＿＿＿＿＿＿＿＿＿＿＿＿＿。现代人应该比祖先更懂得风流。新世纪的真正风流应该是:服饰与心灵同样美丽,＿＿＿＿＿＿＿＿＿＿＿＿＿＿＿＿＿＿。在现代,社会就是要变革,青年就是要风流。

4. 在横线处补写对称句。

少女之美,无处不在无所不包。浓眉大眼美在鲜明,眉清目秀美得淡雅;羞涩之美含蓄＿＿＿＿＿＿＿＿＿＿＿＿＿＿＿＿;柔弱之美蕴含着灵秀,＿＿＿＿＿＿＿＿＿＿＿＿＿＿＿;白雪公主美在冰清玉洁的贵族气质,＿＿＿＿＿＿＿＿＿＿＿＿＿＿＿＿;唐朝美人丰乳肥臀,清朝美女纤纤细腰;干练之美令人欣赏,＿＿＿＿＿＿＿＿＿＿＿＿＿＿＿＿……而在情人眼中,大家都成了西施。谁美谁不美,谁说了算呢?

5. 修改下列文句中画线的句子,使整个文段语言风格一致,前后语句之间音节对称匀整。

树头红叶翩翩,疏林如画。西风乍紧,犹有莺啼;暖日常喧,又添蛩语。<u>遥望东南,建几</u>

处依山楼榭;近看西北角,造起三间面临绿水的轩斋。笙簧盈座,别有幽情;罗绮穿林,倍添韵致。

二、反复中心句(词)

"反复"是指为了强调某个意思,有意识地重复使用某些词语或句子。其作用是:在内容上,因为句句紧扣中心旨意,因此可使中心突出;在形式上,它的出现可使层次更清晰;在表达上,因其常与排比句连用,可增强语言的气势与节奏感。

【示例】

孟子在生与死的抉择中,毅然选择了后者,于是我们说他选择了正义的明月。俞伯牙在钟子期过世后选择了永不弹琴来纪念友人,于是我们说他选择了象征友谊的明月。孙犁在富贵与艺术之间选择了过清贫的生活以磨炼自己的文学艺术,于是我们说他选择了不断追求进取的明月。他们,都在心灵的天平上,选择了美好,选择了光辉。也因此,他们的选择成了天上的一轮明月,永远照耀人的心灵。

——《他们都选择了明月》

瞧瞧历史吧!归有光八次落第,于是有了《项脊轩志》这样的隽永文章;英国将军威灵顿七败七战,于是有了永垂千古的美名;越王勾践卧薪尝胆,于是有了"苦心人,天不负"这样的豪气壮语!莫说挫折不可战胜,真正的勇士敢于直面淋漓的鲜血、惨淡的人生。莫说痛苦只可放大,真正的智者只会把这痛苦当作前进的动力!

"那时",那时的意义难道仅只剩下痛苦和伤悲?

"那时",李白不受朝廷重用,他决无灰心丧气之举,一咏便是"安能摧眉折腰事权贵"的豪迈!

"那时",陶潜看不过官场的腐败,百官勾结,百姓遭殃,他决无低沉自贱之话,一唱就是"不为五斗米折腰"的意气!

"那时",居里夫人身患血癌,她决无自暴自弃的举动,一开口就是"成功路上不是用泪水而是用鲜血铸成"的坚韧!

"那时"……

那时,我们确不该把痛苦放大,聪明的人不会站在废墟上哭泣,让我拥有那迎难而上的大智慧。

——《那时花开》

拜伦曾说:"逆境是达到真理的一条道路。"这是一条磨炼人意志的路,是砥砺人品格的路,更是考验人毅力的路。在这条特别的路上,孔子走过来了,以乐天知命事在人为的豁达和弟子们"陋巷箪食而不改其乐";华罗庚走过来了,以排难攻坚孜孜以求的信念笑对"平生三劫";袁和走过来了,以羸弱的身体和超人的勇气挑战死神,给人类上了"关于勇气的一课"。他们把不幸视为人生必不可少的财富,用行动证明:逃避、怯懦、沉沦只会使自己在绝望中自毁,只有走下去,才能领略到碧空的清澈,采撷到最鲜最美的花朵!

——《为第三只青蛙喝彩》

我曾被"帘卷西风,人比黄花瘦"的相思所感动,我也曾被"相见无言,唯有泪千行"的真情所感动;我曾被梁祝化蝶的痴情所感动,也曾为王宝钏苦守寒窑十八年的执著所感动;我曾被苏州五义士舍生取义的从容所感动,也曾被荆轲的易水诀别的悲壮所感动;我曾被《阳关三叠》那充满离愁的琴音所感动,也曾被《楚辞》那无奈的凄凉所感动。

——《感动》

其实,你我都很平凡。如一滴水,似一块砖。

平凡是孕育信心的沃土,是诞生希望的摇篮;平凡是迈向成熟的脚步,是奔赴理想的船帆。

没有绿叶的平凡,就衬不出鲜花的娇艳;没有山丘的平凡,就映不出奇峰的壮观。

平凡不是一种简单,而是一种处世不卑的坦然。

平凡是指路灯,平凡是起跑线;平凡是低头耕耘的老牛,平凡是昂首搏击的大雁。

平凡不是一种无为,而是一种默默无闻的奉献。

生命可以没有灿烂,但不能失去平凡。

——《平凡》

【练习题】

1. 续写句子,不要求句子结构完全相同。

包装是商品独特显眼的外壳,包装是＿＿＿＿＿＿＿＿＿＿＿＿,包装是＿＿＿＿＿＿＿＿＿＿＿＿＿,包装是＿＿＿＿＿＿＿＿＿＿＿＿＿＿,包装是＿＿＿＿＿＿＿＿＿＿＿＿＿。

2. 在横线上补写句子。

生命很美,美在可以期待。期待很美,美在不知道结果。离别后期待重逢,失败后期待成功,悲伤时期待快乐,失去时期待拥有。期待就像一根桅杆,支起生命的帆。

期待是＿＿＿＿＿＿＿＿＿＿＿＿＿,期待是＿＿＿＿＿＿＿＿＿＿＿＿＿,期待是＿＿＿＿＿＿＿＿＿＿＿＿＿,期待是＿＿＿＿＿＿＿＿＿＿＿＿＿。

3. 在横线处,模仿画线句再续写至少两个句子。

让一切该沉睡的都睡去,让一切该苏醒的都醒来吧!什么嫉妒、堕落、疯狂与战争都龟缩到潘多拉的魔盒中去吧。我们比需要氧气更迫切地需要友爱、进取、理智与宽容。宽容世界,宽容对手,也宽容自己。把爱吵醒,原来阳光每天都是新的;把爱吵醒,＿＿＿＿＿＿＿＿＿＿＿＿＿;＿＿＿＿＿＿＿＿＿＿＿＿＿,＿＿＿＿＿＿＿＿＿＿＿＿＿。

4. 依据画线句,在横线处续写句子。

春天把希望托付给杨柳,于是,杨柳吐出了新芽;

＿＿＿＿＿＿＿＿＿＿＿＿＿＿＿＿＿＿＿＿＿＿＿＿＿;

母亲把希望倾注给我们,于是,我们在阳光下茁壮成长。

希望是挺立在道旁的路标,在荆棘丛生岔口遍布的人生道路上,永远给你指明前进的方向,指引你走向成功。

希望是黑暗中的一丝光芒。微弱的光亮虽然不能照彻黑暗,可它能划破茫茫的夜色,将温暖撒在你的心里,召唤着你奋勇前进。

希望就是婴儿落地时,洪亮的哭声;希望就是＿＿＿＿＿＿＿＿＿＿＿＿＿;

希望就是＿＿＿＿＿＿＿＿＿＿＿＿＿;希望就是＿＿＿＿＿＿＿＿＿＿＿＿＿;

希望就是＿＿＿＿＿＿＿＿＿＿＿＿＿;希望就是＿＿＿＿＿＿＿＿＿＿＿＿＿。

啊,希望,希望!

当你在绮丽风光中徜徉时,请不要忘记背后有希望的目光;

＿＿＿＿＿＿＿＿＿＿＿＿＿＿,＿＿＿＿＿＿＿＿＿＿＿＿＿＿＿＿＿＿。

人生,因为有了希望而快乐!
世界,因为有了希望而美丽!

5. 请运用反复中心句的写法,在下面文章的画线处补写句子。

我爱今天

人生长河,岁月漫漫。对于一个人来说,一天也许不算什么,但生活从来都是由昨天、今天和明天构成的长卷。今天从昨天的记忆中走来,今天又带着希望走向明天。

有的人,只沉迷于昨天的欢乐,被胜利的鲜花遮住了视野;有的人,只神往于明天的幸福,却不知再美好的理想离开了今天的奋斗,也只会变成空想。这两种人的悲哀就在于他们不懂得把握今天。今天,连接着昨天与明天,只有很好地把握今天,才能把欢乐的昨天和理想的明天连接。这正是今天的魅力所在,也正是我热爱今天的缘由。

_____。人生一世,用于工作学习的时间并不多。有一半从睡梦的枕边悄悄溜走,又有许多洒落在风风雨雨之中。一个人唯有抓住今天,努力求知,才能充实自己,完善自己,提高自己。聪明的人,抓紧时间创造人生;愚蠢的人,消磨时间荒废人生。这大概是聪明人与愚蠢人之间的一个区别吧。抓住今天,你就可以走在时代的前列,就可以用50年的时间做出100年的业绩。

_____。一个人活在世上,不需要膜拜神灵,信奉上帝,但不可以没有希望。希望,人人都有,只不过"远远高低各不同"罢了。勤奋的人,抓住今天,把希望与现实紧紧相连,不断创造出辉煌的业绩;懒惰的人,迷恋在希望的肥皂泡中,终日做着美梦,完全寄希望于明天,到头来只不过是一枕黄粱一场空。抓住今天吧,朋友!抓住今天,就好像搭上一班开往理想的快车,放弃它,你将失去机会,只能在原地徘徊。

_____。人生旅途上,免不了跌跌撞撞,摔倒是常有的事,挫折、失败在所难免。在失败面前,我们该怎么办呢?抓住今天,朋友!平淡的生活正因为有了成功和失败才变得多彩。在失败的黑夜里,我们不要也不应该哭泣,因为失败并不可怕,痛苦并不可怜,只有怯懦才是可悲的。从失败中站起来,朋友!抓住今天,满怀信心地前进吧!成功就在不远的前面等着你!

哦!今天,可爱的今天!如果今天是欢乐的日子,我们可以纵情地高歌,赞颂今天的完美辉煌;如果今天是忧伤的日子,我们可以低声地吟哦,我们将不屈不挠,昂首阔步永向前方。抓住今天吧,朋友!一切具有理想的人,一切热爱生活的人,多少年以后,在生命的黄昏里,哀叹、悔恨和寂寞的将绝不是你和我。

(提示:应用变字反复式,至于改变哪几个字,主要看该段的中心,尤其是每段开头的几句。)

三、假设句

所谓假设句就是通过对假设条件下可能产生结果的推测,来证明论点正确的一种分析方法。因其用假设复句构成,所以称其为假设句。

【示例】
正反对比式:
其实,历史已不止一次向人们鸣响了警钟,假如当初蔡桓公听信了扁鹊之言,他又何至于病入膏肓而一命呜呼呢?假如当初马谡采纳了王平的建议,他又怎能遗恨街亭而伏诛于武侯麾下?话又说回来了,如果当初秦孝公不听取商鞅之谏而变法,何以能称雄于六国?如果我们共产党人不听取李鼎铭先生的意见而精兵简政,又何以能变成贵州的"小老虎"而吃掉庞然大物的"东洋驴"呢?综上所论,不难看出:善纳人言者,昌;不纳人言者,亡!

如果说人生是首壮丽的乐章,那么痛苦就是其中不可缺少的音符;如果说人生是一幅多彩的画卷,那么挫折就是其中不可抹去的色彩;如果说人生是一份凝重的书卷,那么失败就是其中不可忘怀的段落。每个人都会经历风浪,遭遇挫折,陷入痛苦……这是不可避免的,而每每这时,我们也总会拿起一面似乎与生俱来的镜子去窥看这一切。

——《奇特的镜子》

【练习题】

1. 在横线上补写与画线句句式一致、内容一致的句子。

面对有缺憾的事物,我们必须学会包容,而不是责备。你如果要欣赏塞北的美丽雪景,就必须包容它那难耐的严寒;_____,_____;_____,_____。

2. 在横线处用假设句续写句子,可以自然景物为内容,也可以社会人物为内容,至少再写三句。

那么,为什么小事不小呢?这是因为世上万事万物,莫不是小中有大,大由小成。试想,若无那粒粒沙石、涓涓细流,何来山的崔嵬磅礴、海的浩瀚博大?_____?_____?_____?

四、排比句

排比句可由词组构成,也可由句子构成。它可以句与句构成排比,也可以段与段之间构成排比。它既可以用来议论,又可以用来抒情、描写。在各种修辞中,它是使用得最多的一种。排比句如果运用得恰当,可极有力地增强文章的气势。

【示例】

1. 我忘不了,忘不了罗马鲜花广场上,面对熊熊烈火,布鲁诺自若的神情;忘不了硝烟弥漫的战场,高举手臂时,董存瑞嘴角的微笑。我忘不了,忘不了卡斯特罗在法庭上高昂的头颅;忘不了江姐在刑场上整齐的鬓发。我忘不了,忘不了德国总理在犹太人墓前长久的跪拜;忘不了德兰修女同饥寒交迫的贫民紧握的双手。忘不了……

——《天地有正气》

2. 好一株花开不败的向日葵,因为它有信念,它的精神永远不眠!信念是什么?它是沙漠中的绿洲,让绝望的人充满希望;它是绝壁中的松柏,让失望的人再燃起希望;它是冰山上的雪莲,让生命之花永恒;它是海洋中的导航灯,让远行者不会迷途;它是所有人眼中的向日葵,永远不会折服……

请让我们面对向日葵,深深地鞠躬,以此纪念一位伟大的灵魂!

——《向日葵没有长眠》

3. 爱心是一片照射在冬日的阳光,使贫病交迫的人分外感到人间的温暖;爱心是一泓出现在沙漠的泉水,使濒临绝境的人重新看到生活的希望;爱心是一首飘荡在夜空的歌谣,使孤苦无依的人即刻获得心灵的慰藉。

——《让排比成为议论文的一道风景线》

4. 秋天的美是成熟的——它不像春那么羞涩,夏那么袒露,冬那么内向。

秋天的美是理智的——它不像春那么妩媚,夏那么火热,冬那么含蓄。

秋,收获的季节,金黄的季节——同春一样可爱,夏一样热情,冬一样迷人。

——《金色的秋天》

【练习题】

1. 请按照一定顺序为下面的排比句排列顺序。

"争",小而言之,关系到我们的学习和生活,大而言之,关系到我们的国家和建设。

(1) 只有"争",我们的事业才会兴旺,国家才会发展

(2) 只有"争",我们的思想才会进步

(3) 只有"争",我们才能冲出亚洲,雄踞世界民族之林

(4) 只有"争",我们的生活才会充实,感情才会融洽

正确顺序是_____。

2. 把下面这段话改写成一组排比句。

理想不是现成的粮食和画卷,而是一粒种子、一张白纸,需要你去播种、描画和渲染。理想是一片荒漠,而不是葱茏的绿洲,你要去开垦它,改造它。

_____

_____

3. 在下面这段话的横线上填写恰当的语句,内容要照应,并构成排比句。

用友谊写一本书,一本厚厚的书。在书里:友谊如珍珠,我们共同穿缀,联成一串串璀璨的项链;友谊如_____,我们_____,_____;友谊如_____,我们_____,_____。

五、对比句

从语言结构上看,因为是对比,要涉及正反两方面。我们读完一面,还有另一面在下文等待着,要求我们紧接着读下去。这样,我们的意念上就有一种"迫不及待"的情绪。

对比句主要有两种形式:整体对比式与个体对比式。

【示例】

1. 恒,是事业的基因,是任何期待事业成功者的法宝。有恒,才有了司马迁含垢忍辱苦著而成的《史记》;有恒,才有了"陈氏定理"的诞生;有恒,才有了几十吨矿渣中提取的几克镭。没有恒,哪里会有顾炎武那万字如一的蝇头小楷?没有恒,白炽灯也只能永远是神话;没有恒,任何人都永不会有事业的成功!恒,一个恒字,催化着事业的成功!

2. 开普勒花了三十年,"建立"了天体运行的稳定秩序,魏格纳却一夜之间使地球上的大陆"漂"了起来;伦琴发现X射线是妙手偶得,居里夫人提炼镭却是大海捞针;祖冲之在"区区圆内"艰难跋涉,沈括却在广阔天地里纵横驰骋;高斯才华横溢,少年早慧,达尔文"智力低下",大器晚成;林奈有幸,一生三遇"伯乐",伽罗华无缘,三试锋芒而被打入冷宫;牛顿登上了英国皇家学会的宝座,布鲁诺却被烧死在罗马的百花广场。

3. 试想,从古至今,有多少帝王因为选贤授能,"兼听",而开创了一个个太平盛世。周

公吐哺,天下归心;刘备三顾茅庐求贤才,终有三国鼎立;萧何月下追韩信,方有后来刘邦的强兵壮马。而又有多少帝王因为轻信谗言,"偏听",而使国家走向衰落、灭亡。楚怀王亲小人远贤能,怒疏屈原,楚国不久就走上了亡国之途。这样的例子俯拾皆是。

——《情感与理智》

4. 人生是一道佳肴,有甘甜也有酸苦;人生是一部杂集,有精华也有糟粕;人生是一曲旋律,有高潮也有低谷;人生是一片天空,有阳光也有乌云。快乐的人生是多彩的。快乐的人生也会有痛苦,没有痛苦的人生,不是完整的人生。可是总有人遭遇了生活的挫折后,却不能直面挫折,化解痛苦;反而放大痛苦,忽略快乐,让失意的阴霾占据了心情的天空。

——《快乐人生》

5. "失之东隅,收之桑榆",不要过多地埋怨失落,失落可以是凋谢,也可以是成熟;失落是一种欠缺,也可能是一种弥补;失落是一种沦落,也可能是一种超越。爱迪生若不是每逢失败一笑置之,怀着一腔自信与热忱,马不停蹄地探索黑暗中的道路,又怎能以他的智慧点亮整个世界?

把微笑留给明天,用微笑来营造和睦。

——《留给明天》

【练习题】

1. 将下文中的第二自然段改成正反对比句。

困惑,不独是事业成功的催化剂,而且也是科学进步的推动器。

伽利略在验证亚里士多德的落体理论时,他困惑了。一轻一重的连带物体,为什么一定是一后一先落地呢?于是他带着这个困惑,亲自去比萨斜塔上试验,从而推翻了亚里士多德的落体定律。达尔文在研究物种起源时,困惑了。既然人都是由上帝创造的,那么,为什么不同时代、不同种族的人会有着显著的差异呢?带着这个疑惑,他苦心钻研,终于提出了进化论,从而剥下了宗教神造论的伪科学外衣。面对着被蒸汽掀动的壶盖,瓦特困惑了,是什么力量使壶盖在跳动?就是这个困惑,使瓦特发明了蒸汽机,从而使人类进入一个崭新的纪元。同样,如果对人类司空见惯的现象,缺少疑惑,哥白尼就不能走出"地心说"而创立"日心说",牛顿也不会从落地的苹果中发现落体定律,魏格纳躺在大后方医院里,他看到的也只能是大西洋两岸的弯曲形态(海岸线),不会对为什么如此相似产生疑惑,从而提出"大陆漂移"学说。

由此可见,在这个意义上,困惑确可以算作一件好事。因为困惑了就会疑,一个转身,也许就会发现真理。正所谓"困惑正是解惑时"。

2. 请在"人生"、"青春"、"挫折"中任选一词,依照下面句子,另外写一句话。

友情,它不是茶,愈冲愈淡;友情,它是酒,愈陈愈香。

_____

3. 依据画线语句的格式,仿造三句话,一起组成排比句,要求与前文意思相衔接。

单纯绝不是幼稚的同义语。幼稚是童气未脱的胎迹,单纯是童年留下的财富。请保留一份单纯,使你多一份生活的诚信,少一些人情的圆滑世故;_____;_____;_____。

六、条件句

所谓条件句是指由条件复句构成的排比句或对称句。

【示例】

无论是徒步横穿南极的秦大河,还是靠轮椅周游列国的李克·汉森;无论是父子两代人写成《汉书》的班固,还是历尽艰辛写成《人间喜剧》的巴尔扎克,他们用自己的汗水告诉我们,成功是快乐,拼搏是快乐。

——《别让快乐溜掉》

宽容是一种美。深邃的天空容忍了雷电风暴一时的肆虐,才有风和日丽;辽阔的大海容纳了惊涛骇浪一时的猖獗,才有浩渺无垠;苍莽的森林忍耐弱肉强食一时的规律,才有郁郁葱葱。泰山不辞抔土,方能成其高;江河不择细流,方能成其大。宽容是壁立千仞的泰山,是容纳百川的江河湖海。

——《宽容是阳光》

【练习题】

1. 仿照画线句,在横线处补写句子。

家好,但有时不得不为国而舍家。国,包孕着千千万万的家,只有国强,才有家富;只有_____,才有_____;只有_____,才有_____。

2. 在横线处续写句子。

生活是一首久吟不厌的小诗。在情韵悠然地品味中,我们检阅着岁月流逝的痕迹。无论是金戈铁马的拼搏,还是_____;无论是孜孜不倦的追求,还是_____。都似乎是一种独特的风韵,一道耐人寻味的风景。(思路提示:"品味"、"流逝"构成了语段内容与情调的基调;其余的4个词语含有反向对举的意思,所以最好用对比和对偶句式。)

七、转折句

转折句,是指两个或两个以上的转折复句的连用,它们或者以对称句出现,或者以排比句出现。特点是句式整齐而富有气势,语言铿锵而富有节奏。

【示例】

徒有万般"羡鱼"心,而无一丝"结网"意,结果定会一事无成。这道理虽然浅显,但实际上不是每个人都能清醒认识到的。有的人希望成为爱迪生式的"发明大王",可是畏于科学知识之难;有的人想继莫泊桑之后,再夺"短篇小说之王"的桂冠,但又憷于长年练笔之艰辛;有的人想一鸣惊人成为"音乐巨匠",却惰于在五线谱的田地上埋首耕耘;有的人愿自己有一副郎平的"铁榔头",却怠于无数次的扣杀训练。如此心怀鸿鹄之志,而身属燕雀之行,连一条小小的鱼都会捉不到,更何况要实现那恢宏的大志呢!

——《羡鱼和结网》

今天到来时,我们等待明天;今年到来时,我们等待明年。在这等待与被等待之间,最重要的是要看重自己,充实自己,我们不应在等待中沉沦,缅想过去,幻想未来。我们要在等待中奋斗、崛起,审视过去,展望未来!

等待是一杯浓茶,它芳香四溢,却又苦不堪言,关键看你怎样品尝。

等待是一束花蕾,它含苞欲放,却又郁郁寡欢,关键看你怎样护理。

等待是一种力量,它浑然天成,却又冷若冰霜,关键在于你怎样利用。

朋友,当你在等待什么的同时,别忘了用真心去换取,用恒心去坚持!

三个转折句,以比喻句构成,不仅使等待的含义形象化,而且通过"却"字前后的对立内容,提示了"等待"所含的两重性。因此,在散文类的文章中,如能恰当地运用转折句,可揭示事物的深层哲理,使句子富有意蕴。

以上几例均是句内或事例内的转折。此外,还可以一个语段前后两部分构成转折。它可以是先正后反,也可以是先反后正。在正反或反正之间,用一转折连词承接。例如:

是球员,就应该让他去打球、踢球;是演员,就应该让他去唱歌、跳舞;是科学家,就应该让他去科研,去发明,这就叫作人尽其才。但是,如果让球员待在试验室,让演员去踢足球,让科学家去练习田径,去进军奥运会,那就叫糟蹋人才了。

本例是先肯定后否定。相比较而言,句内(或事例内)转折使用频率高,而整体转折句使用较少。

忘记与铭记如同一株树上的并蒂果,谁也分不开谁。如果硬要把它们分开,只会造成两者俱伤的结局。我们可以忘记鲜花和掌声,但我们必须铭记泪水和荆棘;我们可以忘记泥泞与乌云,但我们必须铭记坎坷与精彩;我们可以忘记悬崖和陡峭,但我们必须铭记攀登和艰辛。

——《四季,镌刻心灵的石碑》

【练习题】

1. 仿照下面《竹子》的立意与句式,写"筷子"、"粉笔"。

空有漂亮的外表,却无坚实的内涵。(《竹子》)

筷子:_____

粉笔:_____

2. 在横线处再续写两个转折句。

名誉和鲜花常常呈给功名显赫的人物,因而物质的幸福常常被人看重,更甚于精神的幸福。

这世界有的人喝茅台而忧,有的人却饮开水而乐;_____,_____;_____,_____。幸福往往离不开健康的体魄、愉快的心境,幸福往往离不开必要的物质生活保证,但是局限于物质的幸福始终不是真正意义上的幸福。幸福是流放的歌者,唯有知音才能懂其蕴意。

幸福是什么?

幸福是精神的充实,心灵的宁静,灵魂的坦荡。其次才是物质生活的安逸。

3. 根据例句,在横线上仿写句子。

例句:太阳无语,却放射出光辉;高山无语,却体现出巍峨;大地无语,却展示出广博。

_____,_____;_____,_____;_____,_____。

八、因果句

是指由因果句构成的排比句。它既具有排比句的句式特点,又具有因果分析的说理特点。

【示例】

原因不同,但是结果是相同相似的。例如:

如果失败了就不是英雄,我们又可以得出结论:荆轲不再是英雄,因为他舍身入秦的两大目标——刺杀秦王嬴政和逼秦议和均以失败告终;布鲁诺也不再是英雄,因为他既未能说服当时的民众相信日心说,也没能逃脱宗教裁判所的追捕;至于国父孙中山先生,自辛亥革命之后就更称不上是一个英雄了,二次革命失败,护国运动失败,护法运动还是失败……但是,我还要请问对方同学,他们真的不是英雄吗?

——《莫以成败论英雄》

常常是夜色缠绕着心灵,常常是艰辛迎合着情绪,却依然能在挣扎中去解读生命的真谛,那是因为选择了豪气的飞扬。倘若心灵选择了狭隘与畏惧,那么艰辛与挣扎将永不会离你而去。

常常是鸟鹊读懂睡眼的惺忪,常常是梧桐深谙风雨的肆虐。没有一宿的安宁,却依然能在悠长的雨夜甜甜睡去,那是因为心灵选择了宁静与恬雅。倘若心灵选择了焦急与烦郁,那么,你将会被彻夜无眠与烦躁不安紧紧包围……

因此,是选择飞扬还是选择狭隘,关键是自己用心灵去权衡。

——《心灵飞扬》

高山之所以耸入云霄,令人叹服,是因为它不推辞每一粒砂石,不论其大小。
天空之所以广阔无边,令人神往,是因为它能收容每一朵云彩,不论其美丑。
大海之所以波澜壮阔,令人惊异,是因为它能吸纳每一条河流,不论其清浊。

——《惊异过后是叹服》

【练习题】

1. 在下文第二自然段的横线处,用因果句续写不能容的原因。

肚量虽大,岂可皆容

多次从报刊上见到一副对联:大肚能容容天下难容之事,慈颜常笑笑世上可笑之人。这是写弥勒佛的,说弥勒佛大肚能容,确实不错。

人的修养这个肚量虽应该大一些,但大过了头,就不足取了。回顾一下过去,就不难发现,天下难容之事多得很,＿＿＿＿＿＿＿＿＿＿＿＿。

肚量虽大,岂可皆容?活的弥勒佛们可以休矣。

2. 模仿所给例句,再至少续写三个因果句。

追求完美时,我们需要宽容。

因为宽容,我们才能学到被鲁迅批判的梁实秋那机智幽默、妙趣横生的文笔;因为宽容,＿＿＿＿＿＿＿＿＿＿；因为宽容,＿＿＿＿＿＿＿＿＿＿；宽容,会让你＿＿＿＿＿＿＿＿＿＿。

九、类比句

类比是根据事物间的本质属性的相同点进行比较,用特殊性的论据来证明观点的一种表达方式。

排比式类比句:

【示例】

蜂采的是花,酿造的是蜜;蚕吃的是桑,吐出的是丝;牛吃的是草,挤出的是奶。作为万物之灵的人,学习了科学知识,就不应只是前人智慧的重复,而应该是科学的创造。

——《学习,贵在创造》

对称式类比句:

【示例】

下面明明有充足的水,但是他不愿多挖几尺,而是一撇嘴:这下面没有水,再到别的地方去!——这是漫画中的事实。

分明在群众中有大批人才,但他不屑潜心发现,而是嘴一撇:这里没有人才,别处是人杰地灵!——这是生活中的漫画。

——《莫学画中掘井人》

雨水打湿了鸟的翅膀,鸟就很难展翅飞翔,因为它有一对沉重的翅膀;露水打湿了蝉的翼翅,蝉就不能鼓翼高飞,因为它也有一对沉重的翅膀。人口剧增的骤雨打湿了社会之鸟的翅膀,社会之鸟也是很难飞翔的。

——《沉重的翅膀》

种田要铲除野草,庄稼才长得茁壮;植树要剪掉旁枝,主干才长得粗直;教子也要及时纠正他们的毛病,孩子才能成器。我们每个做家长的,都当一个称职的农夫和园丁吧!

——《剪枝与成材》

【练习题】

按要求,在横线处完成类比句。

1. 竹子虚心,日长三寸;雄鹰虚心,直入青云;大海虚心,百川归奔;_____,_____。(按前三句的类比内容,为本段文字归纳一个中心句)

2. 以《谈"拼搏"》为题,为下面的句子补写一个中心论点。

笋在顽石下奋力一顶,才有参天的劲竹;水在断崖下舍命一跃,才有轰鸣的飞瀑;_____。

3. 为"人若自满,就会停滞不前"这个中心句,补写至少两个具有相同点的事物,构成类比论证。

_____,_____;_____,_____;人若自满,就会停滞不前。

十、比喻句

比喻是用具体的、浅显的、人们熟知的事物去说明或描写抽象、深奥、生疏的事物的一种修辞方法。

【示例】

理想是前进的航标,实干是扬帆的航船。没有航标,航船就会触礁沉没;有了航标,没有航船也达不到目的。想盖大楼,必须有坚实的基础;水要流长,必须有不竭的源泉;要成为一个有作为的人,必须有把理想变成实干的精神。

——《理想与实干》

如梦如烟的往事,洋溢着芬芳。童年是一首馨香的乐曲,伴我快快乐乐地生活;少年是一首清纯的乐曲,随我无忧无虑地成长;青春是一首蓬勃的乐曲,送我自由自在地飞翔。

——《成长的心曲》

理智,是一朵花,盛开于智慧的春风中;情感,是一阵雨,常常将这朵花摧残。情与理,对立而又共生于现实世界。

——2003年全国高考优秀作文《情与理》

家园如一件厚厚的袄,等待着每一个伶仃的流浪者去穿;家园如一双不破的鞋,永远套在流浪者缺暖的脚上;家园如一柄永新的伞,一直搭在流浪者风雨兼程的肩膀上;家园如一块啃不完的饼,让流浪者一次又一次地去补充能量;家园如一根拉不断的线,末端总系着一个流浪者的大风筝。

——山珍《家园的梦》

【练习题】

1. 在括号内,为下列比喻句填写喻体或本体。
(1) 生命如果是树,那么,理想是(　　),勤奋是叶,毅力是(　　),成功是(　　)。
(2) 理想是悬崖上的(　　),奋斗便是攀登的(　　)。
(3) 如果知识是海洋,我愿做条(　　)在海洋里遨游;如果书本是天空,我愿做只(　　)在空中翱翔。

2. 模仿例句的结构,再仿写三个比喻句。
朋友是春天的雨,当你伤心时为你落泪;朋友是夏天的_____;朋友是秋天的_____;朋友是冬天的_____。

3. 模仿画线句,再写两个结构与之大体相同的比喻句。
有人说,人生之美在于平凡而伟大的选择;有人说,人生之美在于抗争、拼搏的经过;有人说,人生之美在于坦然面对平凡而真实的结局……但我认为,人生之美在于梦想永存!
<u>梦想是一首高亢的歌曲,只要它还唱着,屡遭打击与磨难的心就不会沉寂落寞</u>;梦想是_____;梦想是_____!

十一、引用句

引用分明引与暗引两种。

文天祥过零丁洋,浩歌"人生自古谁无死,留取丹心照汗青"时,想到的是祖国;岳飞发出"直抵黄龙府与诸君痛饮尔"的豪言时,想到的是"祖国";谭嗣同面对刀俎,引颈就戮时,面不改色,"我自横刀向天笑",他想到的还是"祖国"。

从为治水患三过家门而不入的大禹,到"亦余心之所善兮,虽九死其犹未悔"的屈原;从"繁霜尽是心头血,洒向千峰秋叶丹"的戚继光,到"我自横刀向天笑,去留肝胆两昆仑"的谭嗣同;从"愿与人民共患难,誓拼热血固神州"的朱德总司令,到"亏了我一个,幸福十亿人"的南疆卫士,真是英雄万千!

揭开历史神秘的面纱,折叠起旅途的平仄,阅读洒满泪水与欢笑的人生,我看见了秦淮河畔精致的画舫。抬头望"秦淮水榭花开早",回头瞧"红杏褪尽,绿水人家绕",那里有"六朝旧事如流水",那里有"夜船吹笛雨潇潇",那里有"多情唯解苏小小"。娇美的容颜,纤细的身姿,娉婷的舞步,苏小小是秦淮河畔走出的奇迹。

——《入世之人　出世之魂》

我在李白、杜甫身后寻觅,在王勃、苏轼的履痕上沉思,在白居易、陆放翁的吟诵里屏息,在一个个圣贤的妙思哲喻里凝眸。那字里行间分明是对生命的诠释与修炼,分明是对人与自然的品味与体悟。"采菊东篱下,悠然见南山","孤舟蓑笠翁,独钓寒江雪",那是怎样的意趣,怎样的人生境界啊!"江间波涛连天涌,塞上风云接地阴","黄河远上白云间,一片孤城万仞山",又是怎样的魂魄,何等的壮观!那天地间的一山一水一草一木,无不在那淡墨浓彩之中。

心是一风动石,只要心不褪色,不沉沦,不苍老,捧卷在手便有一种居高临下满目青山的大气。你可以在"桃花源"里流连,在"赤壁赋"里沉醉,也可以在"岳阳楼"下凝思,在"滕王阁"前遐想,你可以领略"秦时明月汉时关"的悠远,也可以体会"大漠孤烟"的悲壮。

——《开卷读山川》

【练习题】

1. 根据上下文的内容,选择恰当的名言警句填空。

"_____,_____",要想成功就得先尝尝失败的苦味,不经一番寒彻骨,焉得梅花扑鼻香。要想收获,就得先春耕;一年之计在于春,人生的关键不也在春天吗?

2. 模仿前句的句式,在横线处再续写两个句子。

我梦想,来到塞外的大漠中,在夕阳的金黄里,感受"长河落日圆"的情怀;我梦想,坐在家乡的明月下,在满月的银辉中,体会"月是故乡明"的感慨;_____;_____。_____;_____。

十二、警句

警句,就是精练扼要而含义深刻的句子。它既可以是一两句话,散见于文章之中,又可以集中起来组合成列,构成深刻透彻的议论文段;它既可以用于叙事后,画龙点睛,深化主题;又可以在议论文中,得出观点,得出结论,使文章富有哲理,提高思想深度。

【示例】

楚汉相争,大小战役数百,刘邦屡战屡败,危急之时以一骑独遁,然而最后,刘邦逼得项羽自刎乌江。尽管后人对这位帝王颇有微词,但我认为他能在一次次失败中,吸取教训,愈战愈勇,终成帝业,不失为一代人杰。

——《失败是一种成长》

失败固然可惜,却可以通向成功;成功固然可喜,却容易沦为失败。世上没有恒常的失败,也一定没有永远的成功。所以我们在失败中不要失去向上的信心,在成功中更不要失去警醒的心。

——《失败是一种成长》

父亲走了,带着对他儿子的深深挂念;父亲走了,遗留给他儿子的永无偿还的心情。有一些事情,当我们年轻的时候,无法懂得;我们懂得的时候,已不再年轻。这是稍纵即逝的眷恋,这是无法重现的幸福,这是成千古恨的往事。天下的儿女们,一定要抓紧啊。

——《"一枝一叶一世界"的解读》

【练习题】

1. 请以"创新"为内容,仿照例句续写句子。

创新的萌芽,往往在生活的土壤里生长。

创新的花朵,_____。

创新的果实,_____。

2. 下面两句话,都是根据事物的特点比拟而成的,包含着劝诫或教育意义,语言精练。

尺子:说长道短,却总以自己为标准。

蛹:只有冲破自织的茧,才能达到生命之辉煌。

请以自然界中的事物,或学习、生活用具为题,仿写两则。

【参考答案】

一、1. (1) 编上奋斗的花环 瑰丽 (2) 视理想的奋斗为生活的目标 (3) 燃烧的人,在人生的历程中奉献自己 (4) 懒惰者视为奴隶,牵着他钻进失败之坟 (5) 苦果,孕育在懒惰的温床之中 (6) 调就了七彩人生 (7) 每一句都是无雨的雷声 每一滴都是希望的种子 (8) 一定要努力 (9) 在艰苦的攀登之中 (10) 变得渺小肮脏 变得高大闪光

2. 折戟沉沙于赤壁,弃袍割髯于潼关。

3. 勤劳 雄放 有它各自的性格 物质与精神同样有

4. 奔放之美热情 活泼之美洋溢着健康 灰姑娘美在勤劳善良的质朴情怀 忧郁之美招人怜爱

5. 遥望东南,建几处依山楼榭;近看西北,造三间临水轩斋。

二、1. 房子富丽堂皇的外观 帅哥身上笔挺的西装 丑妇手上绚丽的太阳伞 模特在T型舞台上走出的一字猫步

2. 一种补偿,像一双手轻轻缝合了遗憾 一种奋斗,她将永不眷顾坐享其成的人 一种欣慰,像一阵春风吹开了眉心的忧愁 一种幸福,她将领着你走出痛苦……

3. 原来人与人之间的距离并不遥远;把爱吵醒,你会叫老乞丐一声爷爷;把爱吵醒,你会帮痴呆的老祖母梳洗白发;把爱吵醒,你会觉得你是那条回归大海的小鱼,即使被暴风雨卷上堤岸一千次,你还会第一千零一次地燃起回归大海的渴望。

4. 大地把希望寄予小草,于是,小草探出了脑袋。

迷路的小孩突然听见的狗吠 溺水者突然抓住的一根浮木 皑皑白雪中的一点翠绿 满天乌云中的一丝光亮 炎炎酷暑中的一缕清风,百日大旱后的一声惊雷

当你在险山恶水中跋涉时,请不要忘记心中有希望的信念。

5. 热爱今天吧,朋友。抓住今天,就是抓住了时间。 热爱今天吧,朋友。抓住今天,

就是抓住了希望。 热爱今天吧,朋友。抓住今天,就是抓住了成功。

三、1. 你如果要欣赏江南的秀丽景色,就必须包容它那炎热潮湿的天气;你如果要领略到泰山那壮丽的日出,就必须包容它那陡峭的山路与难耐的等待。

2. 若无那株株绿树、棵棵芳草,何来林海的辽阔无边、莽原的广袤无垠?同样,孔繁森若无用胸膛为老人暖脚、将毛衣送给受冻的藏民、用自己的工资收养孤儿这数不清的小事,哪会有他那令人肃然起敬的人民公仆的光辉形象?徐虎若无走街串巷、帮遍千家万户的平凡举动,李素丽若无扶老携幼、为乘客奉献爱心的热情服务,又何来这两位无私奉献、爱岗敬业的时代楷模?

四、1. (2)(4)(1)(3)

2. 理想不是现成的粮食,而是一粒种子,需要你去播种、培育;理想不是壮美的画卷,而是一张白纸,无原则要你去描画、渲染;理想不是葱茏的绿洲,而是一片荒漠,需要你去开垦、改造。

3. 彩绸　共同剪裁,缝制出一件件绚丽的衣衫　花种　共同播撒,培育出一个个五彩的花坛

五、1. (1) 伽利略在验证亚里士多德的落体理论时困惑了,为什么一轻一重的连带物体一定是先后落地呢?一个困惑,从而推翻了亚里士多德的落体定律。达尔文在研究物种起源时困惑了,为什么同是上帝造物,不同时代、不同种族的人会有着显著差异呢?一个困惑,剥下了宗教伪科学的外衣。面对着跳动着的壶盖的瓦特困惑了,为什么蒸汽之上的壶盖会跳动?一个困惑,宣告了人类从此进入了一个崭新的纪元。没有困惑,哥白尼也许只能是"地心说"的忠实信徒;没有困惑,苹果落地在牛顿眼里与常人无异,也许仍旧是天经地义;没有困惑,魏格纳的"大陆漂移"学说,也不过是镜花水月而已。

(2) 有了对亚里士多德落体理论的困惑,才有了伽利略比萨斜塔上那伟大的试验;有了对上帝造人的困惑,才有了达尔文进化论的诞生;有了蒸汽上的壶盖为什么跳动的困惑,才有了瓦特蒸汽机的问世。同样,没有对"地心说"的困惑,就没有哥白尼"日心说"的创立;没有对大西洋两岸海岸线为什么如此相似的困惑,就没有魏格纳"大陆漂移"学说的发现;没有对苹果为什么落地的困惑,也许就不会有牛顿落体定律的提出。

2. 人生,它不是河,愈流愈低;人生,它是山,愈攀愈高。

3. 请保留一份单纯,使你多一份与人的友善,少一些心灵的冷漠麻木;请保留一份单纯,使你多一份人生的快乐,少一些精神的衰老疲惫;请保留一份单纯,使你多一份奋进的力量,少一些故作高深的看破红尘。

六、1. 只有国安,才有家宁;只有国兴,才有家旺。

2. 小桥流水的闲逸　无可奈何的叹息

七、1. 筷子:一生在挑挑拣拣,到头来却两手空空。

空有顾长的身段,却无自己的嘴巴。

粉笔:一生在书写知识,自己却一片空白。

空有蜡烛的外表,却不能燃烧。

2. 贫贱夫妻常相濡以沫,富贵人家的夫妻却常常互为埋怨;有人住高楼华堂常夜深难入梦,有人住茅屋草舍却酣眠不觉晓。

3. 青春无语,却焕发活力;鲜花无语,却散发芬芳;春雨无语,却滋润大地。

八、1. 苏武因难容匈奴折节之辱,因而食雪咽毡,牧羊北海;我们又有多少英雄儿女,因难容日寇蹄践九州,列强瓜分赤县,因而奋起斗争,血沃中华。古代韩信能忍胯下之辱,司马迁能忍宫刑之耻,相如能忍夺道之羞,但天下之事,却不是尽可皆容的。

2. 因为宽容,北大才吸收得到辜鸿铭那样思想陈旧而又学有专长的名士;因为宽容,人们才在应试教育的堡垒下挖出韩寒这么个特殊产物。宽容,会让你摒弃狭隘的挑别,发现世界存在不同的元素,而它们会让世界更美。

九、1. 人若虚心,天天上进。

2. 人,也只有在生活中拼力一搏,才会有生命的闪光。

3. 水缸自满,就会溢到外面;江河自满,就会决口泛滥。

十、1.（1）根 干 果 （2）鲜花 绳索 （3）鱼儿 鸟儿

2. 朋友是夏天的风,当你酷热时给你清凉;朋友是秋天的菊,当你孤独时为你绽放;朋友是冬天的火,当你寒冷时给你温暖。

3. 梦想是一柄锋利无比的宝剑,只要它尚鸣于鞘中,跋涉的旅行者就不会被满眼的荆棘吓退;梦想是心中永远不灭的灯塔,只要它还亮着,心灵就不会被黑暗湮没!

十一、1. 宝剑锋从磨砺出,梅花香自苦寒来

2. 我梦想,来到江南水乡中,在绿波的荡漾里,感受"春来江水绿如蓝"的意境;我梦想,来到奔腾的长江边,在高高的山坡上,领略"不尽长江滚滚来"的气势。

十二、1. 往往在想象的花园里开放/往往在思维的原野里成熟　往往在汗水的浇灌下开放/往往在艰辛的付出中收获

2. 鞋:一生助你登高,却永远被你踩在脚下。

镜子:总是与你唱反调,却是最真实的。

煤:千年的等待只为了燃烧自己的一生。

圆规:铜打铁铸,却只会以别人为中心。

第二章 应用文写作

自从 2005 年始有应用文写作考查,该题就一直没有缺席过。

应用文写作一般占 20~30 分。

应用文写作考党政机关公文写作或普通事务文书写作,近年以考事务文书为多见。一般考篇幅较小、实用性强的文种。但也偶有例外,比如就曾经考过篇幅较大的调查报告,只不过无法写作全文,在要求上做了些变通。

一要牢牢记住格式,二要合理确定内容,三要做到语言得体。

第一节 党政公文

党政机关公已考过的文种有:请示、通报、函(复函)。重写作,轻理论(理论题只考过 2 分)。理论只作一般性了解即可。

一、党政机关公文行文规则

党政机关公文处理工作条例

第一章 总 则

第一条 为了适应中国共产党机关和国家行政机关(以下简称党政机关)工作需要,推进党政机关公文处理工作科学化、制度化、规范化,制定本条例。

第二条 本条例适用于各级党政机关公文处理工作。

第三条 党政机关公文是党政机关实施领导、履行职能、处理公务的具有特定效力和规范体式的文书,是传达贯彻党和国家的方针政策,公布法规和规章,指导、布置和商洽工作,请示和答复问题,报告、通报和交流情况等的重要工具。

第四条 公文处理工作是指公文拟制、办理、管理等一系列相互关联、衔接有序的工作。

第五条 公文处理工作应当坚持实事求是、准确规范、精简高效、安全保密的原则。

第六条 各级党政机关应当高度重视公文处理工作,加强组织领导,强化队伍建设,设立文秘部门或者由专人负责公文处理工作。

第七条 各级党政机关办公厅(室)主管本机关的公文处理工作,并对下级机关的公文处理工作进行业务指导和督促检查。

第二章 公文种类

第八条 公文种类主要有:

(一)决议。适用于会议讨论通过的重大决策事项。

(二)决定。适用于对重要事项作出决策和部署、奖惩有关单位和人员、变更或者撤销下级机关不适当的决定事项。

（三）命令（令）。适用于公布行政法规和规章、宣布施行重大强制性措施、批准授予和晋升衔级、嘉奖有关单位和人员。

（四）公报。适用于公布重要决定或者重大事项。

（五）公告。适用于向国内外宣布重要事项或者法定事项。

（六）通告。适用于在一定范围内公布应当遵守或者周知的事项。

（七）意见。适用于对重要问题提出见解和处理办法。

（八）通知。适用于发布、传达要求下级机关执行和有关单位周知或者执行的事项，批转、转发公文。

（九）通报。适用于表彰先进、批评错误、传达重要精神和告知重要情况。

（十）报告。适用于向上级机关汇报工作、反映情况，回复上级机关的询问。

（十一）请示。适用于向上级机关请求指示、批准。

（十二）批复。适用于答复下级机关请示事项。

（十三）议案。适用于各级人民政府按照法律程序向同级人民代表大会或者人民代表大会常务委员会提请审议事项。

（十四）函。适用于不相隶属机关之间商洽工作、询问和答复问题、请求批准和答复审批事项。

（十五）纪要。适用于记载会议主要情况和议定事项。

第三章 公文格式

第九条 公文一般由份号、密级和保密期限、紧急程度、发文机关标志、发文字号、签发人、标题、主送机关、正文、附件说明、发文机关署名、成文日期、印章、附注、附件、抄送机关、印发机关和印发日期、页码等组成。

（一）份号。公文印制份数的顺序号。涉密公文应当标注份号。

（二）密级和保密期限。公文的秘密等级和保密的期限。涉密公文应当根据涉密程度分别标注"绝密"、"机密"、"秘密"和保密期限。

（三）紧急程度。公文送达和办理的时限要求。根据紧急程度，紧急公文应当分别标注"特急"、"加急"，电报应当分别标注"特提"、"特急"、"加急"、"平急"。

（四）发文机关标志。由发文机关全称或者规范化简称加"文件"二字组成，也可以使用发文机关全称或者规范化简称。联合行文时，发文机关标志可以并用联合发文机关名称，也可以单独用主办机关名称。

（五）发文字号。由发文机关代字、年份、发文顺序号组成。联合行文时，使用主办机关的发文字号。

（六）签发人。上行文应当标注签发人姓名。

（七）标题。由发文机关名称、事由和文种组成。

（八）主送机关。公文的主要受理机关，应当使用机关全称、规范化简称或者同类型机关统称。

（九）正文。公文的主体，用来表述公文的内容。

（十）附件说明。公文附件的顺序号和名称。

（十一）发文机关署名。署发文机关全称或者规范化简称。

（十二）成文日期。署会议通过或者发文机关负责人签发的日期。联合行文时，署最后签发机关负责人签发的日期。

（十三）印章。公文中有发文机关署名的，应当加盖发文机关印章，并与署名机关相符。有特定发文机关标志的普发性公文和电报可以不加盖印章。

（十四）附注。公文印发传达范围等需要说明的事项。

（十五）附件。公文正文的说明、补充或者参考资料。

（十六）抄送机关。除主送机关外需要执行或者知晓公文内容的其他机关，应当使用机关全称、规范化简称或者同类型机关统称。

（十七）印发机关和印发日期。公文的送印机关和送印日期。

（十八）页码。公文页数顺序号。

第十条 公文的版式按照《党政机关公文格式》国家标准执行。

第十一条 公文使用的汉字、数字、外文字符、计量单位和标点符号等，按照有关国家标准和规定执行。民族自治地方的公文，可以并用汉字和当地通用的少数民族文字。

第十二条 公文用纸幅面采用国际标准 A4 型。特殊形式的公文用纸幅面，根据实际需要确定。

第四章 行文规则

第十三条 行文应当确有必要，讲求实效，注重针对性和可操作性。

第十四条 行文关系根据隶属关系和职权范围确定。一般不得越级行文，特殊情况需要越级行文的，应当同时抄送被越过的机关。

第十五条 向上级机关行文，应当遵循以下规则：

（一）原则上主送一个上级机关，根据需要同时抄送相关上级机关和同级机关，不抄送下级机关。

（二）党委、政府的部门向上级主管部门请示、报告重大事项，应当经本级党委、政府同意或者授权；属于部门职权范围内的事项应当直接报送上级主管部门。

（三）下级机关的请示事项，如需以本机关名义向上级机关请示，应当提出倾向性意见后上报，不得原文转报上级机关。

（四）请示应当一文一事。不得在报告等非请示性公文中夹带请示事项。

（五）除上级机关负责人直接交办事项外，不得以本机关名义向上级机关负责人报送公文，不得以本机关负责人名义向上级机关报送公文。

（六）受双重领导的机关向一个上级机关行文，必要时抄送另一个上级机关。

第十六条 向下级机关行文，应当遵循以下规则：

（一）主送受理机关，根据需要抄送相关机关。重要行文应当同时抄送发文机关的直接上级机关。

（二）党委、政府的办公厅（室）根据本级党委、政府授权，可以向下级党委、政府行文，其他部门和单位不得向下级党委、政府发布指令性公文或者在公文中向下级党委、政府提出指令性要求。需经政府审批的具体事项，经政府同意后可以由政府职能部门行文，文中须注明已经政府同意。

（三）党委、政府的部门在各自职权范围内可以向下级党委、政府的相关部门行文。

（四）涉及多个部门职权范围内的事务，部门之间未协商一致的，不得向下行文；擅自行文的,上级机关应当责令其纠正或者撤销。

（五）上级机关向受双重领导的下级机关行文,必要时抄送该下级机关的另一个上级机关。

第十七条 同级党政机关、党政机关与其他同级机关必要时可以联合行文。属于党委、政府各自职权范围内的工作,不得联合行文。

党委、政府的部门依据职权可以相互行文。

部门内设机构除办公厅（室）外不得对外正式行文。

第五章 公文拟制

第十八条 公文拟制包括公文的起草、审核、签发等程序。

第十九条 公文起草应当做到：

（一）符合党的理论路线方针政策和国家法律法规,完整准确体现发文机关意图,并同现行有关公文相衔接。

（二）一切从实际出发,分析问题实事求是,所提政策措施和办法切实可行。

（三）内容简洁,主题突出,观点鲜明,结构严谨,表述准确,文字精练。

（四）文种正确,格式规范。

（五）深入调查研究,充分进行论证,广泛听取意见。

（六）公文涉及其他地区或者部门职权范围内的事项,起草单位必须征求相关地区或者部门意见,力求达成一致。

（七）机关负责人应当主持、指导重要公文起草工作。

第二十条 公文文稿签发前,应当由发文机关办公厅（室）进行审核。审核的重点是：

（一）行文理由是否充分,行文依据是否准确。

（二）内容是否符合党的理论路线方针政策和国家法律法规；是否完整准确体现发文机关意图；是否同现行有关公文相衔接；所提政策措施和办法是否切实可行。

（三）涉及有关地区或者部门职权范围内的事项是否经过充分协商并达成一致意见。

（四）文种是否正确,格式是否规范；人名、地名、时间、数字、段落顺序、引文等是否准确；文字、数字、计量单位和标点符号等用法是否规范。

（五）其他内容是否符合公文起草的有关要求。

需要发文机关审议的重要公文文稿,审议前由发文机关办公厅（室）进行初核。

第二十一条 经审核不宜发文的公文文稿,应当退回起草单位并说明理由；符合发文条件但内容需作进一步研究和修改的,由起草单位修改后重新报送。

第二十二条 公文应当经本机关负责人审批签发。重要公文和上行文由机关主要负责人签发。党委、政府的办公厅（室）根据党委、政府授权制发的公文,由受权机关主要负责人签发或者按照有关规定签发。签发人签发公文,应当签署意见、姓名和完整日期；圈阅或者签名的,视为同意。联合发文由所有联署机关的负责人会签。

第六章 公文办理

第二十三条 公文办理包括收文办理、发文办理和整理归档。

第二十四条 收文办理主要程序是：

（一）签收。对收到的公文应当逐件清点,核对无误后签字或者盖章,并注明签收时间。

（二）登记。对公文的主要信息和办理情况应当详细记载。

（三）初审。对收到的公文应当进行初审。初审的重点是：是否应当由本机关办理，是否符合行文规则，文种、格式是否符合要求，涉及其他地区或者部门职权范围内的事项是否已经协商、会签，是否符合公文起草的其他要求。经初审不符合规定的公文，应当及时退回来文单位并说明理由。

（四）承办。阅知性公文应当根据公文内容、要求和工作需要确定范围后分送。批办性公文应当提出拟办意见报本机关负责人批示或者转有关部门办理；需要两个以上部门办理的，应当明确主办部门。紧急公文应当明确办理时限。承办部门对交办的公文应当及时办理，有明确办理时限要求的应当在规定时限内办理完毕。

（五）传阅。根据领导批示和工作需要将公文及时送传阅对象阅知或者批示。办理公文传阅应当随时掌握公文去向，不得漏传、误传、延误。

（六）催办。及时了解掌握公文的办理进展情况，督促承办部门按期办结。紧急公文或者重要公文应当由专人负责催办。

（七）答复。公文的办理结果应当及时答复来文单位，并根据需要告知相关单位。

第二十五条　发文办理主要程序是：

（一）复核。已经发文机关负责人签批的公文，印发前应当对公文的审批手续、内容、文种、格式等进行复核；需作实质性修改的，应当报原签批人复审。

（二）登记。对复核后的公文，应当确定发文字号、分送范围和印制份数并详细记载。

（三）印制。公文印制必须确保质量和时效。涉密公文应当在符合保密要求的场所印制。

（四）核发。公文印制完毕，应当对公文的文字、格式和印刷质量进行检查后分发。

第二十六条　涉密公文应当通过机要交通、邮政机要通信、城市机要文件交换站或者收发件机关机要收发人员进行传递，通过密码电报或者符合国家保密规定的计算机信息系统进行传输。

第二十七条　需要归档的公文及有关材料，应当根据有关档案法律法规以及机关档案管理规定，及时收集齐全、整理归档。两个以上机关联合办理的公文，原件由主办机关归档，相关机关保存复制件。机关负责人兼任其他机关职务的，在履行所兼职务过程中形成的公文，由其兼职机关归档。

第七章　公文管理

第二十八条　各级党政机关应当建立健全本机关公文管理制度，确保管理严格规范，充分发挥公文效用。

第二十九条　党政机关公文由文秘部门或者专人统一管理。设立党委（党组）的县级以上单位应当建立机要保密室和机要阅文室，并按照有关保密规定配备工作人员和必要的安全保密设施设备。

第三十条　公文确定密级前，应当按照拟定的密级先行采取保密措施。确定密级后，应当按照所定密级严格管理。绝密级公文应当由专人管理。

公文的密级需要变更或者解除的，由原确定密级的机关或者其上级机关决定。

第三十一条　公文的印发传达范围应当按照发文机关的要求执行；需要变更的，应当经发文机关批准。

涉密公文公开发布前应当履行解密程序。公开发布的时间、形式和渠道，由发文机关确定。

经批准公开发布的公文,同发文机关正式印发的公文具有同等效力。

第三十二条 复制、汇编机密级、秘密级公文,应当符合有关规定并经本机关负责人批准。绝密级公文一般不得复制、汇编,确有工作需要的,应当经发文机关或者其上级机关批准。复制、汇编的公文视同原件管理。

复制件应当加盖复制机关戳记。翻印件应当注明翻印的机关名称、日期。汇编本的密级按照编入公文的最高密级标注。

第三十三条 公文的撤销和废止,由发文机关、上级机关或者权力机关根据职权范围和有关法律法规决定。公文被撤销的,视为自始无效;公文被废止的,视为自废止之日起失效。

第三十四条 涉密公文应当按照发文机关的要求和有关规定进行清退或者销毁。

第三十五条 不具备归档和保存价值的公文,经批准后可以销毁。销毁涉密公文必须严格按照有关规定履行审批登记手续,确保不丢失、不漏销。个人不得私自销毁、留存涉密公文。

第三十六条 机关合并时,全部公文应当随之合并管理;机关撤销时,需要归档的公文经整理后按照有关规定移交档案管理部门。

工作人员离岗离职时,所在机关应当督促其将暂存、借用的公文按照有关规定移交、清退。

第三十七条 新设立的机关应当向本级党委、政府的办公厅(室)提出发文立户申请。经审查符合条件的,列为发文单位,机关合并或者撤销时,相应进行调整。

第八章 附 则

第三十八条 党政机关公文含电子公文。电子公文处理工作的具体办法另行制定。

第三十九条 法规、规章方面的公文,依照有关规定处理。外事方面的公文,依照外事主管部门的有关规定处理。

第四十条 其他机关和单位的公文处理工作,可以参照本条例执行。

第四十一条 本条例由中共中央办公厅、国务院办公厅负责解释。

第四十二条 本条例自2012年7月1日起施行。1996年5月3日中共中央办公厅发布的《中国共产党机关公文处理条例》和2000年8月24日国务院发布的《国家行政机关公文处理办法》停止执行。

二、文种写作

(一) 公告

1. 公告的适用范围

公告"适用于向国内外宣布重要事项或法定事项"。

2. 公告的特点

(1) 发文机关的权威性

公告的发文机关的级别较高,一般都是由国家最高权力机关(全国人大及全国人大常委会)和管理机关(国务院及其各部委)、地方权力机关和管理机关以及获得授权可以发布公告的机构(如新华社)。除此之外,任何单位无权发布公告。

(2) 内容的重大性

公告用于向国内外宣布重要事项或法定事项,涉及面广,影响重大,一般事项或法规不能用公告来发布。

(3) 行文的严肃性

公告内容重要,事项重大,代表机关立言,行文严肃庄重。

3. 公告的分类

公告按性质可分为两类:告知性公告,法定性公告。

告知性公告是一种用于向国内外宣布重要事项的公文。此类公告不在于提出要求,重点在于让国内外知道重要事项。

法定性公告是一种用于向国内外宣布重要法规的公文。此类公告的重点在宣布带有法规性的重要事项,要求中国公民和中国境内的外国人士遵守。

4. 公告的结构

公告的结构,包括标题、日期、编号、落款、正文几部分。

(1) 标题

公告的标题有三种形式:一是完整地写出发文机关、事由和文种三个要素,如《中国人民银行关于开办人民币长期保值储蓄存款的公告》;二是由发文机关和文种两个要素构成,如《北京市人民政府公告》;三是由发文事由和文种两个要素构成,如《关于国家货币出入境限额的公告》。

(2) 正文

公告正文的内容一般比较简单,篇幅比较简短,大多限于宣布具体事项这一项内容。

(3) 公告的日期、编号、落款

公告的日期写在正文的后面,有的日期还可以写在标题下面正中的位置,加括号。如果是连续性公告,如全国人民代表大会会议期间发布的一系列公告,可单独编顺序号:第×号。

5. 告知性公告的写作

其正文内容一般不长,一般有两部分组成,包括事项和结尾。

(1) 事项

可直接明确扼要地告知有关事项,如果事项内容有几层意思,可以分段或分条列项写出。

(2) 结尾

一般以"特此公告"、"现予公告"作结尾,也可不写。

[例文]

上海市人民代表大会常务委员会公告
第77号

《上海市房地产登记条例》已由上海市第十一届人民代表大会常务委员会第十四次会议于是2002年10月31日通过,现予公布,自2003年5月1日起施行。

特此公告

上海市人民代表大会常务委员会
2002年10月31日

6. 法定性公告的写作

法定性公告正文一般由公告依据、公告事项和结语三部分组成。

（1）公告依据

指发公告的缘由或根据，依据可以是法律或政策依据，也可以是理论或事实依据。用一两句话做简短的概括而无须展开论述，以"现公告如下"用语承接下文。

（2）公告事项

为公告的中心内容，一般分条列项地写出需要有关部门、单位及公众普遍遵守的有关规定。条文简洁明确，条理清楚。

（3）公告结语

可用"特此公告"、"此告"等惯用语结束。

[例文]

中国人民银行关于国家货币出入境限额的公告

根据中华人民共和国国务院第108号令，现就中华人民共和国国家货币出入境限额公告如下：

一、公民出入境、外国人入出境，每人每次携带的人民币限额为6000元。

二、在开放边民互市和小额贸易的地点，中国公民出入境和外国人入出境携带人民币的限额可根据实际情况由人民银行省级分行会同海关确定，报人民银行总行和海关总署批准后实施。

三、规定自1993年3月1日起施行。

特此公告

行长××
××××年2月5日

（二）通告

1. 通告的适用范围

通告"适用于公布社会各有关方面应当遵守或周知的事项"。通告的发布者通常是国家机关中的业务（职能）部门，也可以是基层单位和群众团体。行文关系既可以是下行文，也可以是平行文。

2. 通告的特点

（1）法规性

一些法规政策性通告由行政领导机关或职能机构发布，常常就某些事项做出规定限制，或者宣布某些需遵守的事项，对一定范围内的公众具有法规约束力。

（2）广泛性

通告的内容十分广泛，通告的事项既可以是国家的有关政策，也可以是社会生活中的一些具体事项。

（3）使用的普遍性

通告的使用单位比较广泛，各级行政机关或者有关业务管理部门等都可以使用。

（4）较强的针对性

通告常常限定在一定范围内使用,往往只针对某一地区、某一领域的事项而发布,因而针对性较强。

3. 通告的类型

通告按其内容可以分成法规性通告和周知性通告两大类。

(1) 法规性通告

这类通告用于向一定范围内有关单位或人员公布应当遵守的事项,具有一定的法规效用,有关单位和人员必须严格遵守。这类通告多由行政领导机关发布。

(2) 周知性通告

这类通告用于向一定范围内有关单位或人员公布需周知的事项,如出现的新情况、新问题,以及需要公众周知的新决定等。各级行政机关和有关职能部门等都可以发布这类通告。与法规性通告相比,周知性通告大都具有专业性和单一性,不带有强制性,但也有一定的约束力。

4. 通告的结构

通告的结构包括标题、主送机关、正文和结尾几部分。

(1) 通告的标题

通报的标题有四种写法:一种是"三要素"齐全,完整地写出发文机关、事由和文种,如《中国人民银行关于发行新版人民币壹百元、贰元、壹元和贰元券的通告》;一种是写出发文机关和文种两个要素,如《南京市公安局通告》;一种省略发文机关,只标明发文事由和文种两个要素,如《关于禁止使用实心黏土砖的通告》;还有一种只有文种,一般来说,内容不很重要的通告才用这种写法。

(2) 通告的正文

通告的正文一般包括通告因由、通告事项、通告结语三个部分,通告所告知的对象是一定范围内的社会公众,因此不写主送机关的名称。

通告因由:通告因由是发通告的原因和目的,通告往往用简短的文字写明发通告的原因或者说明发通告的法规依据。

通告事项:通告事项是正文的主体部分,要写明需要对方遵守或周知的内容。当内容较多时,一般分条列项来写。

结语:通告结语大多强调该通告的意义或者提出希望。通告的结语可以单列一行,也可以并在事项的条文中,常常以习惯语"此告"、"特此通告"等作为结语。

(3) 通告的落款

文尾写上发文单位和日期。如果发文单位在标题中已经存在,这里可以只写日期。下发或者张贴的通报要加盖公章。

[例文]

<h2 style="text-align:center">中华人民共和国公安部通告</h2>

为确保国际民航班机的运输安全,决定从 1981 年 11 月 1 日起,在中华人民共和国境内各民用机场,对乘坐国际班机中的中、外籍旅客及其携带的行车物品,实行安全技术检查。

一、严禁将武器、凶器、弹药和易爆、易燃、剧毒、放射性物品以及其他危害飞行安全的危险品带上飞机或夹在行李、货物中托运。

二、除经特别准许者外,所有旅客及其行李物品,一律进行安全检查,必要时可进行人身检查。拒绝检查者,不准登机,损失自负。

三、检查中发现旅客携带上述危险物品者,由机场安全检查部门进行处理;对有劫持飞机和其他危害飞行安全嫌疑者,交公安机关审查处理。

特此通告

××××年×月×日

[例文]

中国水利学会关于迁址等事项的通告

在水利部党组和有关司局的关心支持下,中国水利学会的办公条件得到了改善,同时中国水利学会对秘书处组织机构进行了调整,现将有关事项通告如下:

一、新的办公地址

北京市白广路二条一号综合调度楼二层(水利部正门马路北侧院内南楼)。

二、组织机构和各部门人员电话

中国水利学会秘书处设三个部一个中心,分别为综合组织部、学术交流部、标准化部和北京海碧水利信息咨询中心。

中国水利学会
2000年3月3日

5. 通告与公告的区别

(1) 内容不同

公告宣布的是重要事项或法定事项,多为国内外关注的大事;通告宣布的是在一定范围内应当遵守或周知的事项。

(2) 发文机关级别不同

公告由国家权力机关、高级行政领导机关或者政府有关职能部门发布,发文机关级别较高;通告由国家各级行政机关、有关职能部门发布,不受发文机关级别限制。

(3) 使用范围不同

公告使用范围较广,包括国内和国外;通告只针对某一领域、某一地区的事项发布。

(4) 发布形式和写作要求不同

公告语言严肃庄重,主要通过媒体发布;通告语气平和,可通过媒体发布,也可以用文件形式下达。

(三) 通知

1. 通知的适用范围

通知"适用于批转下级机关的公文,转发上级机关和不相隶属机关的公文,传达要求下级机关办理和需要有关单位周知或者执行的事项,任免人员"。通知是下行文,有时也用于平行文,但不能用于上行文。

2. 通知的特点

(1) 使用频率高

通知的使用范围广泛,适用于各级行政机关,不受发文机关级别的限制。通知的内容涉及面广,既可以是重要的政策措施,也可以是具体的工作事项。通知既可以指示工作、发布规章,又可以用来批转下级公文或者转发上级和不相隶属机关公文。这些特点使通知成为使用频率最高的下行文,约占各级行政机关下行文总数量的一半以上。

(2) 既有指令性,又有知照性

通知可以对当前的重要工作进行指导,要求下级机关认真贯彻执行,具有一定的指令性。通知也可以只传达具体的事项,而不需要下级机关执行,具有知照性。

(3) 时效性强

通知涉及的往往是要求下级机关立即办理、执行或周知的事项。

(4) 发布形式灵活

通知发布的形式灵活多样。可以用文件形式印发,也可以通过新闻媒介传达。

3. 通知的类型

根据2012年国务院发布的《国家行政机关公文处理办法》,通知大体可分为批转通知、转发通知、传达通知和任免通知四类。不同的"通知"有不同的适用范围。但是这样分类过于粗略,为了学习的方便,我们在这里仍将通知按其内容分为部署性通知、发布性通知、知照性通知、事务性通知、批示性通知五大类,有的大类里再分小类。

(1) 部署性通知

多用于传达上级机关的决定、规定、指示或某方面的政策,向下级布置需要执行与办理的工作或具体事项,上级主管业务部门向下级主管业务部门对口指导业务事项,一般基层单位也用以传达与布置具体工作的事项。

(2) 发布性通知

上级机关用通知发布规章,包括行政法规、办法、章程、条理、细则等,要求有关单位共同执行。发布性通知使用比较普遍,各级行政机关都可以制发。

(3) 知照性通知

向下级机关告知仅需周知而不需直接执行或办理的事项,如成立、调整或撤销机构,启用或废止公章,变更机构名称、地址电话号码,调整组织成员等,起交流信息、通报情况的作用。

(4) 事务性通知

上级机关要求下属机关办理一般性事项的通知。如召开会议、布置工作、下达任务、印发工作计划、任免聘用干部。这类通知数量相当多,越往下层机关越多。

(5) 批示性通知

批示性通知包括批转通知和转发通知两种。批转通知用于批转下级机关的公文,包括"批"和"转"两个部分。这种公文由批语加上下级机关的公文两部分组成,制发这种通知的机关所要撰写的仅是批语部分,但对下级机关的来文需做一些技术性处理(消除牌头、公章、主题词、文号等),如《国务院批转旅游局关于加强旅游行业管理若干问题请示的通知》。转发通知用于转发上级机关、同级机关或不相隶属机关的公文。这种通知由转发语和被转发的公文两部分组成。转发通知比批转通知多得多。

4. 通知的结构

通知由标题、主送机关、正文、落款四个部分组成。

(1) 标题

通知的标题有两种写法:一种是"三要素"齐全,完整地写出发文机关、事由和文种。发文机关＋发布(批转或转发)＋被发布或批转的文件标题＋文种,如《上海市人民政府关于印发上海市事业单位聘用合同办法的通知》;另一种是省掉发文机关名称,只有发文事由和文种两个部分,如《关于××会议的通知》。当通知的事项十分重要或紧急时,可以在标题的文种"通知"前加上"重要"或"紧急"的字样,如《××省人民政府关于做好防汛工作的紧急通知》。

(2) 主送机关

通知的主送机关有两种写法:一种是将几个主送机关名称全部写上,主送机关应写全称或规范性的简称;另一种属于公开发布的普发性通知,如指示性通知、告知性通知等,则不写主送机关。

(3) 正文

通知的正文因内容不同而写法各异,一般均由通知因由、通知事项、执行要求等要素构成。

(4) 通知的结尾

文尾写上发文单位和日期。如果发文单位在标题中已经存在,这里可以只写日期。下发或者张贴的通知要加盖公章。

5. 部署性通知的写作

部署性通知正文一般由两个部分内容组成:通知的缘由,通知的事项。

(1) 通知缘由

这一部分指的是发通知的原因、依据和目的意义。叙述缘由的语言要概括,行文要简洁。

(2) 通知事项

这一部分是通知的主体,要写明工作任务、办理方法及具体的措施和要求。

[例文]

市人民政府办公厅
关于配合做好在宁高校百年校庆工作的通知

各区、县人民政府,市府各、委、办、局,市各直属单位:

今年,南京大学、东南大学、南京师范大学等在宁高校将举办百年校庆系列活动(以下简称百年校庆)。为确保百年校庆活动顺利进行、圆满成功,现就做好有关配合工作通知如下:

一、百年校庆基本情况。

2002年5—10月,由创建于1902年的三江师范学堂衍生出来的南京大学、东南大学、南京师范大学、河海大学、南京工业大学、南京农业大学、南京林业大学等高校将分别迎来建校和办学100周年。来宁参加庆祝活动的各校新老校友及各界人士预计多达8万左右,其中包括原中央大学的高龄校友、港澳台及定居国外的校友、诺贝尔奖获得者、两院院士和中外著名大学校长,并有党和国家领导同志出席。

为了搞好百年校庆工作,省委、省政府召开了专门会议,确定了有分有合、有主有辅的原则。5月20日以省委、省政府名义举行"南京大学、东南大学、南京师范大学等江苏百年高校联合庆典"活动后,各高校自行举办庆祝活动。南京大学、东南大学、南京师范大学为建校100周年,是百年校庆联合庆典活动的主体。河海大学、南京工业大学、南京农业大学、南京林业大学为办学100周年,将共同开展校庆活动。

二、充分认识百年校庆的意义。

百年校庆是江苏、南京的"教育节",是展示江苏高等教育成果的大舞台,是宣传南京的难得机遇。百年校庆规模大、层次高、嘉宾多,接待任务重,卫生、安全保障工作艰巨。省、市领导非常重视百年校庆工作,省委、省政府两次召开会议专题协调。市委、市政府主要领导亲自走访南京大学、东南大学。4月29日市政府召开市长办公会专题研究。因此,做好百年校庆工作意义深远,责任重大。

三、明确工作责任,切实做好各项保障工作。

百年校庆时间跨度大,任务重,涉及我市的工作非常具体。各有关部门、单位要进一步增强配合做好百年校庆工作的责任感、紧迫感,强化组织领导,明确目标责任,层层落实分解,提高组织程度、工作效率和运作能力;要周密安排,细化工作方案,主动与高校衔接,进行对口沟通协调,确保配合工作落到实处;要强化大局意识,服从统一指挥,精诚协作,坚决完成各项保障任务。

四、发扬主人翁精神,当好东道主。

全市上下要高度重视百年校庆工作,把百年校庆当作南京自己的事情,积极支持,主动参与。要以主人翁的姿态,大力开展文明道德教育、市容环境整治、治安交通管理、公共场所卫生、食品卫生保障等工作,营造热烈、隆重、有序的庆典氛围。要树立机遇意识,努力在科研、教育、经济、金融等领域寻求合作,招才引商招商引资,扩大南京的对外开放,推动全市两个文明建设再上台阶。

南京市人民政府(印章)
2002年5月10日

6. 发布性通知

发布性通知有两种写法:一种是用一句话写明发布规章的名称和执行要求,另一种是简要交代发布规章的依据或强调发文的重要性。发布性通知的正文很简短,语言简洁,点到为止。

[例文]

上海市人民政府
关于印发《上海市事业单位聘用合同办法》的通知

各区、县人民政府,市政府各委、办、局:

　　现将《上海市事业单位聘用合同办法》印发给你们,请遵照执行。

　　附件:上海市事业单位聘用合同办法

2003年1月10日

7. 知照性通知

应写明告知事项、背景或依据,写明事项的内容,提出要求。表达要准确无误,通知中涉及的时间、地点、单位名称、人名和活动内容要清楚、明确。

[例文]

南京市人民政府
关于成立秦淮河环境综合整治工程指挥部的通知

各区、县人民政府,市府各、委、办、局,市各直属单位:

为加强对秦淮河环境综合整治的领导,确保整治的各项工作落实到位,以水清、岸绿、景美的宜人环境迎接2005年第十届全国运动会,市政府决定成立秦淮河环境综合整治工程指挥部。指挥部成员如下:

总指挥:罗志军　市委副书记、市长
副总指挥:黄莉新　省水利厅厅长
副指挥:李福全　市委常委、副市长(常务副指挥)
　　　　周学柏　副市长
　　　　盛金隆　副市长
成员:魏竹琴　市政府副秘书长

南京市人民政府(印章)
2004年3月10日

8. 事务性通知

包括通知缘由和告知事项两部分,内容要清楚,语言要简短。

[例文]

关于沈健等同志任职的通知

各区、县人民政府,市府各委、办、局,市各直属单位:

经研究决定:
任命沈健同志为南京市国有资产管理委员会办公室主任;
任命傅刚同志为南京市国有资产管理委员会办公室副主任;
任命唐文彬同志为南京市国有资产管理委员会办公室副主任。

南京市人民政府(印章)
2003年2月15日

9. 批示性通知

批示性通知正文一般由两个部分内容组成:批语或印发语、批转或印发的规章。

(1) 批语或印发语

表明对被批转或转发公文的态度和意见。

(2) 批转或印发的规章

规章是原先就有的。

有些比较复杂的还要对有关规章的实施进行具体说明,或者阐述该文件的意义和重要性,以及领导机关的意见和工作指示等。批转通知比转发通知更具有权威性,要求下级机关必须执行,而后者只要求参照执行。

[例文]

大连市人民政府办公厅批转市卫生局等部门
关于全市卫生监督和疾病预防控制体制改革实施意见的通知

各区、市、县人民政府,市政府各委、办、局,各直属机构:

经市政府同意,现将市卫生局、市编办、市财政局、市政府法制办《关于全市卫生监督和疾病预防控制体制改革的实施意见》转发给你们,请各地结合本地实际情况,制定具体实施方案,确保卫生监督和疾病预防控制体制改革工作的顺利进行。

为贯彻《国务院办公厅转发国务院体改办等部门关于城镇医药卫生体制改革指导意见的通知》(国办〔2000〕16号)、《卫生部关于印发〈卫生监督体制改革的意见〉的通知》(卫办〔2000〕16号)和省政府办公厅《转发省卫生厅等部门关于全省卫生监督和疾病预防控制体制改革实施意见的通知》(辽政办〔2001〕1号)精神,结合我市实际,现就全市卫生监督和疾病预防控制体制改革提出以下实施意见:

一、指导思想(略)

二、改革目标(略)

三、基本任务

按照依法行政、政事分开、综合管理的原则,建立并完善以政府卫生行政部门为执法主体的卫生监督体系和以疾病预防控制机构为主体的公共卫生服务体系,合理划分卫生监督和疾病预防控制职责,分别设置卫生监督和疾病预防控制机构。

四、主要内容(略)

五、机构职责(略)

六、具体要求(略)

2002年5月1日

10. 公文通知和机关、企事业单位里使用的日常通知的区别

(1) 内容不同:公文通知内容多为本机关、本系统内重大事项或重要行为,严肃而庄重;日常通知多属本机关内部一般性事务,如发东西、开会等。

(2) 范围不同:公文通知多在本系统范围内发送,日常通知仅在本机关内部有效。

(3) 格式不同:公文通知严格按国家公文制作标准制作,日常通知则比较随意。

(4) 程序不同:公文通知必须严格按撰写程序、审批程序、发文程序处理,最后立卷归档。

(5) 标题不同:公文通知一般要求"三要素"齐全,日常通知只写"通知"两字甚至不写。

(6) 发布方式不同:公文通知是正式文件,日常通知不是正式文件。

(四) 通报

1. 通报的适用范围

《国家行政机关公文处理办法》规定:通报"适用于表彰先进,批评错误,传达重要精神或者情况"。通报是党政机关和社会团体把工作情况、经验教训、好坏典型、事例以及具有典范、指导、教育、警戒意义的事件通知所属下级单位的公文文种。通报是一种下行文,比较灵活,使用频率较高。

2. 通报的特点

(1) 事例的典型性

通报往往选取工作中具有典型意义的事件和人物,或者具有普遍意义的重要情况,有针对性地总结经验教训,加以宣传推广,改进和推动各项工作。

(2) 内容的知照性

通报把某些正、反典型或者重要的情况向有关单位或一定范围内的群体发布,只是让他们有所了解,而不要其执行。

(3) 教育性

通报侧重于树立榜样或者提出警戒,以希望和号召的形式提出要求,使得下级机关和有关人员提高自身的思想认识,行动有所依循。因此,通报特别注重自身内容的启发性和教育性,所提各项要求多属于指导性、警戒性的。

3. 通报的类型

根据通报的内容来区分,可以大体将通报分为三种类型。

(1) 表彰性通报

这类通报用于表扬先进人物和先进事迹,推广典型经验,将具有典型意义的好人好事通报下级单位和有关人员,以树立正面榜样,弘扬其优秀品质与崇高精神,达到推动、改进工作,树立社会新风尚的目的。

(2) 批评性通报

这类通报用于对严重错误行为、不良倾向进行批评,告诫有关单位及人员引起警觉,吸取教训,有针对性地提出克服错误倾向或错误言行的办法、要求。批评性通报可以分成两类,一类是批评重大事故的通报,另一类是批评违法乱纪错误行为的通报。

(3) 情况通报

这类通报用于传达重要情况或上级的指示精神,目的是互通信息和沟通情况,以增加政务透明度,做好协调和配合,促进工作的顺利进行。

以上三种类型的通报中,目前使用较多的是批评性通报。

4. 通报的结构

通报的结构包括标题、主送机关、正文和结尾几部分。

(1) 标题

通报的标题有两种写法:一种是"三要素"齐全,完整地写出发文机关、事由和文种,如《国务院办公厅关于江西省上栗县"3·11"特大爆炸事故情况的通报》,这种写法领导机关经常使用。另一种是标明发文事由和文种两个要素,如《关于一九九〇年元旦期间人行系统安全保卫工作情况的通报》,这种写法比较普遍,常在基层单位使用。

(2) 主送机关

指定下发单位的通报,要写上主送单位的名称;对于普发性的通报则不写主送单位。

(3) 正文

一般由引言部分、事实部分、分析和处理部分、号召或要求部分四部分组成。

(4) 结尾

文尾写上发文单位和日期。如果发文单位在标题中已经存在,这里可以只写日期。下发或者张贴的通报要加盖公章。

5. 表彰性通报的写作

表彰性通报正文一般由四部分内容组成：被表彰对象的先进事迹，事迹的经验和意义，表彰方式，提出希望和号召。

（1）先进事迹

概述先进单位或先进人物的先进事迹，应具体写明被表彰单位名称和主要事实或者被表彰人物的姓名、单位和主要事迹（包括时间、地点、事情缘由、经过和结果或影响等要素）。

（2）事迹的经验和意义

对先进单位或人物的事迹进行恰如其分的评价，肯定其意义。

（3）表彰方式

指明采取哪种表彰方法。

（4）提出希望和号召

希望有关方面向先进单位或先进人物学习，树立榜样以带动全局。

[例文]

市人民政府
关于表彰2002年武汉市技术能手的通报

各区人民政府、市人民政府各部门：

为进一步落实《国务院关于大力推进职业教育改革与发展的决定》（国发〔2002〕16号）以及《省人民政府关于大力推进职业教育改革与发展的决定》（鄂政〔2002〕37号）精神，实现培养适应现代化要求的高素质劳动者和实用人才的职业技能开发工作目标，促进我市经济建设和社会发展，在基层推荐、组织评审的基础上，经研究，决定授予张国建等59人"武汉市技术能手"称号（具体名单附后），并予以通报表彰。

希望受表彰的人员戒骄戒躁，再接再厉，为我市经济发展再做新贡献。全市各行各业的劳动者，尤其是青年工人要以他们为榜样，刻苦钻研业务技术，勇于探索创新，努力在本职岗位上建功立业。各有关单位要大力宣传在生产一线为社会创造物质财富的能工巧匠，形成全社会关心、支持、培养高素质技能人才的氛围，从而促进我市经济建设的持续、快速、健康发展。

附件：2002年武汉市技术能手名单

2003年1月20日

6. 批评性通报的写作

批评性通报正文一般由四部分内容组成：主要错误事实，评析错误性质，处理决定，提出希望和要求。

（1）主要错误事实

写明错误的主要情况，交代清楚时间、地点、有关单位或人物等。

（2）评析错误性质

针对错误事实分析导致错误的原因，指出错误的实质和严重程度，从中吸取教训。

（3）处理决定

依据错误事实和有关规章，对当事者做出恰当的处理，包括纪律处分或经济处罚。

(4) 提出希望和要求

希望有关单位或个人从错误事实中吸取教训并改进工作。

[例文]

国务院办公厅关于××省××市××县
擅自停课组织中小学生参加迎送活动的通报

1999年12月5日，××省××市××县举行××高速公路在本县通车仪式，该县主要领导擅自决定，让本县部分中、小学校停课参加通车仪式，近千名中小学生在风雪天等候长达两小时，致使部分中小学生生病，学生家长和群众极为愤慨，致信中央要求坚决制止此类现象。

中小学校依照国家规定建立有严格的教育教学秩序，这是教育教学质量的保证，任何单位和个人都不能随意破坏。现在一些地方的个别领导利用自己的权力，动辄调用中小学生为各种会议、考察、参观、访问甚至商业性典礼搞迎送或礼仪活动，有些地方还因此发生了严重的安全事故，造成极恶劣的社会影响。××县发生的问题，已不只是一般的形式主义，而是官僚主义，严重脱离群众，此类不良风气必须坚决予以制止。各地区、各部门以及各级领导干部，要高度重视这一问题并从中吸取深刻的教训，切实增强群众观念，杜绝此类事件再度发生。

中小学生是祖国的未来，他们的学习和活动安排，要有利他们的学习和身心健康。今后各地区、各部门都必须严格执行国家的有关法规和规定，不得擅自停课或随意组织中小学生参加各种迎送或"礼仪"活动，如确有必要组织的，须报经省级教育行政部门批准。

国务院办公厅（盖章）
××××年×月×日

7. 情况通报的写作

情况通报正文一般由两个部分内容组成：主要情况，提出意见或要求。

(1) 叙述主要情况

将有关情况如实全面地反映出来。

(2) 提出意见或要求

对上述情况进行必要的评论，有针对性地提出相应的意见或要求，指出解决问题的方法。

[例文]

市政府办公厅
关于全市一季度利用外资工作讲评情况的通报

各区、县人民政府，市府各委办局，市各直属单位：

今年以来，在市委、市政府正确领导下，全市利用外资工作呈现出快速发展的良好势头。现根据市委、市政府主要领导要求，对全市一季度利用外资工作进行讲评并通报如下：

一、基本情况

一季度全市新批外资企业85家，合同外资3.61亿美元，实际利用外资2.53亿美元，同比分别增长35%、123%和53%。截至2002年3月,全市累计批准外资企业6 445个,累计合同外资111.7亿美元,累计直接利用外资59.3亿美元。

一是利用外资规模扩大、质量提高,大项目推进取得明显进展。(略)

二是三资企业增资扩股势头踊跃。(略)

三是开发区和部分县利用外资发展较快。(略)

二、主要特点

一是各级领导高度重视,各项工作抓得早、抓得实。(略)

二是落实目标任务,初步形成较好的工作机制。(略)

三是职能部门在协调配合营造氛围上有了新提高。(略)

三、工作讲评(略)

四、存在问题

一是发展速度还不够快,总量规模仍然偏小。二是全市合同外资、实际利用外资未达到标准进度。三是全市利用外资工作发展不平衡。四是招商引资工作力量薄弱。五是投资软环境还有待于进一步完善。

2002年4月16日(印章)

[例文]

云南省卫生厅
关于非典型肺炎疫情的通报

截止到2003年4月24日12:00,根据各地、州、市疫情日报统计,目前全省共有医学观察对象6例。其中昆明4例,元江1例,保山1例,均采取了隔离治疗与观察,所有医学观察对象病情稳定,无生命危险。全省无疑似病例和确诊病例。

云南省卫生厅(印章)
2003年4月24日

8. 通报与决定的异同

相同点:两者都可以用来表彰先进、批评错误。

不同点:首先,通报的发文机关级别比决定低。通报的发文机关是被表彰或批评的人或单位的上级机关,而决定的发文机关往往是被表彰或批评的人或单位的上级机关的上级机关。另外,通报具有晓谕性,因此结尾要提出希望和要求。而决定侧重于把结果公之于众,不一定会提出要求。

(五)函

1. 函的适用范围

函即信函。在国家行政机关中使用的函有公函和便函两种。前者多用于比较重要的具体事项,其格式正规完整,有文件名称、发文字号、机关印章等等,是《国家行政机关公文处理办法》中规定的正式公文。便函是用于一般事务性工作的函件,不属于正式公文,行文比较自由,不用文件版头,不编发文字号,甚至可以不拟制标题。公文所说的函一般指公函。

《国家行政机关公文处理办法》规定:"适用于不相隶属机关之间商洽工作,询问和答复问题,请求批准和答复审批事项,用'函'。"

函,指公函,即公务信件,用于平行或者不相隶属机关之间相互商洽工作、询问和答复问题,向有关主管部门请求批准等。

2. 函的特点

(1) 灵活简便。

(2) 种类多,使用的频率高。

(3) 具有公文的法定效用。

3. 函的写作要求

(1) 以简要的文字,将需要商洽、询问(答复)、申请、知照的事项(问题)明确、具体地交代清楚。

(2) 用语谦和,讲究分寸

函,主要应用于平行机关之间相互协商、配合与互通信息。因此,用语要讲究礼节,不使用告诫、命令性的词语,语气婉转得体。涉外公函或不相隶属机关之间的公函,必要的时候还要求使用尊称与致意性词语。但是公函与私人信件有严格区别,机关之间的诚恳致意是必要的,但不必形成客套;尊重对方是应当的,但不可过分,构成恭维迎奉。用语应当适度,掌握分寸。

(3) 函主要用于说明有关事项与提出要求。

(4) 函,是正式公文的文种,必须行文郑重,按照规定的规范格式行文,使用印有发文机关名称的信纸,拟订标题,编制发文字号,结构要求完整。

4. 函的分类与各类函的写作要点

函按行文方向可以分为致函和复函两种。致函是主动发出的函,有两种情况:一是商洽工作、询问事情,需要对方主动答复的;一是知照对方某些事情,并不需要对方答复的。复函是对于致函的答复。

从函的内容和用途来分,有以下几种:

(1) 商洽公务的函

商洽公务的函,应在正文中首先写明制发函的根据或理由,即说明来函的目的,而后陈述需要商洽的具体事项,要求观点明确、意见具体、词语得体、清楚,方便对方理解与答复。在下文的结尾处可以提出予以复函或予以尽快办理的具体要求,如"上述要求,请予以答复"或"烦请尽快函复为盼"、"请予大力协助为盼"。

(2) 询问与答复问题的函

询问问题的函,亦称问函,要求集中询问一个问题,方便对方尽快答复。所询问内容应属于本机关职责范围内应予以解决或回答但又确实无据可查难以回答(解决)的问题。不要把本属自己可以解决(回答)的问题不经认真调查或思考随意地加给对方,增加对方的负担。复函,要求针对来函内容给予确切的答复,首先应表明是否同意的明确意见,然后说明理由或提出具体的处理办法,切忌发表无针对性的空话。要求用语准确、对策明确可行。结尾处,可以写"特此批复"或"此复"。

(3) 请求批准的函

请求批准的函,主要用于向平行或不相隶属的主管机关请求批准有关经费、物资、人员编制、机构设置、调配干部、税收、营业执照、招生、专业增减等事项,属于平行文。

撰写这种公函,要求理由充分,请求批准的事项明确清楚;一文一事,即一份公函集中请求批准一件事情;用语简明得体,力求征得对方的支持。在结尾处还应进一步明确行文目的,表明"请予以批准"、"请予以回复"或"请予以协调解决"的具体要求。

(4) 告知函

告知函主要用于把某些具体事项告知有关单位,是无须对方回复的主动发函。在不相隶属的机关之间和上下级之间可以使用。例如《江苏省教育厅关于大学生军训的函》,是江苏省教育厅发给省属各高校军训有关事项的告知函。

5. 请求批准函与请示的区别

请求批准的函与请示不可以混用。两者的主要区别是:一,凡是向自己的直接领导机关请求批准的要用请示;而在向不相隶属的主管部门请求批准时,不管其级别与本单位平行还是高于本单位,都一律用函。二,回答请示用批复,回答请求批准函则用复函。例如,江苏省教育厅将要举办大型人才交流会,需要与省人事厅协调,这两个部门之间不是相互隶属关系,因此往来的公文用函。

6. 函的结构

函的结构包括:

(1) 标题

函的标题通常由发文机关名称、发文内容、文种构成,如《×××关于联系业务的函》。如属于回复问题的函,则在"函"字前加"复"字,如《关于发放职工住房公积金的复函》。

(2) 主送机关

即对函负有办理或答复责任的机关。除普发性的函外,一般要求写明主送机关。

(3) 正文

函的正文通常由三部分组成:

① 制发函的根据和原因。

商洽或询问(答复)以及请求批准的具体事项,要求中心明确、内容具体,方便对方办理或答复。

② 结尾。

通常适宜使用致意性的用语,如以"特此函告"、"特此申请"、"……为盼"、"……为荷"等作为结束语。

③ 落款。

一般在文后署名和标注成文日期。

7. 询问函

询问函主要用于属于本机关职责范围内应予以解决或回答但又确实无据可查难以回答(解决)的问题而向对方单位询问,以期尽快得到明确答复的函。

询问问题的函,亦称问函,它的正文由发函原因和根据、事项和复函请求构成。函的开头部分应该简要地说明原因;事项部分要求集中询问一个问题,方便对方尽快答复。所询问内容应属于本机关职责范围内应予以解决或回答的但又确实无据可查难以回答(解决)的问题。不要把本属自己可以解决(回答)的问题不经认真调查或思考随意地加给对方,增加对方的负担;凡需要受文单位复函的,在结尾部分应该有复函请求,其惯用语是:"盼予函复"、"请予函告"、"特此函达,盼蒙允诺"等。

[例文]

××市中级人民法院
关于《美丽心灵》著作权案委托协查的函

××市中级人民法院：

　　日前，两起国际著名电影公司——美国环球城市制片公司、美国时代华纳娱乐公司分别与中贸联万客隆商业有限公司、太平洋影音公司及天津民族文化光盘有限责任公司的侵权纠纷，将以调解方式解决。

　　获得2002年"奥斯卡"最佳外语片奖的电影《美丽心灵》著作权人为国际著名电影制作公司美国环球城市制片公司。电影《间接伤害》的著作权人为国际著名电影制作公司美国时代华纳娱乐公司。中贸联万客隆商业有限公司、太平洋影音公司及天津民族文化光盘有限责任公司在未经两家公司授权许可的情况下，擅自出版、复制和发行了《美丽心灵》和《间接伤害》DVD光盘，严重侵犯了其合法权益。他们要求中贸联万客隆商业有限公司、太平洋影音公司及天津民族文化光盘有限责任公司停止侵权、消除影响，公开赔礼道歉并赔偿经济损失。

　　北京市第二中级法院主持调解工作，在北京市版权局主办的"版权保护环境"座谈会上，美国电影协会有关人士对于上述两起案件的调解解决予以高度评价，认为近年来国内知识产权司法水平和力度取得了长足的进步和快速的发展，充分体现了"公正与效率"。

　　希望协助查清，尽快答复

××市人民法院
2002年1月6日

8. 商洽函

　　商洽函主要用于与对方单位商洽或协商某项事情而制发的函。

　　商洽公务的函，应在正文中首先写明制发函的根据或理由，即说明来函的目的，而后陈述需要商洽的具体事项，要求观点明确、意见具体、词语得体、清楚，方便对方理解与答复。在下文的结尾处可以提出予以复函或予以尽快办理的具体要求，加"上述要求，请予以答复"或"烦请尽快函复为盼"、"请予大力协助为盼"等。

[例文]

关于代培人口计划生育干部的商洽函

××大学：

　　得悉贵校将于5月举办人口计划干部培训班，我省计划委托贵单位帮助培养30名计划生育干部，所有费用，由我省支付。

　　请尽快复函为盼。

××省计划生育委员会（印章）
2003年5月14日

9. 告知函

告知函主要用于把某些具体的事项告知有关单位,让对方知道或协助办理,而无须回复的主动函。

告知函的正文由发函原因和根据、事项构成。函的开头部分应该简要说明原因;事项部分主要用于把某些具体事项告知有关单位;结尾用"特此函告"等习惯用语。例如《江苏省教育厅关于大学生军训的函》,是江苏省教育厅发给省属各高校有关军训事项的告知函。

[例文]

房山法院关于出台"阳光执行工程"的函

针对当事人对执行中止案件反映强烈的情况,房山法院推出改革新举措,将全部执行中止案件公布于众。4月7日上午,房山法院召开新闻发布会,向社会推出了"阳光执行工程"。

为充分保障当事人的知情权和参与权,增加执行工作的透明度,房山法院以"执法为民、公正审判、服务发展"为宗旨,深化执行改革,积极探索建立案件执行的全程公开制度。并将当事人反映最为强烈、社会影响力最为重大的中止执行案件作为此次改革的突破口,率先实施中止案件执行全程公开的"阳光"工程,并通过新闻发布会的形式向社会公开六项承诺。房山法院将近年来的中止案件进行集中清理、审查和登记,并专门设计开发中止案件网络系统,将中止执行案件的情况公之于众,当事人可以直接通过电子显示屏进行查询;为方便不便来访的当事人查询,房山法院专设一间接待室,安装专线电话,并安排专人接待来人来访、接听来电查询。为加大中止执行案件的执结力度,房山法院对现有中止执行案件根据具体案情与特征予以分类,并对执行力量进行优化配置,调整中止案件执行组的内部组成,实现繁简分流,集中力量加大执行力度,提高执行效率,有重点地研究解决难结、典型之案,并认真对待当事人提供的执行线索,并配备专车专人随时待命,必要时可调度法警跟执行庭配合。对当事人提供的有关长期下落不明的被执行人的行踪或减少、转移被执行财产等逃避执行行为的信息,经查证准确可靠的,原则上保证在20分钟内出发。此项工程的推出同时也是严肃执行纪律,增强社会监督力度的举措,该工程强调程序公正和实体公正,要求执行人员严肃执行作风,廉洁自律,遵循司法礼仪,态度端正,语言规范,规范执行程序,完备合法手续。对执行人员存在违法违纪和工作作风等问题,当事人可以通过公布的廉政专线电话,向本院纪检部门举报。一经查实,房山法院将依法依纪严肃处理,并将处理结果向当事人通报。构成犯罪的,将依法移送检察机关立案起诉,追究其刑事责任。

此外,房山法院将在执行庭内部设立执行办公室,由其行使诸如审查、裁定中止执行等执行裁判权及其他职责,通过实行执行裁判权和执行实施权的分权与制衡,防止执行独断、杜绝执行腐败。

"阳光执行工程"利用先进技术将房山法院历年来依法中止的案件公之于众,以充分保障当事人的知情权和参与权,加强对执行工作的社会监督;增加执行程序的透明度,争取获得当事人及社会各界对执行工作的理解和支持,同时加大中止案件恢复执行的力度,更好地维护当事人的合法权益。该制度的实施无疑为执行案件的公开化透明化做出了积极有益的探索。

特此函告

房山区法院(印章)
2003 年 4 月 8 日

10. 请批函

请求批准的函,属于平行文。

请批函的正文由发函原因和根据、事项和复函请求构成。函的开头部分应该简要说明原因;事项主要用于向平行或不相隶属的主管机关请求批准有关经费、物资、人员编制、机构设置、调配干部、税收、营业执照、招生、专业增减等;凡需要受文单位复函的,在结尾部分应该有复函请求,其惯用语是"请予审核批准"等。

撰写这种公函,要求理由充分,请求批准的事项明确清楚;一文一事,即一份公函集中请求批准一件事情;用语简明得体,力求征得对方的支持。在结尾处还应进一步明确行文目的,表明"请予以批准"、"请予以回复"或"请予以协调解决"的具体要求。

[例文]

南京市软件发展办公室
关于振兴软件产业行动纲要的函

南京市人民政府:

软件产业是信息产业的核心和灵魂,是国民经济和社会发展的基础性、战略性产业。近年来,我国软件产业的政策环境不断改善,增长速度明显加快,软件产业对经济社会发展的作用逐步加强。为贯彻落实《国务院关于印发鼓励软件产业和集成电路产业发展若干政策的通知》(国发〔2000〕18 号)、《国务院办公厅转发国务院信息化办公室关于振兴软件产业行动纲要的通知》(国办发〔2002〕47 号)及《南京市"十五"软件产业发展计划纲要》,进一步明确发展目标,尽快提高我市软件产业的总体水平和国际竞争力,把我市建成全国最大的软件产业基地之一,特制定《南京市振兴软件产业行动纲要(2003 年至 2005 年)》。

一、南京软件产业发展总体思路和目标(略)

二、发展软件产业的主要措施(略)

南京软件园、江苏软件园要发挥软件园区的集聚效应,为入园企业提供专业化服务。南京经济技术开发区、江宁经济开发区及各城区在发展高新技术产业和都市工业园的过程中,也要努力做大软件产业集聚的份额,共同推动我市软件产业持续、快速、健康发展。

请予批准

南京市软件发展办公室(印章)
2002 年 12 月 12 日

11. 审批函

审批函是主管部门对来文请批的事项审批后,做出答复的函。

审批函的正文由引叙来函、答复来函和复函结语构成。函的开头部分应引叙来函的标题、发文字号,然后用"经研究,现复函如下"等习惯用语过渡;答复来函部分应该对请求做出明确的答复,直接表示同意或不同意,如不能满足来函的请求,应该说明理由,以取得对方的谅解；在结尾部分其惯用语是："特此函复"、"特此函告"、"专此函达"等。

[例文]

**青岛市物价局
关于青岛市住房货币化分配软件系统收取直接成本费的复函**

市住房委员会办公室：

你办《关于制作并发行青岛市住房货币化分配软件系统的函》(×住委办〔2000〕×号)已收悉。根据中共青岛市委、市政府《关于坚决制止对企事业单位乱收费、乱罚款和乱摊派有关问题的决定》(青发〔1997〕21号)的规定，经核算成本，同意你办在向有关单位发放《青岛市住房货币化分配软件系统》时，收取直接成本费，具体标准为每套60元。除此之外，不得再收取其他费用。以前按自定标准收取的费用，在扣除直接成本费后，其余部分应予以退还。

青岛市物价局（印章）
2000年12月1日

（六）请示

1. 请示的适用范围

《国家行政机关公文处理办法》规定："向上级机关请求指示、批准，用'请示'。"

请示是下级机关向上级机关或业务主管机关请示某项工作中的问题，明确某项政策界限，审核批准某事项时使用的请示性的上行公文。

2. 请示的特点

（1）不得越级请示

要按照隶属关系逐级请示，一般不得越过直接的上级机关请示问题。上级机关解决不了的问题，应由上级机关向更上级机关请示。因特殊情况必须越级请示时，应当抄送被越级的机关。

（2）应当一文一事

请示的内容要做到集中、单一，应该一事一请示，不要一文多事。如果在一份请示里同时请示了几件事，往往会因为其中的某一件事被卡住而影响其他事情的办理。如果有几件事情需要请示，可分别写成几份请示。

（3）一般只有一个主送机关

要主送一个领导机关，不要多头主送。如需要送两个以上上级机关，应当用抄送形式，但不得同时抄送下级机关。

（4）不能直接送领导人个人

除了领导人直接交办的事项，请示不得直接送领导者个人。

3. 请示的种类

按照内容和性质分，请示可分为请求上级对本单位工作问题的处理办法、步骤和人、财、物等方面的具体要求予以批准的"求准性请示"；对工作遇到政策和策略等方面的疑难问题予以解答的"求示性请示"。

4. 请示和报告的区别

《国家行政机关公文处理办法》对请示和报告的不同性质和作用做了明确的规定。报告"适用于向上级机关汇报工作,反映情况,提出意见或者建议,答复上级机关的询问",请示"适用于向上级机关请求指示、批准"。这是区分请示和报告的最根本依据。

(1) 行文的目的不同

报告用于汇报、反映工作中的情况,目的是让上级机关了解下情,掌握动态,为决策和指导下级工作提供依据。请示用于请求上级机关指示、批准,目的是请领导解释政策,批准事项,帮助解决困难。两者的行文目的有明显不同。

(2) 行文时间不同

报告的行文时间多在事后,也可以在事情进行中行文。报告中的内容都是已经做过或正在做的事情。而请示只能在事前行文,必须等上级机关明确表态后才能付诸行动。

(3) 上级机关的处理方式不同

对于下级机关呈报的请示,上级机关不论持肯定或否定意见,都要以批复这一文种予以答复,不能置之不理;报告则无须回答。上级机关处理下级机关的报告有两种方式:一是存阅,即阅读后取其有价值的东西作为制定政策、部署工作的依据,报告本身则归档保存;二是批转,即对于要求批转的建议报告势必要批转给有关部门执行或参照执行。处理报告只能用这两种方法,绝对不能用批复进行处理。

(4) 内容的含量不同

请示的内容集中单一,一份请示只涉及一件事情,即"一事一请示"的原则。报告的内容含量大于请示,综合报告固不必说,就是专题工作报告也是围绕着一个中心或情况涉及众多的材料。一般来说,报告的篇幅要长于请示。

(5) 文末的结束语不同

请示要求上级表示明确的态度,并以批复给予答复,故在结束语中明确提出"请指示"、"请批准"、"请批复"等要求。报告的结束语一般用"专此报告"、"请审阅"等。

特别需要注意的是建议报告和请示的区别。建议报告有请求上级批转的要求,似乎是有所请,因此容易与请示混淆。实际上两者之间有明显的区别。请示中提出的请求批准的事项是请示单位无权处理的,需经上级机关同意方可实施;而业务主管部门在报告中提出意见是在行使其职权,它写报告的目的主要不是请上级机关审察意见本身,而是要求把这些意见变为上级机关的意志下达到有关单位去执行。

5. 请示的结构

请示是下级党政机关常使用的陈述性公文之一,目的是请求上级领导机关对某项工作或问题及时批准、解答以及帮助。

请示一般由标题、正文和落款三部分组成:

(1) 标题

请示的标题,通常要标明发文机关、事由和文种类别。有时标题中可省略写发文机关,但事由和文种不宜省略。

(2) 正文

请示的正文包括请示理由、请示事项和结束语三部分。

(3) 落款

即发文机关和日期。

6. 求准性请示

"求准性请示"是下级机关遇有工作中的具体问题,请求上级机关批准自己要求时使用的一种公文。

求准性请示写作的基本要求是明确具体,简明扼要,提出的要求切实可行。忌大话、空话和套话。闪烁其词,不表明自己的态度也是不合适的。

求准性请示的正文通常要写四个方面的内容:首先,要顶格写明送达机关;其次,分层次陈述请示的理由;再次,写明请示的事项;最后,写明"以上请示妥否,请予核准"、"请批复"等字样的具体要求作为结束语。正文中的送达机关一般只需要写一个办理和批准请示的领导机关;只有受到双重领导时,才抄送另一机关。请示的理由中应该包含本单位的倾向性,事由只能一文一事。

[例文]

南京市人民政府
关于宁铜公路收费站移址的请示

省人民政府:

宁铜公路是我市江宁区利用国家"贷款建路,收费还贷"政策自筹资金建设的一条收费公路。该路北起双龙街,南至禄口镇溧塘村,是连接南京与溧水、高淳乃至皖南的一条重要公路,全长42公里,建设标准按一级公路(平原微丘区)标准控制,工程投资2亿元。宁铜公路收费站位于宁铜公路7K+300处,是根据苏政复(96)51号、苏交公(96)80号文件精神设立,于同年12月6日正式开征通行费,用于宁铜公路拓宽改造建设资金还贷。

通行费开征头两年,征费情况比较好,年收费额达2400万元,最高日收费接近10万元。但是,由于江宁区道路四通八达,一些车辆千方百计绕行以逃避缴费。虽然经省政府办公厅1997年9月22日《情况通报》批准,江宁区于1998年设立了天元路堵逃点,弥补了一些损失,但宁铜公路收费站收费额仍呈直线下降趋势:与最高收费额年份1998年的2 414万元相比,1999年征收2 264万元,下降了6.2%;2000年征收1 706万元,比上年大幅下滑了25%;2001年只征收了1 520万元,又比上年下降了11%。目前,在天元路堵逃点因104国道高庙收费站开征而撤销后,宁铜公路收费站的日收费额仅在1.6万元至2万元之间徘徊,预计年收费额最多只能达到700万元,还不及1998年收费额的1/3。

造成宁铜公路收费站收费额大幅下降的主要原因是江宁经济技术开发区的南进西扩,区内道路纵横交错,为绕行车辆提供了方便。目前又有一条公路——佛城大道修到了收费站附近,且佛城大道接上宁铜公路只是时间问题。此路一旦打通,宁铜公路收费站将形同虚设。因此,宁铜公路收费站的移址已迫在眉睫。

为切实提高宁铜收费站的收费效益,确保道路投资的及时回收还贷,促进公路建设的良性发展,经考察论证,并征询有关专家意见,拟将宁铜公路收费站南移至26K+300米处,并同时在青圩至铜山道路上设置一堵逃点(如附件图所示)。

特此请示,请予批复

南京市人民政府(印章)

2002年4月28日

7. 求示性请示

求示性请示是下级机关在工作中遇到不好解决的问题,或对上级机关的某个文件的理解存在疑点,或对某一问题因本机关意见分歧,无法统一执行,要求上级解释或指示时使用的一种公文。

求示性请示的正文应包括送达机关、请示理由、请示事项和具体要求四部分内容。送达机关,一般只写一个机关,但有时因送达机关是自己的直接行政主管机关,也有省写送达机关名称的。理由和事项的写作要根据请示内容多少来定,以简明为好。最后一般以"以上认识当否,请予指示"等语作结束语。

求示性请示的写作要求:

求示性请示的内容一般比较简单,写作时应该明确指导思想,突出要点或疑虑点,语言要表达准确。

[例文]

南京市人民政府关于暂以南京老山药业股份有限公司名义生产销售保健食品的请示

省人民政府:

原南京老山制药有限公司是经省政府认定的农业产业化省级重点龙头企业。2001年12月31日经我市政府批准,该企业改制为南京老山药业股份有限公司。原南京老山制药有限公司的老山牌口服蜂乳、老山牌蜂王浆冻干粉、老山牌蜂王浆冻干粉含片、老山牌维康胶囊、老山牌天补胶囊、老山牌蜂胶胶囊6种产品分别于1999年、2000年获得了国家卫生部保健食品批准文件。根据国家有关规定,企业改制后如继续生产销售原经批准的保健食品产品,需报国家卫生部重新批准更名。目前,申报工作正在进行之中。

因规定允许的过渡期较短,且报批更名尚需时日,为不影响南京老山药业股份有限公司的正常生产和经营,恳请省政府协调省有关部门在国家卫生部更改公司名称的批文下发之前,是否准予该企业以南京老山药业股份有限公司的名义生产、销售上述6种保健食品。

当否,请予批示。

南京市人民政府(印章)

2002年3月25日

(七) 批复

1. 批复的适用范围

《国家机关公文处理办法》规定:"答复下级机关请示事项,用'批复'。"

批复是上级机关答复下级机关的请示事项时所使用的一种带有指示性、答复性的下行公文。有时也称"复文"。

批复必须以下级机关的请示为存在的条件。没有请示,也就无所谓批复。由此可见,批复和请示,是彼此互相对应的两种公文。请示是上行文,批复是下行文。没有下级机关的请示,也就没有上级机关的批复。批复与请示,是正式行政公文中唯一具有相互关联的一对文种。这一特点决定了在批复的撰写中,应该充分体现出批复是针对请示而做的回复文。它应该针对下级机关的请示内容,做出肯定或否定的答复,或者提出建议。因此,其行文受到请示机关和请示内容的制约,行文关系和行文内容都是特定的。

2. 批复的特点

(1) 专向性。批复和请示是相互对应的一组公文,批复是专门针对请示行文,而不是针对其他文种。批复的内容也是针对着请示的具体事项,与请示事项无关的内容则不涉及。

(2) 指令性。上级机关在批复里对政策所做出的解释、提出的指导性意见以及表明的批准或不批准的态度,具有权威性和指令作用,下级机关必须遵照执行。

(3) 政策性。批复对于请示事项所做出的答复,或可或否,都要以党和国家的各项政策为依据,要坚持原则,照章办事,不能任意行事。

3. 批复的种类

按照其性质和内容,批复可分为表态性批复和指示性批复。

(1) 表态性批复是针对下级机关请示而做出的直接答复。

(2) 指示性批复是对请示事项相关单位的一并批示,指示其按照批示事项执行,包含着一定的指示性意见,具有普遍的指导意义,可以下发给所属各个下级机关或部分有关下属机关。

4. 指示性批复与批转性通知的区别

批复与批转性通知有不少相似之处,比如二者都有对来文批示的性质,文字都比较简短,能对来文批复或批转的机关都是来文机关的直接上级机关,它们下达后受文机关都必须严格遵照执行。但实际上,它们是两种性质不同的文种,主要区别如下:

(1) 批复具有专向性,主送机关一般只有一个(只有当几个机关联合请示时,才需要对几个单位做批复),因此批复意见对非请示单位无任何意义。而批转性通知大多是普发性文件,其批语是对所隶属单位的指示性意见,具有广泛的指导意义。

(2) 从文件的结构看,由于批复都是直接对请示机关行文,不涉及其他单位,因此后面就没有必要再附请示原件;而批转通知针对的单位不只一个,因此必须将所批文件作为附件置于批语之后。

5. 批复的结构

批复由标题、正文和落款三部分组成:

(1) 标题

批复的标题由批复机关名称、批复事项、受文单位名称和文种类别四部分组成。事由的写法除用"关于"加批复的事项外,还可在"关于"和事项之间插入"同意"二字,如《国务院同意北京市政府关于防治非典取消2003年"五一"放假的批复》。

(2) 正文

批复的正文一般包括引叙来文和批复意见两个部分。批复是被动行文,每个批复是对应某个具体的请示所做出的答复,因此在批复的开头要交代是针对哪个请示做的答复。

批复的意见是针对请示事项给予的具体、明确的答复。

(3) 批复的标题包含有发文机关和日期的,可不必另行落款。没有的,应在正文右下方签署发文机关和日期。

6. 表态性批复的写作

表态性批复是一种指示性很强的文件。在写作时,应该态度明确,语气肯定,内容具体,措辞准确,文字简洁,有较强的针对性。

　　表态性批复的正文开头一般先写明"你单位×年×月×日的请示收悉,同意或不同意"的表态语,再按照批复缘由、批复内容和结束语的顺序写作。批复缘由主要把原请示名称、字号和年月日写清,表明是针对该请示文件的答复。批复内容应该分条陈述理由,如果同意请示内容,可以提出一些建议,一般不需要表明同意的理由;若不同意该请示,应说明不同意的理由,并做出应该如何处理的指示,使下级机关明白原因,并有所遵循;如果所请示的事项有的可行,有的不可行,有的需要做改动,则需要逐项明确表态,分别说明不同意以及需要改动的理由。结束时用"此复"、"特此批复"等习惯性结语。

[例文]

××总公司
关于××分公司开发××产品的批复

××分公司:

　　×年×月×日××号的文件收悉。经研究决定,同意你公司开发××产品。具体方案上报总公司备案。

　　特此批复

××总公司
×年×月×日

[例文]

云南省计委省财政厅省教育厅
关于小学住宿费收费问题的批复

昆明市计委、财政局:

　　你们《关于小学住宿费收费标准的请示》收悉。经研究,现批复如下:

　　近年来,国家计委、财政部、教育部为认真贯彻落实《国务院关于基础教育改革与发展的决定》(国发〔2001〕21号)精神,进一步做好义务教育特别是农村义务教育收费管理工作,规范中小学收费,纠正乱收费行为,切实减轻人民群众特别是农村群众的不合理负担,经国务院批准,先后下发了《教育部、国家计委、财政部关于坚决治理农村中小学乱收费问题的通知》(〔2001〕教电46号)、《教育部、国家计委、财政部关于切实做好2002年农村贫困地区义务教育阶段"一费制"试行工作的通知》(教电〔2002〕53号)等文件,制定了以规范贫困地区农村中小学收费为主要内容,进一步整顿、规范义务教育阶段收费行为的政策、措施,明确了具体的收费项目、收费方法、收费原则。其主要精神是:在国家级贫困县和省级贫困县农村中小学试行"一费制",即在全面清理农村中小学乱收费,严格核定杂费、课本费标准的基础上,符合考虑两项收费,核定一个最高收费标准,只向学生收取一项费用,此外,不再向学生收取任何费用;未试行"一费制"的地区,除国家统一规定的杂费、借读费和必须由学校统一订购的课本费(有寄宿制的初中可合理收取住宿费)外,学校不得再向学生收取其他任何费用。同时,《云南省人民政府办公厅关于做好2001年我省中小学教育收费工作及对高中阶段择校生实行"三限制"规定的通知》(云府办电201号)也明确规定:我省试行"一费制"的农村义务教育阶段中小学,除按规定向学生收取一项费用外,不准再收取任何费用;未实行"一费制"的地区,除省统一规定的杂费、借读费、寄宿制初中住宿费和必须由学校统一订购的必备教科书外,学校不准再向学生收取其他任何费用。

我省义务教育阶段的收费,必须严格按照上述文件规定执行,不允许在上述文件规定之外,再审批设立其他收费。因此,不同意收取小学生寄宿制住宿费。

此复

云南省计委(印章)
云南省财政厅(印章)
云南省教育厅(印章)
2002年9月2日

7. 指示性批复

指示性批复的正文通常由批复依据、批复内容和针对批复的问题提出的原则性指示三部分组成。依据部分由"你处×年×月×日的请示收悉"以及"现答复如下"、"认为"等构成。

指示性批复的批复内容,是针对来文的请示事项表明态度,同意或不同意。针对批复问题提出的原则性指示一般是对请示单位进一步指明来文所述问题的意义和重要性,强调指出其中需要特别注意的问题和提出补充的意见,最后用结束语"特此批复"或"此复"做结语。

指示性批复兼有发布指令的职能,语气要表现出严肃性和权威性,用语不能含糊。

[例文]

关于临跨过河建筑物服从秦淮河
航道等级规划的批复

南京市交通局:

你局宁交计〔2003〕68号文"关于临跨过河设施服从秦淮河航道等级提高规划的紧急请示"收悉,经研究,批复如下:

秦淮河位于南京市长江南岸,上游起始于芜申线航道的杨家湾船闸,下游止于入江口门的秦淮新河船闸,全长104.5公里,自南向北途经安徽省当涂县及我省高淳县、溧水县、江宁区及南京市区,中间与六级航道的句容河相接,在1994年全省航道定级时,省政府以苏政复〔1994〕12号文将其定为六级航道(部分航段为七级航道)。

随着国民经济的不断发展,秦淮河航道货运量逐年上升,特别是近年来随着南京都市圈的迅速发展以及航道沿线开发区的逐步形成,秦淮河航道的区位优势愈加突出,成为南京市唯一的一条南北向水上运输要道,对南京市国民经济的发展起到了重要的作用。2002年交通部规划研究院所做的《江苏省干线航道网规划深化研究》报告中,已将秦淮河航道列入我省干线航道网,同时,南京市交通部门委托科研单位开展的《秦淮河航道等级提升问题研究》也都将秦淮河航道规划等级近期确定为五级,远期按四级航道标准预留。

为了促进秦淮河航道沿线经济发展,配合京沪高速铁路南京站的南移,加快启动水运物流,发展内河航道集装箱运输,满足船舶大型化的需求,我厅同意秦淮河航道上的临、跨、过河建筑物按四级航道规划标准控制。希你局认真做好该航道的管理与规划控制工作。

此复

江苏省交通厅(印章)
2003 年 8 月 11 日

(八) 报告

1. 报告的适用范围

《国家行政机关公文处理办法》规定：报告"适用于向上级机关汇报工作，反映情况，答复上级机关的询问"。报告是上行文，是下级机关向上级机关汇报工作、反映情况时使用的一种陈述性公文。

2. 报告的特点

报告是陈述性公文，应以具体的事实和精确的数据为汇报的主要内容，表达方式主要是叙述，要直陈其事。虽然也可以论述道理，阐明自己的观念，但只点到为止。另外，报告是上行文，只能向自己的直接上级发出，包括受双重领导的单位的两个直接上级。

3. 报告的类型

根据其功用的不同，报告可以分为工作报告、情况报告、建议报告、答复报告、报送报告五大类。

(1) 工作报告

工作报告是将本单位的日常情况向上级机关做出的报告，内容包括目前工作的进展情况，取得的成绩和存在的问题以及今后的打算等。如例文 1。

(2) 情况报告

情况报告是向上级机关反映工作中遇到的新问题和特殊事件。如例文 2。

(3) 答复报告

答复报告是针对上级机关的询问汇报有关情况的报告。与其他种类报告不同的是，它不是主动呈报的，而是被动报告。如例文 3。

(4) 报送报告

报送报告是向上级机关报送文件时加在前面的报告，目的是使不能直接行文的普通公文文书(如计划、总结、调查报告等)能够以法定公文的形式上报。例文 4 就是某县卫生局报送 2000 年度工作总结的报告。

4. 报告的写作

报告的结构包括标题、主送机关、正文、署名、日期、附件、抄送机关等项。

(1) 标题

报告的标题有两种写法：一种是"三要素"齐全，完整地写出发文机关、事由和文种；在标题中出现发文机关名称的，落款处可以不署名。还有一种是省掉发文机关名称，只有发文事由和文种两个部分，如《关于二〇〇二年工作总结和二〇〇三年工作安排的报告》。

(2) 主送机关

报告都必须有主送机关。主送机关必须是直接的上级领导机关或指导机关，指导机关只能有一个，不能送给领导者本人。

(3) 正文

多数报告的正文分为事由、事项和结束语三个部分：

报告事由:写明写这篇报告的原因,这部分主要是直陈其事,把情况的前因后果写清楚。

报告事项:写工作步骤、措施和效果,也可以写工作的意见、建议或应该注意的问题。在叙述事实情况时用概述,要做到重点突出、中心明确。

结束语:在报告的最后,单独成段的结束语可写"特此报告"、"专此报告"等。

标题中出现发文机关名称的,在落款处可以不署名。

其余几项在格式上无特殊要求,兹不赘述。

5. 写报告的注意事项

(1) 在报告标题的文种前,一般不要写报告的来由,如"总结"、"调查"等,因为"总结报告"和"调查报告"是国家行政机关的非正式公文。

(2) 报告事项中不要夹带请示事项,报告与请示要分开行文,领导机关对下级机关的报告不一定要批复。

[例文]

关于进一步加强森林防火工作的报告

国务院:

　　我国的森林防火工作,以1978年大兴安岭特大森林火灾为转机,进入了一个新阶段。全国森林防火综合能力明显提高,森林火灾损失大幅度下降,对保护国家森林资源,促进国民经济发展,维护生态环境,保障林区安定发挥了重要作用。在新的形势下,森林防火工作出现了一些新的情况和问题,必须认真加以解决。森林防火任务日益繁重,森林防火工作只能加强,不能削弱。国家森林防火总指挥部撤销后,地方各级人民政府要进一步负起责任,切实做好森林火灾的预防和扑救工作。林业部将做好对各地森林防火的检查、监督和协调,各有关部门要积极支持,共同做好森林防火工作。现就进一步加强森林防火工作的意见报告如下:

一、进一步认识森林防火工作的重要性、长期性、艰巨性。(略)

二、继续坚持实行森林防火工作行政领导负责制,强化森林消防监督职能。(略)

三、依靠全社会的力量,积极做好森林火灾的各项预防工作。(略)

四、进一步加强森林消防队伍建设,逐步提高专业化水平。(略)

五、不断增加投入,切实加强森林防火基础设施建设。(略)

六、进一步完善全国森林防火工作体系,做到从上到下有专人管。(略)

当前正值北方森林防火的最紧要时期,以上报告,如无不妥,请批转各地执行。

林业部(印章)
××××年×月×日

[例文]

××省商业厅关于××市百货大楼重大火灾事故的报告

商业部:

　　××××年×月×日上午9点40分,我省××市百货大楼发生重大火灾事故,市消防队出动了15辆消防车,经过四个小时的扑救,火灾才被扑灭。这次火灾除消防队员和群众奋力抢救出部分商品外,百货大楼三层楼房一幢及余下商品全部烧毁。时值开门营业不久,顾客不多,加上疏散及时,幸未造成人员伤亡。但此次火灾已造成直接经济损失792万余元。

　　经查明,此次火灾是因电焊工××违章作业,在一楼电焊铁窗架时电火花溅到易燃货品上引起的。另外,市商业局领导对上级领导机关和公安消防部门的安全防火指示执行不力,百货大楼安全制度没有落实,许多安全隐患长期未得到解决。电焊加固铁窗,本应停止营业,为了利润,竟一边营业一边作业,忽视了安全工作,这也是造成火灾的原因之一。

　　火灾发生后,省人民政府召开了紧急防火电话会议。严肃指出了××市发生火灾的严重性。批评了××市不重视安全工作的错误倾向。我厅××副厅长带领有关人员赶到现场调查处理。市商业局领导在市委、市政府领导下,组织力量对财产进行清理,百货大楼职工在总结教训的基础上,在街道路口增设摊点,以缓和市场供应。公安机关对事故责任者××已拘留审查。市委、市政府在分清责任的基础上,对有关人员也视情节轻重,进行严肃处理:给予专管安全工作的百货大楼党委副书记、副总经理××撤销党内外职务,开除党籍,开除公职的处分并交司法部门依法处理;撤销百货大楼党委书记、总经理××的职务;撤销百货大楼营业部经理××的职务。

　　这一次火灾,是我省商业系统历史上最大的一次事故,损失严重,影响很坏,教训深刻。问题虽然发生在××市,但也暴露了我省商业安全工作上还存在不少问题。有的地区安全制度没有落实,检查不认真,隐患整改不力,缺乏有针对性的防火措施。另外,我们平时深入了解不够,检查督促不严,因此,我们也有一定责任。为了吸取教训,防止类似事故再次发生,已根据我省实际情况,多次用电报、电话、传真、简报通知各地引起注意,并定于4月20日召开全省商业安全工作会议,制订下一步安全工作方案,切实把我省商业系统安全工作抓紧、抓好。

　　特此报告

××××年×月×日

[例文]

关于我校工会干部有关待遇的报告

市总工会:
　　5月18日来函悉。现将我校工会干部有关待遇报告如下:
　　一、我校基层工会主席由教师兼任,每年减少工作量40学时。
　　二、部门工会主席任职期间享受本单位行政副职待遇,由教师担任的每年减免工作量30学时。
　　三、校工会委员任职期间减免工作量30学时;部门工会委员每年减免工作量15学时。
　　专此报告。

××大学工会
2009年9月9日

[例文]

××县卫生局关于报送二〇〇〇年度工作总结的报告

××市卫生局：

现送上我局《二〇〇〇年度工作总结》一份，请审阅。

××县卫生局（印章）
2001年1月18日

（九）意见

1. 意见的适用范围

《国家行政机关公文处理办法》规定："适用于对重要问题提出见解和处理办法，用'意见'。"

意见是上级领导机关或主管部门针对当前即将进行的主要工作和亟待解决的重大问题，提出原则性的要求和具体的处理办法，并直接发至下级机关或转发到有关部门遵照执行的一种具有指示作用的公文。

2. 意见的种类

按照行文的方向来分，大致可以分为指导类意见、呈报类意见、呈转类意见。

指导性意见是指可以直接下发的意见；呈报类意见是行文单位将自己主管的工作提出的意见呈报给上级机关；呈转类意见是下级机关对重大问题提出建议，要求上级机关予以批转的上行公文。

3. 意见的结构

（1）标题。通常有两种形式：

① 发文机关、事由、文种。

② 事由、文种。

（2）主送机关。直接下发的意见，要标注主送机关。

（3）正文。首先，讲明针对的问题、布置工作的意义和重要性、提出意见的目的和依据；其次，阐述工作任务，提出原则性的要求和措施、处理办法或步骤等；最后，结尾处可以写上提出的号召、希望、要求等。

（4）落款。一般在文后署名和标注成文日期。

4. 指导类意见

指导类意见是指可以直接下发的意见。

指导类意见正文由前言、主体、结尾三部分构成。前言用简单的话语提出制定本意见的目的和依据，一般引述所依据的文件的标题，有的还引述文件的发文字号，然后用"现提出实施意见如下"或"现就有关事项提出如下意见"接叙下文，无须说明理由；主体是用于上级机关或有关部门阐述和说明开展某项工作的基本思想、原则、要求，并对工作进行原则性指导；结尾部分主要写清楚主体部分未竟事项、如何时实施、解释权归属、原有意见的废止等。

[例文]

南京市人民政府
关于进一步做好扶贫济困工作的意见

各区、县人民政府,市府各委办局,市各直属单位:

近年来,我市各级党委和政府一直高度重视扶贫济困工作,采取了一系列有效措施保障困难群众的基本生活。但扶贫济困工作是一项长期的艰巨任务,目前仍有不少实际问题需要解决。根据党的十六大和中央政治局常委会精神,按照省委、省政府的总体部署,结合我市实际,为进一步做好扶贫济困工作,加强社会保障体系建设,减少贫困人口,推进全社会共同富裕,实现全市"两步走"的战略目标,现提出如下意见:

一、切实把扶贫济困工作作为一项重大的政治任务抓紧抓好(略)

二、明确目标任务,进一步建立和完善扶贫济困行动体系(略)

三、加强组织领导和整合协调,不断提高扶贫济困工作实效(略)

扶贫济困工作是一项艰巨的任务,也是一个益国益民的有利社会的大好事,应该动员全社会的力量积极、努力地做好这件事情,真正地落实好"三个代表"的思想,全心全意为人民谋福利。

2003年1月6日

5. 呈报类意见

呈报类意见是行文单位将自己主管的工作提出的指导性意见先呈报给执行单位共同的上级机关,再由上级机关批转给有关单位执行的意见。

呈报类意见正文由前言、主体、结尾三部分构成。前言用简单的话语提出制定本意见的目的和依据,一般引述所依据的文件的标题,有的还引述文件的发文字号,然后用"现提出实施意见如下"或"现就有关事项提出如下意见"接叙下文,无须说明理由;主体是行文单位将自己主管的工作提出的指导性意见先呈报给执行单位共同的上级机关,再由上级机关批转给有关单位执行的意见;结尾部分主要写清楚主体部分未竟事项、如何时实施、解释权归属、原有意见的废止等。

[例文]

关于限期全面解决全市拆迁安置问题的实施意见

南京市人民政府:

根据市委、市政府《关于开展全市社会稳定工作综合检查的通知》精神,为进一步保障社会稳定,维护群众合法权益,全面解决被拆迁居民的安置问题,制定实施意见如下:

一、明确责任,做好拆迁安置的社会稳定工作(略)

二、市各相关部门协同工作,负责督促解决各区征地、拆迁安置中存在的问题(略)

三、做好拆迁安置矛盾化解工作(略)

四、做好经济适用住房的建设和供应工作(略)

各区政府及市各相关职能部门,应高度重视,认真做好经济适用住房的建设和供应工作。市计委、建委、规划、国土、房产等部门要根据每年城市建设计划,安排适度规模的经济适用住房建设,以满足征地、拆迁过程中部分困难家庭的购房需求。各区要按照政策和进度要求加快经济适用房建设;各有关部门要全力做好各项前期审批服务,不拖工程进度后腿;市房产部门要会同各区和宣传部门大力宣传经济适用房相关政策,公开、公平、公正地依据政策规定组织好供应,让拆迁困难家庭尽快购买到经济适用住房,为稳定工作打好坚实基础。

附件:全市拆迁安置任务一览表

市建委(印章)

市国土局(印章)

市房产局(印章)

市信访局(印章)

市司法局(印章)

2002年10月29日

6. 呈转类意见

呈转类意见是请求上级对自己单位给下级机关或其他不相隶属的同级机关的指示、文件予以批准,并转发的一种公文文种。

呈转类意见的正文由事由、事项和要求组成。有时在缘由之前写上受文单位。呈转类意见的缘由要交代清目的以及对有关转送单位的意义;事项应该涉及对有关单位的指示、意见等。但由于这些内容须先经上级机关批准才能下达,语气又要婉转。正文结束时,应该写明"以上意见,如无不妥,请批转××部门遵照执行"等语,以表达自己的要求。

在写呈转类意见前,应该认真地调查研究实际工作中遇到的新问题、新情况,针对遇到的问题,应在请示事项中提出切实可行的解决具体问题的具体措施和办法。因这一类意见一旦经过上级部门的审准转达,便具有法定的权威和约束力,有关部门按照请示要求必须遵照执行,因此行文的措辞要适当。

[例文]

关于调整2001年房改年度有关政策的意见

市政府:

为进一步贯彻落实市政府宁政发〔1998〕278号文件精神,继续深化我市住房制度改革,根据《省政府办公厅转发省建设厅等部门关于调整2001年度省住房制度改革有关政策的请示的通知》(苏政办发〔2001〕94号)和省建设厅《关于南京市调整经济适用住房价格和住房补贴标准的请示的批复》(苏建房改〔2001〕277号),现就我市2001房改年度有关政策调整,提出如下意见:

一、关于住房公积金(略)

二、关于公有住房租金和租金补贴(略)

三、关于公有住房出售(略)

四、关于住房补贴政策(略)

本文件发布前,职工已经批准领取过购房补贴和工龄补贴的,不再补发,出售已购公有住房因超出家庭住房货币量而缴纳的土地收益不再找贴。其余的调整政策于2001年7月1日起执行。市属江宁区及四县应根据省、市通知精神,制定符合本地实际的实施意见并报省、市房改领导小组备案。

以上意见如无不妥,请批转执行。

南京市房产管理局
南京财政局
南京市物价局
2001年5月15日

(十) 决定

1. 决定的适用范围

《国家行政机关公文处理办法》规定:决定适用于对重要事项或者重大行动做出安排,奖惩有关单位及人员,变更或者撤销下级机关不适当的决定事项。

用"决定"来做出安排,必须是"重大行动"和"重要事项",布置日常工作和处理一般事项可以使用其他文种,如"通知"等。

2. 决定的特点

(1) 行文严肃

决定是对重要事项或者重大行动做出安排,下级机关接受任务后,就必须认真贯彻执行,不能随意发生变通。

(2) 事实明确

上级机关做出决定安排,在目的、原因、要求等内容上应该明确具体,不能模棱两可。

(3) 说理清楚

上级机关做出决定安排,需要阐明原因、目的、意义,要求做什么,怎么做,理由应充分。

3. 决定的类型

决定按其内容分,主要有三种类型,包括部署性决定、表彰性决定、惩戒性决定。

(1) 部署性决定是党和国家行政机关为部署所属全局工作,或采取某种重大举措而使用的一种公文,用它来对重大行动做出安排。

(2) 表彰性决定是对有较大贡献的单位、人员做出表彰嘉奖的一种公文。

(3) 惩戒性决定是对出现重大事故或犯有严重错误的单位、人员进行批评处理的一种公文。

4. 决定的结构

决定的结构一般包括标题、主送机关、正文、日期等几部分。

(1) 标题

决定的标题一般由三项式构成,即写出发文机关、事由和文种三个要素,如《国务院关于表彰国家测绘局第一大地测量队的决定》。有的省略其中的一项,即由发文机关和文种或发文事由和文种组成,如《关于加快发展中西部地区乡镇企业的决定》、《全国人民代表大会常务委员会决定》。

(2) 主送机关

有特定下发单位的决定,要写上主送机关的名称;普发性的决定,则不写主送机关,结尾不用签署发文机关名称。

(3) 正文

决定的正文内容根据不同的类型有不同的写法,下文另有说明。

(4) 日期

决定的日期有两种写法,一种是在正文的右下方,另一种是标注在标题下面的括号内。

5. 部署性决定的写作

正文一般由前言、决定事项两部分组成。

(1) 前言

前言部分主要内容是,指出决定的依据、原因、目的、意义,即说明根据什么、为什么要发布决定。决定的依据主要有事实、法律、文件等,事实要高度概括,简洁明了。法律、文件等只直接引用名称。

(2) 决定的事项

决定事项是决定的主体部分,主要包括开展工作的指导方针、原则、任务、政策和措施等。内容较多的用条列式。条列式按先原则后具体的顺序安排。

[例文]

<h2 style="text-align:center">中共青岛市委青岛市人民政府
关于统筹城乡发展增加农民收入的决定</h2>

为全面贯彻落实中共中央和山东省委关于促进农民增加收入的有关文件精神,结合我市实际,特作如下决定:

一、指导思想和目标任务

1. 指导思想。以邓小平理论和"三个代表"重要思想为指导,认真贯彻落实党的十六大、十六届三中全会和中央农村工作会议精神,把解决好"三农"问题作为工作的重中之重,围绕实现市第九次党代会确定的奋斗目标,牢固树立科学发展观,统筹城乡经济社会发展,坚持"多予、少取、放活"的方针,积极实施城乡互动的发展战略,推动郊区经济持续快速协调健康发展和社会全面进步,力争实现农民收入较快增长。

2. 主要目标。今后四年,郊区国内生产总值年均增长18%以上,地方财政收入增长20%以上,全社会固定资产投资增长35%以上,全市农民人均纯收入增长8%以上。到2007年,郊区五市国内生产总值超过1 800亿元,胶州、胶南、即墨进入全省综合经济实力前5名和全国百强县(市)前30名,平度、莱西的位次进一步前移。

二、大力推进城市工业集群化与农村工业化的互动,加快郊区工业化步伐

3. 适应城乡经济发展内在需要,加快郊区产业布局调整,形成各具特色的产业发展新格局。(略)

4. 围绕产业集群化,大力发展郊区配套产业。(略)

5. 抓好重点工业园区建设。(略)

三、大力推进城市大工业支持与农业产业升级的互动,加快农业产业化步伐。(略)

6. 进一步优化农业结构。(略)

7. 鼓励城市工商资本、民间资本和外资等多种经济成分投资于农产品加工业,发展农业产业化龙头企业。(略)

8. 突出发展水产、畜牧两大主导产业。(略)
9. 积极发展农业社会化服务组织。(略)
10. 全面提高农产品质量安全水平。(略)
11. 优化支农资金使用办法,集中财力,突出重点,努力培育农业发展新亮点。(略)
12. 进一步强化农业部门的服务功能。(略)

四、大力推进以城市品牌为依托的城乡对外开放互动,加快郊区经济国际化步伐。(略)

13. 充分利用青岛城市品牌优势,加大郊区招商引资力度。(略)
14. 以知名品牌为依托,努力扩大出口创汇。(略)

五、大力推进城市组团发展与农村城市化的互动,加快郊区城市化步伐。(略)

(略)

×××年×月×日

6. 表彰性决定的写作

表彰性决定正文一般由三部分内容组成:被表彰对象的先进事迹,表彰决定,号召或希望。

(1) 先进事迹

即表彰的依据或缘由。以概述先进事迹为主,要选择突出的反映实质的事实,事实的时间、地点、当事人要准确地做出交代,事实的经过,关键的情节要概括、具体,具有可信度和说服力。

(2) 表彰决定

在对先进事迹定性的基础上,做出表彰决定。表彰决定包括授予荣誉称号、记功、受勋、晋级等。

(3) 号召或希望

主要写向被表彰对象学习的内容,亦可结合当前工作,提出具体要求。

[例文]

××市人民政府
关于表彰市再就业先进典型的决定

近年来,我市认真贯彻落实国务院、省政府关于做好再就业工作的指示精神,经过全社会的共同努力,全市下岗失业人员再就业工作取得了显著的成效,广大下岗失业人员自强自立,矢志创业,通过劳动创造了新的生活;各用人单位和街道社区满怀爱心,积极响应党和政府的号召,热心帮助下岗失业人员上岗就业,全市涌现出了一大批再就业先进典型。为鼓励先进,树立典型,进一步营造关心帮助下岗失业人员再就业的社会氛围,促进全市再就业工作扎实有效地开展,市政府决定对大连华夏家具有限公司等11个再就业先进企业、中山区桃源街道洪顺社区等15个再就业先进社区组织和权彬等11个再就业明星进行表彰。

扩大就业、促进再就业,关系改革发展稳定的大局,关系人民生活水平的提高,关系国家的长治久安。全市各地区、各部门、各单位要认真落实全国再就业工作会议精神充分认识就业和再就业工作的极端重要性,把这项工作作为贯彻"三个代表"要求的重大实践,千方百计抓紧抓实抓好。广大下岗失业人员要以先进典型为榜样,坚定信心,提高素质,积极就业;用人单位和社区就业组织要积极帮助和吸纳下岗失业人员就业,开创再就业工作的新局面。

　　附件:××市再就业先进典型名单

××市人民政府(印章)
2002年9月25日

7. 惩戒性决定的写作

　　惩戒性决定的内容有:错误的事实与性质,危害和影响,被处分人员的态度和认识,处分决定、希望或要求。

　　(1) 错误的事实和性质

　　包括时间、地点、事情、过程、后果等;错误的性质,造成的危害和影响,指出错误的原因。事实部分要高度概括,原因要切实、简明。

　　(2) 被处分人员的态度和认识

　　被处分人对错误的性质、危害、责任的表态和认识程度要客观地叙述,这是做出处分的重要依据,必须严肃认真地写明。

　　(3) 处分决定

　　按照错误的事实、性质及本人的认识态度做出相应的处分,如记过处分、撤销职务、开除公职或经济处罚等。

　　(4) 希望或要求

　　从被处分对象吸取教训,避免类似错误再次发生,希望做好今后工作。必要时还要重申和强调有关法律、法规及相关规定。语言要严肃有力,起警诫作用。

[例文]

国务院关于大兴安岭特大森林火灾事故的处理决定

　　1987年5月6日至6月2日,在林业部直属的大兴安岭森工企业,发生了特大森林火灾,这场森林大火,给国家和人民的生命财产造成了重大损失,是建国以来最严重的一次。

　　这次特大火灾事故的发生,主要是由于企业管理混乱、纪律松弛、违反规章制度、违章作业和领导上严重官僚主义造成的。这次火灾充分暴露了这个地区护林防火制度和措施很不落实,防火力量严重不足,消防设备、工具和手段准备很差,以致火灾发生后不能及时彻底扑灭,小火酿成大火,造成了建国以来损失最为惨重的特大火灾事故,这场大火不仅烧掉了许多森林资源,而且烧毁了城镇、民房、贮木场、仓库和火车站,造成职工、居民死亡一百九十三人,伤二百二十六人……

　　森林防火工作是林业部的主要职责之一,大兴安岭特大森林火灾事故的发生,充分暴露了林业部领导对这项重要工作没有给予应有的重视,也没有吸取近年来频频发生森林火灾的教训,对国家的森林资源和人民的生命财产不负责任,这是严重的官僚主义和重大的失职行为,林业部主要负责同志对此负有不可推卸的重大责任。为了严肃认真地处理这次火灾事故,国务院全体会议决定:

　　一、撤销杨钟的林业部部长职务,提请全国人大常委会审议批准。

　　二、责成林业部和大兴安岭扑火前线总指挥部对这次特大森林火灾进行认真调查,总结经验教训,提出改进措施,并对其他负有直接责任的人员进行严肃处理,并将处理情况报国务院。

三、国务院对在这次特大火灾事故中死亡的人员表示沉痛的哀悼,对受伤人员和死亡人员的家属致以深切的慰问,并将采取措施组织灾区人民重建家园,恢复生产。

四、国务院高度赞扬在这次灭火抢险斗争中做出了重要贡献的人民解放军指战员、森林警察、公安消防人员和职工群众及有关部门,并责成有关各级人民政府对军队和地方的先进集体和个人,给予表彰和奖励。

五、责成林业部和各级人民政府对所属林业企业的防火制度、防火组织进行认真整顿,建立严格的岗位责任制……

国务院认为,多年来,林业系统的全体职工,包括大兴安岭林业管理局的职工,在艰苦的条件下,为我国林业资源的开发做出了重大贡献……希望林业部及其所属单位各级领导同志振奋精神,切实总结教训,制定切实改进工作作风、坚决克服官僚主义的具体措施……

大兴安岭林区特大火灾事故,也是对全国其他部门和各企业事业单位的一个严重警告。安全生产是全国一切经济部门特别是生产企业的头等大事,各企业及其主管机关的行政领导,都要十分重视安全生产,万万不可掉以轻心,要采取一切可能的措施,保障国家和职工群众生命财产的安全,严防事故发生,……对于一切重大的责任事故,都必须严肃处理……

各企业及其主管部门要重视发挥职工代表大会、工会、保卫机构和科技人员对安全生产的监督作用,对工人、技术人员和专家关于安全情况、安全措施的批评和建议,必须认真对待,对于揭发控告忽视安全生产现象的职工和技术人员,决不允许打击报复……国务院相信,在党中央领导下,只要各级政府依靠广大人民群众认真贯彻执行各项制度和措施,我国整个生产安全和劳动保护状况就一定会得到改善,重大事故将会大大减少,亿万劳动人民勤俭建国、奋发向上的积极性一定会大大提高,从而为实现社会主义现代化的伟大事业做出更大的贡献。

××××年×月×日

第二节　事务文书

事务文书近年持续成为考查重点。事务文书文种繁多,故这里所提及文种固然首先要掌握,但由此及彼、举一反三,也许同样重要。

(一) 计划

计划是常用实用文,它由标题、正文、落款几部分构成。常见计划有工作安排、工作要点、方案、规划、设想等。

[例文]

扬州大学 2002 年下半年宣传思想工作要点

2002年下半年宣传思想工作要点如下：

一、以学习、宣传、贯彻党的十六大精神为主题，进一步深化"三个代表"重要思想的学习教育，大力推进理论武装工作。

1. 认真组织全校党员干部和师生员工深入学习党的十六大精神，掀起学习、宣传、贯彻党的十六大精神的热潮。

2. 认真学习贯彻李岚清副总理第三次视察我校时的重要讲话精神，认真学习全国、全省高校党建工作会议精神，在教职工中开展"高等教育如何适应加入WTO后的竞争形势"专题学习活动，为巩固成果，深化改革，提高质量，继续发展，建设"高水平大学"奠定坚实的思想理论基础。

3. 认真做好党委理论学习中心组、教职工政治理论学习和大学生形势政策教育工作，坚持学习制度，精心安排内容，不断改进方法，努力提高效果。

4. 认真做好邓小平理论研究中心的有关工作，进一步提高研究水平，促进学校事业的发展。充分发挥理论教育讲师团在理论教育活动中的作用，不断推动全校理论武装工作向纵深发展。

二、以建立新闻中心为契机，进一步加强和改进宣传舆论工作，为学校改革发展创造良好的舆论氛围。

1. 紧紧围绕学习、宣传党的十六大精神的主题和学校改革发展的工作实际，充分运用广播、电视、校报、网络、宣传橱窗等多种宣传手段，形成宣传工作的强大合力，营造积极向上、奋力前行的校园风气。

2. 积极配合学校有关部门，从学校实际出发，加快建立新闻中心，进一步整合宣传资源，统一宣传力量，加大宣传力度，取得更好的宣传工作效果。

3. 在上半年工作的基础上，进一步加大对外宣传工作的力度，全方位地宣传学校改革发展的新成就，为建设高水平大学创造更加有利的舆论环境。做好《扬州大学对外宣传报道奖励暂行办法》的修订工作。

三、认真做好思想政治工作，大力加强校园精神文明建设。

1. 紧密结合学校深化改革、加快发展的实际，认真做好改革发展中的思想政治工作，为凝聚人心、聚集力量奠定坚实的思想基础。

2. 继续认真组织《公民道德建设实施纲要》和《扬州大学教师职业道德规范》的宣传教育工作，进一步提高全校教师的师德水平，大力促进师资队伍建设。

3. 大力开展优秀校风建设活动，和有关部门积极配合，积极做好江苏省高校优秀校风建设评估的有关工作。

4. 开展"四五"法制宣传教育工作，充分发挥法制教育讲师团的作用，进一步增强全校师生员工依法治校的意识，不断提高依法治校的水平；做好江苏省教育厅组织的禁毒知识辩论赛的片上组织工作和本校参赛工作。

5. 做好学校思想政治教育研究会工作，召开省高校思想政治教育研究会扬盐泰片片会，做好校思想政治教育研究课题的有关工作，积极协助党委组织部做好"扬州大学党建研究2002年年会"的会务工作。

四、增强政治意识和责任意识,进一步加强宣传思想工作队伍建设。

1. 以党的十六大精神为指导,进一步加强专兼职宣传思想工作队伍的建设,努力塑造宣传思想工作者的新形象,做到政治上敏锐坚定,业务上精益求精,作风上高效务实。

2. 不断适应新形势和科学技术发展对宣传思想工作者的新要求,以与时俱进、开拓创新的精神,不断研究新情况,努力掌握新手段,力争做出新贡献。

扬州大学党委宣传部
二〇〇二年九月一日

[例文]

2003—2004学年春季第19周
(2004.6.14—2004.6.20)日程安排

日期	时间	内容	主持人	参加部门及人员	承办部门	地点
	8:30	党委会	李建	党委委员	办公室	五楼会议室
6.14 一	14:30	师资队伍建设座谈会		各系主任、书记具体时间另行通知	人事处	五楼会议室
	14:00	讨论当前工作		工会委员、工会小组长	工会	教工之家三楼
	8:10	师资队伍建设座谈会		各系主任、书记具体时间另行通知	人事处	五楼会议室
6.15 二	14:30	毕业生工作会议	王梅	各系总支正、副书记、毕业班辅导员	学生处、团委	二楼会议室
	13:00	警示教育(参观浦口监狱)		全体中层以上干部	纪委	院部门口集中
6.16 三	15:00	纪念邓小平100周年诞辰专题报告会		部分学生	宣传部、团委	梅园校区D003教室
6.17 四						
6.18 五	14:00	演讲比赛选拔赛	王梅	各系党总支书记、评委、工会干部	工会	工会活动室

(二) **总结**

总结是对本单位、本部门或个人过去一个时期或一个方面工作的系统回顾与评价,从中找出经验教训,引出规律性的东西,用于指导今后的实践的一种应用性文书。

总结一般由标题、正文、具名、日期等部分构成。

正文内容包括前言、主体、结语三部分。

前言也称引言,一般简要概述总结的依据和目的。

主体是总结的核心部分,一般由基本情况、成绩与经验、问题与教训、今后打算等组成。

基本情况。交代总结对象的概貌、工作的背景、具体任务、工作结果等,用以说明在什么情况下,完成了什么任务,采取了什么主要措施,收到什么成效。这一部分一般写得比较概括,是为了使人们对总结有个大体了解。这些内容有时与前言结合起来,有时甚至可以把它糅合在经验中写。

成绩与经验。总结工作成效,分析取得成绩的主客观原因,从而找出经验和规律,这是总结的重点,应占有比较长的篇幅。这一部分应有理有据,通过翔实的材料,切实、明确地把新的经验总结出来。有的总结中把这一部分称为基本做法或主要措施,实际上都是分析归纳取得成效的原因。

问题与教训。说明工作中存在的问题,分析原因,找出病根,以便解决问题和避免今后工作中出现类似的失误。总结既要看到成绩,也不应忽视存在的问题,因而经验教训是总结必要的组成部分。总结经验教训要有重点,要把重点放在对未来工作有指导或借鉴意义的那些方面,而不应不分主次,平均使用力量。

今后的打算和努力方向。针对工作中存在的问题提出切实有效的改进措施,提出新的奋斗目标,以表明态度。

[例文]

西北科技大学葡萄酒学院共青团工作经验总结

葡萄酒学院团工委现有十个团支部,298名团员。在校团委和院党总支的正确领导下,我院团工委高举邓小平理论伟大旗帜,按照江泽民"三个代表"重要思想的要求,抓住西部大开发、学校大发展的机遇,本着"放开"、"搞活"的工作思路,紧密围绕校团委各项工作中心,不断开拓创新,推进各项工作,领导全院团员青年积极探索,锐意创新,努力实践,在组织建设、校园文化、社会实践和大学生素质拓展等方面做了大量富有成效的工作,取得了一定的成绩。

一、强化制度,搞活形式,组织建设效果明显

1. 加强团员组织生活制度,强调组织生活纪律,使组织生活制度化。

院团工委要求每个团支部每两周召开一次组织生活,团小组至少每周不定期召开一次组织生活,结合学校、国家、社会等热点问题给出组织生活的主题进行讨论。

2. 坚持团工委、学生会干部例会制度

学院团工委每两周召开一次学生干部例会,及时了解各团支部组织生活情况,调查团员思想状况,有针对性地开展思想政治教育工作,及时解决各种思想问题,加强团工委对团支部组织生活的指导作用。

3. 加强优秀团员推荐入党工作,以党建带动团建

院团工委积极鼓励思想要求进步的团员加入党组织,并建议党组织在发展学生党员时如果是团员,必须经过团支部推荐,以此强化团支部的组织工作,培养入党积极分子。2002—2003学年,团工委共向党组织推优入党的团员达34名,学员现有学生党员46人,占学生总数的15.4%。

4. 建立以社团为单位的不定期组织生活制度,加强对社团的指导

根据社团所具有的特殊性,院团工委要求以我院学生为主的社团不定期开展组织生活,以加强社团的组织建设,同时指导社团朝着健康、规范、有特色的方向发展。

二、实施目标管理,开展丰富多彩的校园文化活动,推进大学生素质教育拓展计划

1. 根据校团委的安排,我院团工委积极修订了在1999年开始实施的《葡萄酒学院大学生技能素质培养与考核条例》,同时建立大学生目标管理体系,实施目标管理。要求每一位同学在校期间均要按照目标管理体系的要求,培养和锻炼自身的素质(当然,目标管理体系是针对整体的,对每个同学来讲,在目标管理体系的要求下,可以根据自身的特点和个人发展计划确定个体不同的培养目标)。

2. 为配合《大学生技能素质培养与考核条例》的实施,院团工委根据该条例所涉及的考核范围,开展了形式多样校园文化活动。如各类报告会、演讲赛、知识竞赛、文体比赛等20余次。这些活动从各个方面对大学生的技能素质进行了不同程度的考核,考核结果作为综合测评的依据,有些记录在案,有效地促进了大学生的素质拓展。通过这些活动的开展,培养了一大批组织管理、文艺体育、书法写作等方面的人才。如省级优秀学生干部鲁燕汶,葡萄酒爱好者协会会长王庆伟,校艺术团成员王娟、吕婧、高圆,劲爆地带协会会长胡劲光,武术协会会长彭建,校报优秀学生记者刘晓英等等。他们在学习、生活、工作中的突出表现为学院团员当中起到了很好的示范作用,引导广大团员积极培养素质,提高技能,为把自己培养成为适应当今社会发展需要的新型人才而努力。

三、加强科技创新的意识培养,提高大学生创业和服务社会的能力

1. 院团工委领导团员青年开展院村挂钩活动,传播科技知识,做先进文化的代表者和传播者。学院与张家岗村建立起长期稳定的挂钩联系,为村民提供长期的技术指导。在2002—2003学年度中,3次组织高年级学生对农民举办葡萄种植知识讲座,多次在该村的葡萄园进行修剪、采收、扦插等葡萄栽培规范的技能培训,累计共有600余人次参与,受到张家岗村民的好评。同时也让同学们受到了锻炼,把理论知识与实践活动紧密联系联系起来,达到学以致用的目的。

2. 坚持开展义务助教活动,与张家岗小学结对子,每学期安排10周时间进行义务助教活动。参与人数200余人次。

3. 利用寒、暑假,指导团员青年进行各种社会调查。2002年暑假,2002至2003年寒假,共有300多名团员进行了社会调查,全部上交了社会调查报告。在学校寒暑假社会实践报告评比中,我院共有2人次获得一等奖,4人次获得2等奖,6人次获得3等奖。

四、组织志愿者服务活动,树立为人民服务思想

1. 积极响应校团委号召,组织团员参加暑期"三下乡"活动。亓白岩等7名同学参加了2002年暑期青年志愿者服务队活动。

2. 组织假期家教服务队,对中学生进行假期课外辅导。2002年暑假,组织10名同学成立家教服务队,对30多名中学生进行了数学、英语、物理等课程的辅导,为期40天,收效良好,受到了参加辅导的中学生及其家长的赞扬。

3. 以送温暖为主题,积极开展志愿者服务活动。2002—2003学年度上学期,院团工委先后3次组织青年志愿者到阳春乡敬老院进行送温暖活动,带去同学们所捐的书籍等物资,同时打扫卫生,整理物品,为他们创造整洁的生活环境。同学们以自己的实际行动实践着全心全意为人民服务的宗旨,使老人们感受到社会主义大家庭的温暖。

4. 组织社区志愿者服务队,搞好"五个文明工程"建设。一年来,院团工委累计组织300余人次参加了社区服务活动,为创造文明宿舍、文明食堂、文明校园、文明教室做出不懈努

力,引导和教育青年团员争做文明大学生。院团工委曾被评为校五个文明工程建设优秀团工委。

"路曼曼其修远兮",共青团工作是一项长期艰巨和复杂的工作,我们将继续发扬优良传统,不断改革,不断创新,教育广大团员按照"三个代表"的要求,开拓进取,与时俱进,为开创学院、学校共青团工作的新局面而不懈努力。

葡萄酒学院团工委
二〇〇三年四月二十日

(三) 简报

简报是传递某方面信息的简短的内部小报。是国家机关、企事业单位、社会团体为汇报工作、交流经验、反映情况、沟通信息、报道动态而编发的内部常用事务文书,简短、灵活、快捷的简报又称"动态"、"简讯"、"要情"、"摘报"、"工作通讯"、"情况反映"、"情况交流"、"内部参考"等。也可以说,简报就是简要的调查报告,简要的情况报告,简要的工作报告,简要的消息报道等。

它具有简、快、新、实的特点。

常见的简报有三种:一是会议简报,二是情况简报,三是工作简报。

简报的结构可以分为报头、报核、报尾三部分。

简报的格式(模版)

简报名称
期号

编发单位　　印发日期

标题
正文

发送范围　　共印份数

[例文]

工作简报
第××期

××车站办公室编　　　　　×年×月×日

旅客赞扬我站文明礼貌服务好

我站最近陆续收到二百多封表扬信,表扬我站文明礼貌服务好。封封热情洋溢的表扬信件,有的是国际友人寄来的,有的是归国华侨写来的,更多的是国内农民、工人以及老弱病残者写的。一位五十八岁的老华侨来信说:"三月三日那天,我和妻子从××转车回香港,我妻子有心脏病,携带的东西又多,正在为上车发愁时,客运班零九号值班员主动走过来,询问我们到哪里去。她问明情况后,给我们扛行李,拎提包,一直把我们送到车上。我们非常感动,拿出三十元钱表示谢意。这位姑娘说,钱我不能收,这是我应该做的事情,我们问她叫什么名字,她只说:'我是乘务员。'"这位老华侨在信中感慨万千地说:"还是祖国好,处处有亲人。"一个法国女留学生在信中说:"三月底,我经过贵站转回北京,因天气突然变冷,我在站台上被寒风吹得直打战。一个女服务员连忙把我请到休息室,还给我端来一杯热茶。车到站后,她又帮我拎提包上车,我问她姓名,她只说是车站的服务员。"

上海宝钢总厂一个干部寄来一封信和十元钱。他在信中说:"三月十三日,我在××车站买票时发现钱不够少了十元,我焦急万分,向一位服务员讲明情况后,她毫不犹豫地掏出十元钱给我。我不知道她的姓名,只知道她是客运二班服务员,是个二十多岁的姑娘。"车站根据这一线索,查到了这位助人为乐的服务员是王爱云。

××车站是我国最大的客运站之一,过去我站曾以环境脏、秩序乱、服务态度差招致不满。在"全民文明礼貌月"中,站党委带领我站职工,把站台打扮得像一座小花园。车站还要求服务人员在接待旅客中做到"三要"、"五主动":即接待旅客要讲究礼貌,纠正旅客违章行为时要态度和蔼,处理问题要实事求是,主动迎送旅客,主动扶老携幼,主动帮助旅客解决困难,主动介绍旅行常识,主动征求旅客意见。所以不少过往我站的旅客都称赞我站确实变了。

希望我站广大职工继续努力,为建设我站社会主义物质文明和精神文明做出新贡献。
(××供稿)

发送范围:车站全体职工　　　　　　　　　　　　　　　　　　　共印:××份

(四) 调查报告

调查报告是根据调查研究成果写成的反映事物客观规律的书面报告。
调查报告惯用的结构由标题、序言、主体、结尾组成。
[例文]

问世间情为何物
——对大学生恋爱观的调查
黄素青　陈秀伍　丽　霞

二十年的花样年华,众多的大学生情侣已是见惯不怪。前不久,笔者对暨南大学一定数量的学生进行了一次问卷调查,发现绝大多数的大学生都想甚至很想谈一次恋爱。那么,他们究竟为什么会对爱情如此渴望呢?而当代大学生的爱情观究竟是怎么样的呢?从这次典型的调查中我们不难看出一些存在的趋势和问题。

一、心与爱

相爱是件幸福的事,可发生在大学校园却未必。首先,据问卷调查表明,有35%的家长是介意自己女儿在大学期间拍拖的,所以不少的情侣都感到他们是在"偷情"。其次,在恋爱期间,被调查者中有33%的人也偶尔会担心。可见心理压力绝对是个问题。而据社会不完全统计表明,大学恋爱的最终成功率微乎其微,绝大多数都是以分手为结局的。而在被调查的未恋爱者中,有90%的人是从未谈过恋爱的。今天,冲破高考这张网,想或很想谈恋爱的人各占50%,他们整天在情感的边缘徘徊。那一颗恋爱着的心或是想谈恋爱的心都只能导致对学业的不尽心,所以爱与不爱都很担心。

二、学与爱

在大学期间,学业与爱情是永恒的矛盾。而在调查中我们发现,仅有少数人认为大学生谈恋爱会对学业造成不良影响。反而有64%在谈恋爱的人认为恋爱有利于学业。不少大学生认为虽然恋爱会花去一定的时间与精力,但对于孤身在外的他们来说是对心灵的一种寄托。他们在恋爱中找到归属感。所以他们会静下心来为前途着想,毕竟人总是有着生存的本能。所以他们说为了心爱的人、为了他们共同的理想及憧憬他们会互勉共进、共同探讨成功之道。这表明大学生恋爱,若是能够有足够的动力去把握住,并以积极的人生观和价值观去指导它的话,也不失为促进学业的一大动力。

三、钱与爱

改革开放的浪潮推动着全国的经济文化不断发展。对外开放泥沙俱下,其中不乏人们物欲的增强。人生永恒的主题"爱情"是否也因此而"变质"呢?当代大学生是如何看待金钱在爱情中扮演的角色的?调查资料显示,仅有7.7%的大学生觉得需要考虑对方经济条件,而92.3%的大学生觉得爱就爱,为什么要讲金钱。而在每个月开支中男友(女友)占自己花费的大部分的仅有8%,占一半的有17%,很少部分的50%,没有的占25%。从这份调查结果不难看出金钱在大部分大学生的爱情中几乎是可以"忽略不计"的,物欲的增长没有对在校学生的爱情造成太大的侵蚀。爱情是一种感觉,尤其在许多大学生的眼里,她至真至纯,不含任何世俗的杂质。

四、性与爱

只要耳目稍灵的人们都知道,大学生的性爱问题已是不容回避的大问题了。中国的未婚先孕率呈直线上升,其中女大学生又为数不少,每年都有不少高校为此类问题处分甚至开除学生。这"禁果"真的对众大学生们有如此之大的吸引力吗?调查中发现,认为大学生性关系"很平常"与"绝不可以"的人数持平,各占41.7%。而7%的人表示可以"勉强接受"。六七十年代的念大学的前辈们可能会大叹世风日下,然而在各个领域高呼"改革开放"的今天,大学生的性观念也在迅速开放。二十岁的花样年华,人生血气方刚。"情到浓时"则不能自持,性与爱挂钩,多少也说明了当代大学生的爱情价值观的巨大改变。我们是很难说这是利大于弊或弊大于利。只是绝大多数大学生认为只要不出"问题"是不必负责任的。而大学校园里多不胜数的"安全套发放器"与因"作风"问题开除学生的事件比较又不难看出校方的坚决反对和无奈。看来,面对大学生的日益开放性领域引起的众多问题,必须全社会齐心协力展开"思想攻势"才能解决。

综上所述,大学生都渴望在美好的四年大学生活中轰轰烈烈地谈一次恋爱。尽管部分大学生面临家庭阻力,尽管性爱观念有待端正;但大学生谈恋爱不考虑金钱,不影响学业,这些已成为绝大多数大学生恋爱观的一部分。如果大学生能够以端正的态度去对待它,爱而不迷,专而不痴,找一个志同道合的人来谈一场纯纯美美意味隽永的恋爱又何妨!

(此为学生作业,后刊登在校报《暨南大学》第330期)

(五) 产品说明书

说明书是一种以说明为主要表达方式,对客观事物或者事理做具体、平实、客观、全面、系统的说明或介绍,能使读者了解被说明对象的用途、性能、使用和保养方法等相应常识和信息的实用性文体。

说明书是向使用者传递商品信息和说明有关问题的重要工具,它对客观事物的性质、状态、特征、成因、构造、构成及功能等方面,进行全面介绍,能帮助我们正确理解和使用产品。

[例文]

喜乐牌吸风熨衣板产品说明书

喜乐牌家用吸风熨衣板,适合于家庭、医院、幼儿园、集体宿舍及服装缝纫店使用。

主要特征:

(一)使即洗即干成为可能,洗衣、熨衣不再是您想象中那么麻烦

(二)台板内安装了吸风装置

1. 风能吸住衣服,使熨烫方便快捷,熨烫过程中,衣服很容易地摊平在台板上,熨烫衣服不容易从熨烫面上滑下来。

2. 风能吸走潮气,能有干燥衣服的作用。

3. 台板内的吸风装置还可以转换为吹风状态,能产生"气垫"效果,使熨烫更方便,特别适合丝绸等轻薄衣服的熨烫。

(三)特意设计的长方形台板,衣服可以穿在上面熨烫,由于台板宽度与衣背宽度相仿,使前襟、后背、肩均可穿在上面,更方便熨烫。

(四)支架可以折叠,并可站立存放。

采用标准:QB/T 2322—80,专利号:ZL 0 1 234567　生产厂:天地熨衣板厂

地址:北京市光明路5号

电话/传真:010-12345678　邮编:100001

联系人:钟苗

公司:天地公司

电话:(010)87654321

传真:(010)24681357

地址:北京市光明路5号

(六)广告

广告是通过一定的传播媒介,公开而广泛地向公众传递某一信息或宣传某一事项所使用的文书。

[例文]

书与酒

价格相同,价值不同

一套书的价格只相当于一瓶酒,但价值及效用部分都大为不相同。尤其,花一瓶酒的代价,买一套最新的管理知识和有效的管理技巧,使你的企业能够提高效率,增加利润,快速成长,无论如何都是值得的。

因为,酒香,固然令人扑鼻陶醉,但不过是短暂,刹那的美妙。

书香,咀嚼品味,历久弥新,源远流长。

一本好书,能为你带来智慧与启示,让你解惑去忧,触类旁通,左右逢源。

所以,与其花钱买醉,不如斗室藏书。《企业管理百科全书》,正是为每一位经营者准备的,它是140位经理、学者智慧的结晶。拥有一套《企业管理百科全书》,是对付经济不景气与同业竞争最有利的武器。

（七）自荐信

一份自荐信应包括：标题、称谓、自我介绍和自我推荐、祝颂语、落款等。

[例文]

自荐信

尊敬的贵公司领导：

  您好！

  非常感谢您在百忙中抽空审阅我的求职信，给予我毛遂自荐的机会。作为一名土木工程（路桥）专业的应届毕业生，我热爱土木工程专业并为其投入了巨大的热情和精力。在几年的学习生活中，系统学习了_____等专业知识，通过实习积累了丰富的工作经验。

  大学期间，本人始终积极向上、奋发进取，在各方面都取得长足的发展，全面提高了自己的综合素质。曾担任过校学生会主席和团委书记等职。在工作上我能做到勤勤恳恳，认真负责，精心组织，力求做到最好。多次被评为"校级优秀学生干部"、"校级优秀团干"，学习成绩优秀，连续三年获得一等奖学金，并被评为校级优秀毕业生。

  一系列的组织工作让我积累了宝贵的社会工作经验，使我学会了思考，学会了做人，学会了如何与人共事，锻炼了组织能力和沟通、协调能力，培养了吃苦耐劳、乐于奉献、关心集体、务实求进的思想。沉甸甸的过去，正是为了单位未来的发展而蕴积。我的将来，正准备为贵公司辉煌的将来而贡献、拼搏！如蒙不弃，请贵公司来电查询，给予我一个接触贵公司的机会。

  感谢您在百忙之中给予我的关注，愿贵公司事业蒸蒸日上，屡创佳绩，祝您的事业百尺竿头，更进一步！殷切盼望您的佳音，谢谢！

  此致

敬礼

应聘人：××
×××年××月×日

（八）条例（规则、规定、办法）

条例（规则、规定、办法）是各级党政机关、社会团体、企事业单位规范某方面工作的制约性实用文。

[例文]

××大学图书馆规则

一、凡进入本馆阅览者，一律凭本人身份证或借阅证领取座位号对号入座，离室时，须交回座位号。

二、本室期刊、报纸分开架和闭架借阅两种方式。开架报刊，读者可自由取阅，每次只限取三册，阅后必须按排架号放回原处，不得乱扔乱放。

三、开架报纸每月换一次，凡下架散报不再借阅。

四、报纸合订本及内部资料，一律凭身份证或借阅证借阅。

五、本室闭架期刊和合订本期刊一律凭本人借阅证对口借阅。

××大学图书馆
××××年×月×日

(九) 消息

即狭义的新闻,它是对新近发生的有社会意义并引起公众兴趣的事实的简短报道。

[例文]

成都市贸促会第四届代表大会召开

昨日下午,中国国际贸易促进委员会成都分会第四届代表大会在锦江宾馆隆重举行。省委常委、市委书记李春城,市委副书记、市长葛红林向大会发来贺信。中国贸促会副秘书长、会务部部长于晓东,省贸促会会长李钢,市委常委黄建发,副市长王忠林等出席大会。【主要事实,导语】

李春城、葛红林在贺电中代表市委、市政府向大会致以热烈祝贺。贺信中说,希望市贸促会(市博览局)紧紧围绕市委总体战略的实施,抢抓机遇、开拓进取,不断拓展外经贸工作领域和空间,打造更多更高端的品牌会展。会上,王忠林在讲话中肯定了过去六年来全市贸促和会展部门的工作,随后他指出,为全力推动我市会展贸促工作再上新台阶,应充分认识新形势、新机遇、新挑战,切实增强责任感和使命感,全面实施"专业化、品牌化、国际化"战略,加快推进会展工作追赶型跨越式发展,同时,要加强会展贸促软实力建设,不断提高队伍素质。【细节上的东西,一般就是领导的讲话之类的。主体】

会议选举产生了市贸促会第四届委员会会长陈琳和副会长刘红钢、刘淑华、王欣,并产生了新一届委员110人。省市有关部门、区(市)县、行业协会、市级重点外经贸、会展企业代表近200人参加了昨日的会议。【次要事实】

(十) 征文启事

它是报刊或机构向作者征求文稿的应用文,一般由标题、正文、落款三部分组成。

[例文]

征稿启事

中国梦,美好的梦。一个没有梦的人是没有前途的,而大学生正值青春年华,未来充满无限可能。为提高同学们的文学素养及写作能力,营造良好的校园文化氛围,校团委决定现举行征文活动,面向全体同学征稿:

一、以"壮丽青春中国梦"为主题,体裁不限,字数在800—1000字之间。

二、来稿请于×月×日之前送校学生会。地址:1号教学楼五楼,校学生会办公室。电话:××××××。传真:××××××。

三、截稿后将请本校文学院老师组成评委会评出结果,评选结果将于×月×日上午公布。

欢迎全校同学踊跃来稿。

校团委
××年×月×日

中编　阅读鉴赏

第三章　现代文阅读

现代文阅读理解近年已由早先的表达题改为完全考查选择题,或以选择题为主,这就大大降低了考试难度,差不多成了全卷最容易作答的一个部分。

现代文阅读理解,靠的是积累与熟练。

第一节　理解词语

一般地说,测试词语的含义,往往不是词典中所解释的"规范"的意思,而是文章中的具体义项。所以,应先明确以下几个概念:

1. 语境义

与词典义相对而言的,指词语在具体语言环境中的含义。如:

太阳在亿万年的历史长河中忠于职守地为地球提供着能量,它的能源是什么?这是一个催人探索的问题。在相对论出现之前,人们解释说太阳内部的物质燃烧而释放出能量。相对论诞生后,则解释为原子核的聚变和裂变产生出的巨大能量。这两种解释使人类面临的抉择都将是"痛苦"的。

"人类面临的抉择都将是'痛苦'的","痛苦"是指　　　　　　　　　　(　　)

A. 太阳总有一天会从我们的太空消逝。

B. 太阳能源的问题得不到解决,宇宙将失去光明。

C. "内部物质燃烧"与"相对论"都意味着人类的灭亡。

D. 必须离开地球故乡,去寻找新的太阳。

从词典中,可查出"痛苦"是指身体或精神感到非常难受,与四个备选项均不相同,可见这道题考查的是语境义。实质上要求解释的已突破了"痛苦"一词本身的含义,扩展到了"产生痛苦的原因"这一范围了。当然我们可以看 A 是直接原因,而 BCD 则是 A 引发的结果,所以该选 A 项。

2. 多义词、多义短语各个义项的区别

多义词本身包括基本义、引申义或比喻义等多个义项,在具体的语言环境中,只能选用一个义项,那么究竟哪个义项是它此时的意义,则是由上下文关系决定的。它与语境义不同之处在于,语境义是词典中根本没有的那个义项,它的含义是在那个语境中临时具有的,不具有普遍性。而多义词则不同,它在词典中就有那么多个义项,而究竟选用哪个义项,是由语境决定的。如:

对下列句中"文字"的正确理解是:

句一,古代是很讲究文字简洁、干净、利落的。

句二,全部否定传统的语言文字、文学。

句三,文言文中的词汇和文字表现力等还在不断地丰富现代汉语。
A. 语言运用的风格　　　　　B. 写作运用的语言
C. 记录语言的符号　　　　　D. 连缀成篇的文章
答:句一中的"文字"指_____;句二中的"文字"指_____;句三中的文字指_____。

"文字"的基本含义是"记录和传达语言的符号",又引申为"写作运用的语言"和"连缀成篇的文章"。这道题正是要求根据上下文选择出合适的义项。

3. 指代义

指代义是指在一篇文章中某些词语指代的具体内容或含义,它包括两种情况,一种是代词的指代义。如:

(1) 更为重要的是,四角龙的头角上有个骨架,穿越颞孔的咀嚼肌像兽孔那样直接依附其上,而不像盘龙那样由肌腱相接。

文中的"其"字指代的是　　　　　　　　　　　　　　　　　　　　(　)
A. 四角龙的头角　　　　　B. 头角上的骨架
C. 被穿越的颞孔　　　　　D. 穿越颞孔的肌肉

这种指代性的词语大多指代该词前面相邻的内容。这种内容有时是一句话,有时是词或短语。

另一种是非代词的指代义。如:

(2) 表现生活的横断面,曾经被视为短篇小说区别于中长篇小说的一个基本特征。可是,文艺实践早已证明,描写人生的纵切面,同样可以运用短篇小说的艺术形式。茅盾是比较主张短篇小说表现横断面的。但是,他正视事实,公正地指出:"把主人公在相当长时期内的一段生活概括地写出来,也是短篇小说的一种表现方法。"

"正视事实"的"事实"指什么?将有关语句摘抄下来。

(1)(2)两道题都考词语的指代义,所不同的是(1)题考代词的指代义,采用判断选择题型,(2)题考非代词的指代义,采用填空题型。一般来说词语指代义均可在原文中找到,代词的指代义应在邻近处寻找,而非代词的指代义则不限于邻近处。

【方法】

1. 对词语的语境义要正确理解上下文,不要受词典义的限制,或者当尝试用词典义解释不通时,就要尝试语境义。

2. 词语比喻含义的理解与确认要从分析喻体与本体的相似性入手,寻找比喻的本体是正确解题的关键。

3. 词语的引申义、临时义、隐含义、概括义的理解,要注意从整体阅读理解的角度出发,将词语放在特定的语境中去分析,在明确词语所在的语句的句意、所在段落含义、所在语段前后关系的基础上理解词语。

4. 词语的指代义的确定必须紧扣上下文的内容,要注意指代内容有近距离指代,也有远距离指代。对有些指代性词语还应特别注意其前后指代是否一致、范围是否统一等,有时指代内容没有现成词语可供使用,需要对文章进行分析、归纳和综合。

【示例】

1. 结合语境分析词义。

例：一时期的风气经过长期而能保持，没有根本的变动，那就是传统。传统有惰性，不肯变，而事物的演化又使它不得不以变应变，于是产生了一个相反相成的现象。传统不肯变，因此惰性形成习惯，习惯升为规律，把常然作为当然和必然。传统不得不变，因此规律、习惯不断地相机破例，实际上做出种种妥协，来迁就事物的演变。它把规律解释得宽，可以收容新风气，免得因对抗而动摇地位。

"相机破例"一词在文中的意思是 （　　）

A. 把握时机，委曲求全。　　B. 顺应形势，改变常规。
C. 等待机会，破除习惯。　　D. 因势利导，不拘一格。

【解析】 此题是考查对具体词语的理解。"相机"的本义是指察看具体情况办事。根据上下文，"事物的演化又使它不得不以变应变"，"实际上做出种种妥协"，可以推断出："相机"不是主动地把握时机，而是被动地顺应形势。答案为B。

2. 抓住文中关键信息，分析词义。

书籍是会提高人的，从野蛮到文明，从庸俗到崇高。高尔基曾这样说过："每一本书都是一个小小的梯子，我向这上面爬着，从兽类到人类，走到更为理想的境地，走到那种生活的憧憬的路上来了。"

"兽类"的含义：_____

"兽类"的作用：_____

【解析】 此题是考查词语的具体含义及在文中的作用。首先要抓住文中的关键信息"从野蛮到文明，从庸俗到崇高"、"从兽类到人类"，经过对应分析，可以理解为："兽类"是指"野蛮、庸俗"，"人类"是指"文明、崇高"。理解"兽类"的作用，实质是理解这个词语使用的好处，具体好在哪里。一般说来，应该到段首的论点上找，论点是"书籍是会提高人的"，则可理解为：更形象地突出书籍的作用。

【练习题】

1. 阅读下面文字，完成文后各题。

人要活出点"境界"

王国维先生在《人间词话》中说："词以境界为最上，有境界自成高格，自有名句。"其实，岂但词如此，人生亦然。

凡是人，只要那生命之火不灭都可以称作"活"。但同是活着，活的追求、活的方式、活的感觉、活的价值……一句话，活的境界却大相径庭。像恩格斯说过的"有所作为"是一种活的境界，像孔子的得意门生颜回那样"一箪食，一瓢饮，居陋巷。人不堪其忧，回也不改其乐"，也是一种活的境界。一个"境界"的有无和高低，说到底就是看他的生活信念、精神、旨趣是否高尚，是否够"品位"。

人活着不容易，而要活出点"境界"就更难。一阕好词，不管是"娇软柔媚"的花间派，还是"铁板铜琶"的豪放派，确实写出境界的往往只有几句话，甚或只是几个字。"红杏枝头春意闹"，著一"闹"字，而境界全出。人生在世，不管男女长幼，还是士农工商，确能活出境界的也多是在异乎寻常的考验面前，富贵不淫，贫贱不移，威武不屈。"大丈夫"的境界也就历历在目了。境界之难能,就表现在一个人做了常人很少、很难做到的事,难以舍弃的东西他舍弃得掉,难以抗拒的诱惑他抗拒得住,难以忍受的苦痛他忍受得了;境界之可贵就表现在当一个人做到了这一切的时候又是那般自然而不牵强,自矜而不炫耀。

大手笔的词家写出感伤时事、忧国忧民的严肃之作催人泪下,写起人倚兰舟、小桥流水的遣兴小令也同样意味隽永。有境界的人所展示的并不限于瞬间的辉煌,他能在瓮牖绳床中体验到生之快乐,在颠前踬后中保持活的尊严,在喧嚣中找到宁静,在荒凉中寻到绿洲。

"天不为人之恶寒而辍冬,地不为人之恶辽远而辍广,君子不为小人之匈匈而辍行。"你高兴也罢,不高兴也罢,客观环境就那样,不会因为你忤意了,它就改变了,不存在了,不该变也变;也不会因为你顺意了,它就凝固了,不更替了,该变也不变。生活似镜,你笑它"笑",你哭它"哭",是"笑",还是"哭",归根结底取决于你的主观态度,取决于你的境界。

(1) 第四自然段中的"瓮牖绳床"和"颠前踬后"分别形容什么情况?

"瓮牖绳床"形容_____

"颠前踬后"形容_____

(2) 第五自然段中说,"生活似镜,你笑它'笑',你哭它'哭'",对这句话的正确理解是
( )

A. 客观环境的好坏取决于人的境界的高低

B. 客观环境的好坏决定了人的境界的高低

C. 人的境界的高低决定了生活的状态

D. 人的境界的高低反映了生活的状态

(3) 文中多处用"词的境界"来比喻"人的境界"。结合上下文,说说下面两段话所表达的意义。

①"红杏枝头春意闹",著一"闹"字,而境界全出。这句话比喻_____
_____(不超过25字)

②"大手笔的词家写出感伤时事、忧国忧民的严肃之作催人泪下,写起人倚兰舟、小桥流水的遣兴小令也同样意味隽永。"这句话比喻_____
_____(不超过35字)

(4) 下列画线的"境界"在句中的意义相同的一组是 ( )

① 同是活着,活的追求、活的方式、活的感觉、活的价值……一句话,活的<u>境界</u>却大相径庭。

② 人活着不容易,而要活出点"<u>境界</u>"就更难。

③ 有<u>境界</u>的人所展示的并不限于瞬间的辉煌。

④ 是"笑"还是"哭",归根结底取决于你的主观态度,取决于你的<u>境界</u>。

A. ①②③　　　B. ①②④　　　C. ②③　　　D. ③④

2. 阅读下面文章,回答后面的题目。

残 荷

再去那荷田,就只剩下了一旋儿叹息了。花开过,莲蓬采过,那些遮天蔽日的青荷也大都折戟沉沙,栽到泥水中了。只有几茎残荷在秋风中坚守,不胜褴褛。人说,荷老了,真的老了。"小荷才露尖尖角"的时候,你为什么不来?"接天莲叶无穷碧,映日荷花别样红"的时

候,你为什么不来?

我也弄不清怎么就把这一年一度的荷给忘了,忘得如此干干净净。那些亭亭玉立的青荷,是不是见我久期不至,才纷纷凋损、委顿的呢?那几茎残荷无疑是坚守着,向我传递最后的信息了。

残荷无言,而我心领神会。

残荷不再美丽,不再青春焕发娇姿妩媚,也不再以那一晕又一晕粉红的花,润出一片风采。人说,残荷老了,生命留给她的大概就只有怀旧、忏悔与叹息了吧。

然而,残荷依然坚挺,在砭人的冷风中抗争着,不肯折腰攒眉,更不肯跪倒于地,那张破旧的残叶在秋天依然是一面旗帜,顽强地展示生存与睿智。直到有一天,人们从残荷的根部掘出一弧又一弧白藕,才惊叹不已,那破败的残荷原来是最富有的哩。她抵死不渝守候着的便是她一生积聚起来的最珍贵的东西啊!

(1)"再去那荷田,就只剩下了一旋儿叹息了"和"残荷老了……忏悔与叹息了吧"两句中:

① 其中两个"叹息"的内容是否相同? ② 含义是什么?

(2)"那几茎残荷……向我传递最后的信息了"一句中,这"最后的信息"指的是什么?

【参考答案】

1. (1) 形容生活贫困　形容处境艰难或遭受挫折、失败　(2) C　(3) ① 经受得住异乎寻常的考验才能活出境界　② 有境界的人在任何情况下都能保持高尚的生活信念和精神旨趣　(4) C

2. (1) ① 不同　② a. "我"叹息错过了荷花盛开时的最佳赏荷期。b. 人们认为荷花叹息自己老了。　(2) ① 荷老了。　② 残荷顽强地展示生存与睿智。　③ 残荷是最富有的。

第二节　解释文句

在主观卷的现代文阅读中对句意理解考查,其题型为选择题。其考查范围往往是给定的现代文中某些句子的含义或作用。命题者常常选取原文中含意深邃且较为隐晦的话——它具有潜在义、引申义、双关义、多重义等等,要求考生做出正确的理解或阐述。

解答这类试题必须要结合语境瞻前顾后,披文入理,据其语句、词形,深入体会。

1. 重要的句子通常有如下几种情况

（1）一是指文章或段落的中心句。一般来说，由一正一反两层意思组成的段落，正面的意思为中心句；由总分结构组成的段落，总说是中心句；由因果关系组成的段落，结果是中心句；由转折关系句子组成的段落，转折后的是中心句；段落内句子之间是层层深入关系的，归纳是中心句；按一定的思路顺序围绕一个中心去写的，这个中心就是中心句。把握文章或段落的中心句，有助于更好地领会文章的思想内容。

（2）能帮助理解整个文章主题思想或脉络层次的句子，如"文眼"或"诗眼"。

（3）内涵丰富的句子。解题过程中要注意其本义与比喻义或本义与指代义。

（4）意思较为含蓄的句子。

（5）结构较复杂的句子。解题过程中要采用紧缩的方法，抓住句子的主干，撇开次要的、附加的成分。

2. 重要语句的位置有下面几种情况

（1）在文章的开头。如朱自清先生的《荷塘月色》的第一句："这几天心里颇不宁静。"

（2）在文章的中间。如林默涵同志的《说"小"》一文，第三自然段中有这么一句："一切伟大的工作，都是由许多细小的工作结合而成的。"这句话类似于胡绳的《想和做》中的"想，要靠做来证明；做，要靠想来指导"（文中单列一段，作为过渡段），可以作为理解全文的"文眼"。

（3）在文章的结尾。如李健吾的《雨中登泰山》："有雨趣而无淋漓之苦。"准确地概括出作者雨中登泰山的独特感受。

（4）也有些重要句子分散在文中，必须将它们找出来综合理解。

3. 理解并解释文中重要句子的技巧

（1）抓住句子的修饰语。句子按其结构成分，有主语、谓语、宾语等主干，也会有定语、状语、补语等表示修饰、限制的成分，这些表示修饰、限制的成分在一定程度上起着揭示句子内涵的作用。

（2）抓住句子在语段中的地位。重要的句子往往在文章中或语段中起关键作用。理解并解释它时，必须注意它本身的结构和限制、修饰成分，同时必须考虑它在文章中处于什么地位。

如果说句子在文章、语段中是起着总起的作用，那么理解、解释它时就必须从它所领起的那些内容去看，去分析。如果句子在文章、语段中是起过渡、承上启下的作用，那就要注意审视上下文段的意思。如果句子在文章、语段中是起小结的作用，那么理解、解释时就必须从它的上文去看，去找相关的信息。总之，要抓住句子的"管辖"范围，从句子的管区内寻找答案。

（3）抓住相邻句，把握句子的语言背景材料。现代文阅读试题，关于句子的理解，有些设问的句子既不在文、段开头起总起作用，也不在文、段结尾起小结作用，而是在文章或者语段中间，对文章起着一定作用。对这种句子的理解，特别要抓住这个句子所在的语段进行分析，重点是看与这个句子相邻的上下句，其中往往隐含着解题的信息。此外还可以结合中心思想来理解句意，中心思想渗透在文章的各个部分，任何一个关键句子都与中心思想有着这样那样的联系；还可以结合社会背景来理解句意，社会背景与作品反映的内容、作者写作的目的有着密切的关系；还可以从表达方式入手分析句意，比如记叙文中的议论往往起着画龙点睛、揭示记叙的目的意义的作用,议论文中的记叙往往作为例证出现,证明论点,说明文中的描写,或再现对象特征,或以文艺性笔调起点染作品使之生动的作用。

【示例】 分析句子的主干,浓缩句意。

比如在美国栽种的那种能抗虫害的玉米和棉花,可能加快出现一些更难对付的害虫。这类作物的所有分子都分泌出一些微量的"杀虫药",一种像任何一种农药一样能选择杀死某些害虫的"雾剂"。

对画线部分理解正确的是 （　　）

A. 新害虫的出现与能抗虫害作物分泌的雾剂污染环境有关

B. 美国的那种转基因的玉米和棉花品种是无法对付害虫的

C. 能抗虫害的玉米和棉花可能促使更不容易杀死的害虫出现

D. 那种能抗虫害的作物,在抗虫害的同时,又保护了一些害虫

【解析】 此题是考查画线句子的意思。理解句意常用的方法就是提炼句子的主干,压缩句意,把选项与原句进行对照。

原句主干:玉米和棉花[可能]加快出现害虫。

选项主干:A. 害虫的出现与环境有关

B. 玉米和棉花无法对付害虫

C. 玉米和棉花[可能]促使害虫出现

D. 作物既抗虫害,又保护害虫

可以简明地看清原句有两个意思:"玉米和棉花导致出现害虫"并且这只是"可能"。在四个选项中,A、D项相差太远;B项是说无法对付害虫,实际上,害虫还未出现。所以,答案选C。

【示例】 抓住中心,对应排除。

有的同志说,学文言文对学生作文有帮助,不但是没有坏影响,不会"不文不白",倒大有好处:点缀一点文言词语,套用一些文言句法,很有滋味。听口气,大有非此不可的味道,虽然没有说得这么明白。当然,我不否认学习文言在一定程度上对白话文的写作有帮助,帮助表现在两个方面:篇章和语言。这也可以说是对现代作家的一种批评。为什么这些不能从现代作品中学到,还要到老祖宗那儿去讨救兵呢?

"这也可以说是对现代作家的一种批评",此话的意思是 （　　）

A. 现代记者、作家受到批评,是因为他们滥用文言词语,影响很坏

B. 学习写白话文而必须求助于文言文,这说明某些现代作品的不足

C. 在篇章和语言方面,现代作品没有经过时间的筛选,不如古代作品

D. 白话语言没有滋味,虽然没有明说,实质上是对他们的一种批评

【解析】 此题考查的是正确理解句子的内涵。解此题需要弄清楚画线的句子在原文中的意思究竟是什么。从原文看,发言者认为学习文言文对白话文写作有帮助,帮助主要表现在篇章和语言两方面。这两方面本来完全可以从现代作品中学到,现在却要到老祖宗那儿去学,责任自然在我们现代的某些作家身上了。明白了这层意思,再对照选项,自然非 B 项莫属。

【练习题】

阅读下面一段文字,完成1~4题。

从古人各种著作里收集自己诗歌的材料和词句,从古人的诗里孳生出自己的诗来。把书架子和书箱砌成了一座象牙之塔,偶尔向人生现实居高临远凭栏远眺一番,内容就愈来愈贫薄,形式也愈变愈严密。偏重形式的古典主义发达到极端,可以使作者丧失对具体事物的感受性,对外界视而不见,恰像玻璃缸里的金鱼,生活在一种透明的隔离状态里。据说在文艺复兴时代那些人文主义作家沉浸在古典文学里,一味讲究风格和辞藻,虽然接触到事物,心目间并没有事物的印象,只浮动着古罗马大诗人的好词佳句。我们古代的批评家也指出相同的现象:"人于顺逆境遇所动情思,皆是诗材;子美之诗多得于此。人不能然,失却好诗;及至作诗,了无意思,唯学古人句样而已。"这是讲明代的"七子",宋诗的病情还远不至于那么沉重:不过它的病象已经显明。譬如宋有个师法陶潜的陈渊,他在旅行诗里就说:"渊明已黄壤,诗语余奇趣;我行田野间,举目辄相遇。谁云古人远,正是无来去!"陶潜当然是大诗人,但是假如陈渊觉得一眼望出去都是六七百年前陶潜所歌咏的情景,那未必证明陶潜的意境包容得很广阔,而也许只表示自己的心眼给陶潜限制得很褊狭。这种对文艺作品的敏感,只造成了对现实事物的盲点,同时也会变为对文艺作品的幻觉,因为它一方面目不转睛,只注视着陶潜,在陶潜诗境以外的东西都领略不到;而另一方面可以白昼见鬼,影响附会,在陶潜的诗里看出陶潜本人梦想不到的东西。这在文艺鉴赏里并不是稀罕的症候。

(节选自钱钟书《〈宋诗选注〉序》)

1. 对下面句中"影响"的解释正确的两项是 （　　）
……而另一方面可以白昼见鬼,影响附会……
A. 对别人的思想或行动起作用
B. 对别人或事物所起的作用
C. 就是指上文的"白昼见鬼"
D. 捏造事实
E. 毫无根据地

2. 请用文中的词语,填充空线处,注意前后衔接。(不超过13字)
文中用"象牙之塔"和"玻璃缸里的金鱼"作喻,来说明当时_____的现象。

3. "这种对文艺作品的敏感,只造成了对现实事物的盲点"的含义是什么?(不超过30个字)

4. 文中举出南宋陈渊的例子,是为了论证什么观点?

【参考答案】
1. C、E
2. 作者生活在一种隔离状态里(或"作者远离生活")
3. 对古代诗歌穿凿附会的理解,造成对现实事物视而不见的现象。
4. 宋诗脱离生活,唯学古人句样的病象已经很明显(或"宋诗的病象已经很明显了")。

第三节 归纳概括

1. 分析归纳内容要点、概括中心思想的途径

(1) 通读全文,了解文章的基本内容。读记叙文要搞清楚文中写的什么人、记的什么事,从分析人物和事件中探求中心思想。读议论文要抓住文章的中心论点。读说明文要弄清说明对象,领会文章的作用。

(2) 分析文章结构。文章安排段落、层次是为了表达中心。段落划分出来了,段意归纳出来了,把各段意思概括起来,便能归纳概括出中心思想。

(3) 注意抓住各段的中心句,各段的中心句往往是要点。对没有中心句的段落,要分析语句间的关系,分析把握其内容的重点。

(4) 分析文章的小标题或题目。

(5) 分析文章的议论或抒情成分。记叙性文章特别是散文,作者常通过议论或抒情来表达自己的观点,抓住了这个观点,也就把握了中心思想。

(6) 了解作者的写作背景、写作意图,有助于中心思想的概括。

2. 分析概括作者的观点和态度的基本方法

准确、全面地把握一篇文章的观点和态度,要在确定文章体裁特点的基础上,对每篇文章的具体内容做具体分析。有分析和归纳,才谈得上是全面、准确的理解和把握。一般情况下,论说文的论点或分论点就是作者所要阐明的观点,但杂文要相对复杂,说明文虽然侧重于客观地说明物象或事理,但也有作者具体的观点和态度;而记叙文和散文的观点则较难把握,一定得通过对事件、形象、意境等的深入分析,才能显现其主题和作者所表达的思想情感。这里必须强调一点:任何体例的文章中,总有一些显示作者观点和态度的关键段、关键句、关键词,阅读时只要站在全篇的高度将它们找出来,恰当地糅合整理,是有助于分析、把握文中作者的观点和态度的。

要想用简明而准确的文字表述文章的观点,首先必须精读全篇,通过分析归纳,找准文中能回答问题的关键段落和重要语句,这是准确表述的基础。再者,必须认真剖析试题的题干,注意命题者的提示性语言,正确理解命题意图。最后,对整理出来的文字信息按字数进行加工、精化。

3. 分析、归纳和概括的技巧

(1) 从核心词句角度思考

如果是单句,要注意从句子结构入手;如果是复句、句群,就要注意句与句之间的关系;如果是文段、文章,可以从标点入手或从分层次入手,通过分析找出文中(或句中)关键词句或核心词句,也就是能体现文段(或句)主要观点、思想内容的词句,用文中现成的词句来概括,准确而又省力。

(2) 从结构、对应处思考

遇到抽象的内容如何阐发?关键在于紧扣内容,抓住概念的内涵,把它用通俗明白的语言表达出来,使抽象的变为具体的。这项工作的基本原则是准确、具体,最基本的方法是注意分析句子、词语的结构关系,搞清楚它们前后的联系,并且理顺它们的关系。同时应注意分析它们的对应关系,注意与题目要求对应,依据对应关系,从原文中寻找相应语句,从而找出答案。

(3) 运用文体特点进行思考

说明文体应注意其说明对象、特征,如果有多个对象,则应注意相同点、相异点。记叙文体,应注意记叙的对象,干什么、什么事,通过记叙体现了什么、说明了什么。议论文体,应注意作者主张什么、反对什么,证明一个什么道理。

4. 分析、归纳、概括的原则

要整体把握,从全文出发,既高瞻远瞩、不偏不漏,又不纠缠细枝末节。同时,在分析概括时还可以注意以下几个方面:

(1) 注意作品的时代背景。
(2) 提高思想素质,运用生活经验。
(3) 质疑文章的各个方面。

当然,分析概括是阅读的重点,也是难点。下面我们介绍几种方法:

(1) 人物事件概括。
(2) 抽象概括。
(3) 分解综合概括。

【示例】 根据重要信息去把握。

翻开桐城派正宗的《古文辞类纂》来看,曰论辩,曰序跋,曰奏议……一直到辞赋哀祭之类,它的内容可真富丽错综,活像一部二十四史零售的百货商店。这一部《古文辞类纂》之所以风行二百余年,到现在还有人感激涕零的理由,一半虽在它的材料的丰富,但一半也在它的分门别类,能以一个类名来决定内容。但言为心声,人心不同又各如其面,想以外形的类似而来断定内容的全同,是等于医生以穿在外面的衣服来推论人体的组织;我们不必引用近代修辞的分类来与它对比,就有点觉得靠不住了。

对于《古文辞类纂》,作者的看法是什么?(不超过48个字)

【解析】 此题是考查判定作者的观点和态度。先找出作者对这本书的态度,作者认为对这部书"不必感激涕零",认为它"靠不住",作者持明显的贬低态度,这提示了一个很重要的信息,所以叙述看法时,要多写缺点。

查找原文,可以看出原文有两方面的内容:一方面是内容材料丰富,但思想是严守教条的;另一方面是它能分门别类,但分类不够合理简明。

答案:《古文辞类纂》虽然内容富丽错综,但比较杂乱,像"零售的百货商店";它虽然也分门别类,但分类不够合理简明,用外在形式判断内在内容。

【示例】 从主旨、关键词语上进行把握。

可爱的青菜,土地美丽的女儿,请用你朴素的光辉照耀我。

你感人的色彩是生命的象征。生动与纯粹,简洁与丰润,这些高贵品质的融会,于人何等艰难,于你何等自然。我不知道哪种绿色能像你一样始终放射着家园的温馨。

你紧紧依靠大地,又向天空缓缓伸展自己的身躯,以更好地承接阳光雨水的恩泽。你的姿态永远是谦卑的,这谦卑绝不是出于某种动机的表演,而是与生俱来,并随着成长而逐渐

完美的一种精神形态。 (节选)

问：下面四句名言中与《青菜》的旨趣最为接近的两句是 （　　）

A. 没有美德就没有幸福可言——（法）卢梭

B. 植物的生命要从它的绿叶中显示出来——（意）但丁

C. 观察和经验和谐地应用到生活中就是智慧——（俄）冈察洛夫

D. 清水出芙蓉，天然去雕饰——（唐）李白

【解析】 此题要求学生把握文章主旨，把握作者态度。先查原文中表现主旨的话："请用你朴素的光辉照耀我"，表现了"青菜"朴素的品格；"生动与纯粹，简洁与丰润"，表现了青菜"清纯"的品质；"谦卑绝不是出于某种动机的表演"，表现了青菜"谦虚"的品质；"我不知道哪种绿色能像你一样始终放射着家园的温馨"，则是点出了绿色的活力。

对照选项，A项讲美德与幸福的关系；B项讲生命力从绿叶中体现出来；C项讲经验和智慧的关系；D项讲朴素天然。答案：B、D。

【示例】 从句子本身的特点出发进行把握。

这就触及教学上的根本问题：在教学活动中，教师起什么作用？圣陶先生的看法是，"各种学科的教学都一样，无非教师帮着学生学习的一串过程"。换句话说，教学，教学，就是"教"学生"学"，主要不是把现成的知识交给学生，而是把学习的方法教给学生，学生就可以受用一辈子。在这个问题上，圣陶先生有一句精辟的话，现在已经众口传诵，那就是："教是为了不教。"

问：文章末尾说"教是为了不教"，下面摘引的叶圣陶先生的一些论述，其中哪几项是说明这个名句中的"不教"的？ （　　）

A. 教师之为教，不在全盘授予，而在相机诱导

B. 学生能自为研索，自求解决

C. 务必启发学生的能动性，引导他们尽可能自己去探索

D. 凡为教，目的在于达到不需要教

E. 自能读书，不待老师讲；自能作文，不待老师改

F. 必令学生运其才智，勤其练习

【解析】 这道多选题实际是考核对语句的理解和观点的把握。"教是为了不教"这一名句中的"不教"，意思是"不需要教"，是教学要达到的目的，即让学生具备一定的能力。该题所设的6个选项中，A、C、F项都是教学方法，不是教学要达到的目的，因而是不正确的。D项是对"教是为了不教"的解释，说的也不是目的，也不正确。B、E项，正是要达到的目的，正是说明"不教"的，因而是正确项。"教"包括教学的目的、要求、方法等一系列以教师为主的行为。"不教"是说学生不再需要教师的"教"，指学生的自主学习行为。A、C、F项都是围绕"教"说的，D项两面都说到，是原句的另一种说法。只有B、E项是从"不教"的角度讲的。

【练习题】

1. 阅读下面的文字，回答文后问题。

清朝的灭亡给中国带来了一个真正的时代，社会震荡，世事忙乱，人们也没有心思去品咂一下这次历史变更的苦涩厚味，匆匆忙忙赶路去了。直到1927年6月1日，大学者王国维先生在颐和园投水而死，才让全国的有心人肃然深思。王国维先生的死因众说纷纭，我们且不管它，只知道这位汉族文化大师拖着清代的一条辫子，自尽在清代的皇家园林里，遗嘱

为"五十之年,只欠一死,经此世变,义无再辱"。他不会不知道明末清初为汉族人束发还是留辫之争曾发生过惊人的血案,他不会不知道刘宗周、黄宗羲、顾炎武这些大学者的慷慨行迹,他更不会不知道按照世界历史的进程,社会巨变乃属必然,但是他还是死了。我赞成陈寅恪先生的说法,王国维先生并不是死于政治斗争、人事纠葛,或仅仅为清廷尽忠,而是死于一种文化。

"凡一种文化价值衰落之时,为此文化所化之人,必感苦痛,其表现此文化之程量愈宏,则其所受之苦痛亦愈甚;迨既达极深之度,殆非出于自杀无以求一己之心安而义尽也。"(《王观堂先生挽词并序》)

但是王国维又无法把自己为之而死的文化与清廷分割开来。是《古今图书集成》、《康熙字典》、《四库全书》、《红楼梦》、《桃花扇》、《长生殿》,是乾嘉学派、纳兰性德等等把两者连在一起了,于是衣冠举止,生态心态,也莫不两相混同。我们记得,在康熙手下,汉族高层知识分子经过剧烈的心理挣扎,已开始与朝廷产生某种文化认同。没有想到的是,当康熙的政治事业和军事事业已经破败之后,文化认同竟还没有消散。为此,宏才博学的王国维先生要以生命来祭奠它,他没有从心理挣扎中找到希望,死得可惜又死得必然。知识分子总是不同寻常,他们总是要在政治军事的折腾之后表现出长久韧性。文化变成了生命,只有靠生命来拥抱文化了,别无他途;明末以后是这样,清末又是整个中国封建制度的末尾,因此王国维先生祭奠的该是整个中国传统文化,清代只是他的落脚点。

通观全文,作者对王国维之死这件事的基本态度和看法是什么?请简要作答。(不超过20字)

2. 阅读下文,完成文后各题。

散文的知性与感性
余光中

文学作者给读者的印象,若以客观与主观为两极,理念与情感为对立,则常有知性与感性之分。所谓知性,应该包括知识与见解。知识是静态的,被动的,见解却高一层。见解动于内,是思考;形于外,是议论。议论要有层次,有波澜,有文采,才能纵横生色。不过散文的知性仍然不同于议论文的知性,毕竟不宜长篇大论,尤其是刻板而露骨的推理。散文的知性该是智慧的自然洋溢,而非博学的刻意炫夸。说也奇怪,知性在散文里往往要跟感性交融,才成其"理趣"。

至于感性,则是指作品中处理的感官经验,如果在写景、叙事上能够把握感官经验而令读者如临其境,如历其事,这作品就称得上"感性十足",也就是富于"临场感"。一位作家若能写景出色,叙事生动,则抒情之功已经半在其中,只要再能因景生情,随事起感,抒情便能奏功。不过这件事并非所有的散文家都做得到,因为写景若要出色,得有点诗人的本领,叙事若要生动,得有点小说家的才能,而进一步若要抒情淋漓尽致,则更须诗人之笔。生活中的感情要变成笔端的感性,还得善于捕捉意象,安排声调。

另一方面，知性的散文，不论是议论文或杂文，只要能做到声调铿锵，形象生动，加上文字整洁，条理分明，则尽管所言无关柔情美景或是慷慨悲歌，仍然有其感性，能够感人，甚至成为美文。且以王安石《读孟尝君传》为例：

世皆称孟尝君能得士，士以故归之，而卒赖其力，以脱于虎豹之秦。嗟呼！孟尝君特鸡鸣狗盗之雄耳，岂足以言得士？不然，擅齐之强，得一士焉，宜可以南面而制秦，尚何取鸡鸣狗盗之力哉？夫鸡鸣狗盗之出其门，此士之所以不至也。

短短九十个字，回旋的空间虽然有限，却一波三折，层层递进，而气势流畅，议论纵横，更善用五个"士"和三个"鸡鸣狗盗"形成对照，再以鸡犬之弱反比虎豹之强，所以虽然是知性的史论，却富于动人的感性。在美感的满足上，这篇知性的随笔竟然不下于杜牧或王安石自己咏史的翻案诗篇，足见一篇文章只要逻辑的张力饱满，再佐以恰到好处的声调和比喻，仍然可以成为散文极品，不让美文的名作"专美"。

因此感性一词应有两种解释。狭义的感性当指感官经验之具体表现，广义的感性甚至可指一篇知性文章因结构、声调、意象等等的美妙安排而产生的魅力。也就是说，感性之美不一定限于写景、叙事、抒情的散文，也可以得之于议论文的字里行间。

（选自《新华文摘》1994 年第 10 期）

(1) 散文的知性有什么特点？（不超过 40 字）

(2) "作品中处理的感官经验"指的是_____，"处理"的意思是_____。

(3) 作者举《读孟尝君传》为例意在说明_____。

(4) 怎样使散文具有感性美？（不超过 60 字）

(5) 下列说法，不符合原文意思的两项是　　　　　　　　　　　　　　（　　）

A. 思考和议论是见解的两种表现形式
B. 一篇好散文必须知性与感性交融
C. 一个好的感性散文作家必须具有诗人和小说家的才能
D. 王安石的散文超过了他的诗
E.《读孟尝君传》是一篇充满感性魅力的知性散文

【参考答案】

1. ① 死得可惜　② 死得其所　③ 死得必然　④ 值得深思

2.（1）要有层次，有波澜，有文采，不能长篇大论；是智慧的。自然洋溢；要与感性交融，形成理趣。

（2）写景、叙事、抒情　具体表达

（3）知性文章亦可具有感性美

(4) 写感性文章要写景出色,叙事生动,抒情淋漓尽致;写知性文章要做到声调铿锵,形象生动,文字整洁,条理分明,逻辑张力饱满。

(5) B、D(B项原文没有这种意思,有很多纯粹写景抒情的文章也是上好文章。D项太绝对化)

第四节 鉴赏评价

鉴赏评价的对象,包括文学作品的形象、语言表达技巧、篇章结构、风格等。

1. 文学作品的形象,指的是文学作品中创造出来的生动具体的、激发人们思想感情的生活图案,通常指文学作品中人物的精神面貌和性格特征。鉴赏形象,要考虑文章塑造了怎样的形象,形象是怎样塑造出来的,这个形象在文章中占据着怎样的地位,有什么意义等等。鉴赏文学作品的形象一定要结合时代背景;整体把握作者的观点态度,甚至作者本人的风格。

2. 文学作品的语言,是塑造艺术形象、表达主题的基本工具。它以人民群众的口头语言为基础,经过作者的加工、提炼,具有准确、鲜明、生动、富于形象性与艺术感染力的特点。它包括语言是否准确、简练、生动、形象;具有怎样独特的语言风格(幽默、辛辣、平实、自然、简洁、明快、含蓄、深沉等,以及这些语言具有怎样独特的表现力);运用了什么修辞手法,具有怎样的表达效果等。鉴赏评价文章语言技巧,要了解词语一般意义和用法,要了解不同句式的不同特点,在文章具体的语境中分析,通过横向纵向比领会其用法意义,进而总结出语言运用的技巧、风格。

3. 文学作品的表达技巧,是指作品运用了哪些原则、方法来塑造形象和表现作品的内容。鉴赏表达技巧,可以从以下几个方面入手进行训练:

(1) 从选材剪裁的角度去评价:主次详略是否得当;材料是否典型、生动、真实、新颖。

(2) 从结构安排的角度去评价:开头结尾是否各有特色;烘托铺垫、前后照应、设置悬念、制造波澜等在文中是否有所运用;起承转合是否曲折有致。

(3) 从表达方式的角度去评价:各种表达方式是否运用自如,灵活多变;叙述人称的变换和选择;叙事顺序的安排,倒叙、插叙手法的运用和作用,描写的特点及作用。

(4) 从表现手法的角度去评价:是否运用了象征、对比、衬托、先抑后扬、托物言志、借景抒情、融情于景等手法。

(5) 鉴赏评价文章的表达方式,主要表现为对修辞手法的分析。分析文章运用的修辞手法,首先是要辨明其修辞格,其次根据不同修辞格上的特点并结合文章具体内容,恰如其分地理解其含义和作用。另外还表现为对一般的记叙、说明、议论、描写、抒情等表达手段在具体语境的含义和作用的分析;表现为对联想、想象、象征表达方式的作用的分析,这要在了解联想、想象、象征等表达方式的基本特征和作用的基础上结合文章具体情况进行分析。

4. 鉴赏评价文章的篇章结构,一要抓住文体特点分析,如议论文要注意论点是怎样(什么位置、什么方式)提出的,论证是怎样(选什么论据、用什么方法)展开的;记叙文要注意其六要素具体如何安排、如何展开;散文要注意如何以"形"来展示"神",要从整体着眼,要联系上下文,抓内在有机的联系。

5. 鉴赏文章风格,既要综合分析文章结构、表达、语言等各个方面,又要结合作者甚至时代文风。

【示例】 辨析修辞方法,体会表达作用。

……但是把人的心灵带到一种崇高境界的,却是那些"吸翠霞而天矫"的松树。它们不怕山高,把根扎在悬崖绝壁的隙缝,身子扭得像盘龙柱子,在半空展开枝叶,像是和狂风乌云争日,又像是和清风白云游戏。有的松树望穿秋水,不见你来,独自上到高处,斜着身子张望。有的松树像一项墨绿色大伞,支开了等你。有的松树自得其乐,显出一副潇洒的模样。不管怎么样,你觉得它们是泰山的天然主人,好像少了谁都不应该似的。

上文是《雨中登泰山》中的一段话,列出的分析中更能确切反映作者的意图和表现方法的一项是 （　　）

A. 作者运用借代、拟人等修辞方法,表现了松树在逆境中奋斗的自豪感和旺盛的生命力。
B. 作者运用比喻、拟人等修辞方法,表现了松树千姿百态、各具情趣的自然美。
C. 作者运用比喻、拟人等修辞方法,表现了松树在逆境中奋斗的自豪感和旺盛的生命力。
D. 作者运用借代、拟人等修辞手法,表现了松树千姿百态、各具情趣的自然美。

【解析】 此题是考查表现方法和鉴赏内容。该段文字的小论点是"把人的心灵带到一种崇高境界"。文中给了一大堆修辞,运用比喻的地方比较多,运用拟人的有"身子扭得像盘龙柱子"、"斜着身子张望"等,但没有运用借代修辞方法。景物描写的作用是为了突出文章的观点,并不是为了单纯地表现景物。因此答案选 C。

【示例】 鉴赏例子,把握中心。

下面这段话的中心意思是 （　　）

我们知道,凡是艺术,都要创造艺术形象。在诗歌、绘画艺术中,主要是创造艺术意境;而在小说、戏剧等艺术中,主要是创造艺术典型。但是,诗、画和小说、戏剧可以互相渗透。就是说,在小说、戏剧作品中,也可以创造艺术意境,可以很富有诗情画意,比如曹禺改编的话剧《家》,诗的味道就很浓,很有意境。中国传统的戏曲,也很重视意境的创造,像《秋江》那样的戏,就是一首很美的抒情诗。

A. 凡是艺术,都要创造艺术典型、艺术意境或艺术形象。
B. 诗、画和小说、戏剧在创造意境和典型上可以互相渗透。
C. 话剧和中国传统戏曲具有很浓的诗味。
D. 凡是艺术,在各个方面都是相通的。

【解析】 本段考查对文段中心的把握。一般说来,把握中心,先查文章论点或抒情性的话语;其次,结合文章的具体例子,具体琢磨作者表达的意思和感情色彩。

文章抒情性的话是"都要创造艺术形象"、"可以互相渗透",作者共举了两个例子:话剧《家》有诗的味道,《秋江》这出戏像很美的抒情诗。可见,作者重在强调互相渗透,因此答案应该为 B。

【示例】 结合上下文,寻找具体作用。

下面文字中加横线处在表达上有什么特点? 这样表达有什么作用?

人只是自然界中的生物之一,也都是跟草木山石、花鸟烟云一样,在大自然中生生不息,并且各有各的安身立命之处。自然界无所不包,它不特别加恩于浓艳娇美的桃李,也不特别鄙薄那些无色无香的野草闲花。<u>因为夭桃秾李和野草闲花在自然中都不可或缺,都是自然之子。</u>

1. 特点:＿＿＿＿＿＿＿＿＿＿＿＿＿＿＿＿＿＿＿＿＿＿＿＿＿＿＿
2. 作用:＿＿＿＿＿＿＿＿＿＿＿＿＿＿＿＿＿＿＿＿＿＿＿＿＿＿＿

【解析】 此题考查表达上的特点和表达的作用。表达特点一般从两个角度进行思考:手法运用上的特点;修辞和句式上的特点,如反问句、倒装句等。分析画线句子的作用,一般是:结构上的作用,如承上启下、为下文埋下伏笔等;对表达中心的作用,如运用反问引起读者深层思考、突出中心等。

结合短文,画线部分运用的是因果句式,并且是倒装句,短文的中心是任何事物都有自己的特点,都是不可或缺的,不必为自己不美而伤感。

答案:1. 运用了因果倒装句。
     2. 强调了不必为"丑"自卑的原因。

【示例】 从隐含信息中判断内容要点。

阅读下文,选出对画线句理解最正确的一项   (　　)

易卜生是挪威著名作家,他的作品揭露社会现实,苦于寻找不到拯救社会的办法,在《玩偶之家》中对娜拉出走以后往何处去未能解答。因此,列维陀夫说:"易卜生是天才的问号(?)。"萧伯纳是英国现实主义大师,他的作品揭露资本主义常用幽默讽刺手法。世人看了为之感叹,统治者看了感到吃惊和不安。因此列维陀夫就评论说:"萧伯纳却是一个伟大的惊叹号(!)。"我国著名作家唐弢在分析鲁迅的一生和他的作品后说:"<u>鲁迅是一个伟大的句号(。)。</u>"

A. 认为鲁迅为人质朴、刚强,作品非常感人。
B. 认为鲁迅是一个彻底的共产主义战士,作品具有强烈的感染力。
C. 认为鲁迅的一生是战斗的一生,作品具有鲜明的战斗风格。
D. 认为鲁迅是一个彻底的共产主义战士,其作品完全反映了社会现实。

【解析】 此题是考查把握中心的能力。短文所给的内容是一个简单的对应,要先看清所举"易卜生"、"萧伯纳"两个例子与"鲁迅"之间的对应关系。

鲁迅是句号的原因是什么? 文中限定从"人生"和"作品"中找,那么具体到"人生"的特点,就排除了B、D项;具体到"作品"特点,A项"非常感人"则是萧伯纳的特点,也排除了A。

答案:C。

【练习题】

1. 阅读下面文章,完成各题。

桥

谈 歌

黎明的时候,雨突然变大了。像泼。像倒。山洪咆哮着,像一群受惊的野马,从山谷里疯狂地奔出来,势不可挡。

工地惊醒了,人们翻身下床,却一脚踩进水里。是谁惊慌地喊了一嗓子,100多号人你拥我挤地向南跑。但,两尺多高的洪水已经开始在路面上跳舞。人们又疯了似的折了回来。

东、西没有路。只有北面那座窄窄的木桥。死亡在洪水的狞笑声中逼近。

人们跌跌撞撞地向那木桥拥去。

木桥前,没腿深的水里,站着他们的党支部书记。那个不久就要退休的老汉。

老汉消瘦的脸上流着雨水。他不说话,盯着乱哄哄的人们。像一座山。

人们停住脚,望着老汉。

老汉沙哑地喊话:"桥窄,排成一队,不要挤。党员排在后边。"

有人说道:"这不是拍电影。"

老汉冷冷地说:"可以退党,到我这儿报名。"竟没人再喊,100多人很快排成队伍,依次从老汉身边跑上木桥。

水渐渐蹿上来,放肆地舔着人们的腰。老汉劈手从队伍里拖出一个小伙子,骂道:"你他妈的还是个党员吗?你最后一个走!"老汉凶得像只豹子。

小伙子狠狠地瞪了老汉一眼,站到一边。队伍秩序井然。

木桥开始发抖,开始痛苦地呻吟。

水,爬上了老汉的胸膛。终于,只剩下他和那个小伙子。

小伙子竟来推他:"你先走。"

老叹吼道:"少废话,快走。"他用力把小伙子推上木桥。

突然,那木桥轰地塌了。小伙子被吞没了。老汉似乎要喊什么,但一个浪头也吞没了他。

白茫茫的世界。

五天以后,洪水退了。

一个老太太,被人搀扶着,来这里祭奠。她来祭奠两个人。

她的丈夫和她的儿子。

(1) 为什么说老汉"像一座山"?相似点是什么?(不超过20字)

(2) "这不是拍电影",这句话的弦外之音是什么?(不超过20字)

(3) 本文最突出的句式特点是什么?用这种句式的作用是为了突出什么?

(4) 这篇小小说表现了"老汉"这个共产党员的什么高贵品质?(不超过30字)

2. 阅读下面文章,回答文后问题。

老 树

你站着,你就这么站着,你就这么孤零零地站着,站在荒漠无边的旷野里。

那一片片飘舞着你生命旗帜的树叶呢?那小憩你的枝头又远走高飞的小鸟呢?那从远方匆匆赶来读你满脸深刻皱纹的风风雨雨呢?

几度悲欢离合,一切都已远去,只有你无言地伫立着,撑起一片清淡高远的天空。

从你日渐稀疏的枝叶,我知道你衰老了。

不是么,你那道劲的根须裸露在地面上,是丧失了竭力扎向泥土深处的欲望么?而在你嶙峋的脊背上除了浓缩多少人都无法经历的年轮外,不也留下风雨剥蚀的伤疤,不也刻下岁月沧桑的印记么!现在,我就静静地坐在你的根上,让苍茫的落照和无边的旷野做背景,细细感知你的生命之轻,感知你的生命之重!

黄昏来了,冬季也已临近。

在黄昏的风里,我低吟起一句名诗:"如果冬天来了,春天还会远吗?"

吟着唱着,我思想的汁液顺着你的根须仿佛就要抵达冬的深处,我知道,当杨柳风后,杏花雨间,你刻满皱纹的脸上定会绽出几星嫩绿笑颜!

(1) 作者在最后一个自然段中不直接写"当春天到来时",而写"当杨柳风后,杏花雨间",这样写的意图是什么?

(2) 文中大量采用问句,这在表达上有何作用?

(3) 下列对文章的分析和鉴赏,正确的三项是 (　　)
A. 本文赞美了老树顽强的生命力。
B. 文中引用诗人雪莱的诗句,寄托了对未来的美好希望。
C. 作者运用拟人的手法,表现了老树的寂寞而顽强。
D. "黄昏来了,冬季也已临近",渲染了一种悲凉的气氛。
E. "夕阳无限好,只是近黄昏"的诗句与本文的旨趣最为接近。
F. 作者对老树表现出无限的同情和伤感。

【参考答案】

1. (1) 老汉值得信赖,像山一样可靠。 (2) 嘲讽社会上存在的形式主义歪风。 (3) 多用短句。紧张的气氛。 (4) 在生死考验的紧要关头,表现出一个老党员先人后己、舍己为人的高贵品质。

2. (1) 化抽象为具体,使之更形象、更生动,更能体现老树生命力的顽强。 (2) 把读者引入作者所营造的氛围。 (3) A、B、C

第四章 文言文阅读

第一节 造字法

造字法有助于阅读理解文言文。

一、汉字的造字方法

1. 象形
象形是用描摹实物形状来造字的一种方法。用这种方法造的字叫象形字,如:日、月、山、云、人、手、牛、爪、衣、卉、行、泉等。

2. 指事
指事是用抽象的符号或在象形字的基础上加指示性符号表示意义的一种造字法。用这种方法造的字叫指事字,如:上、下、寸、刃、本、末、甘、亦等。

3. 会意
会意是把意义上可能发生关联的两个或两个以上的字组合在一起表示一个新的意思的一种造字法。用这种方法造的字叫会意字,如:兵、北、从、步、采、牧、莫、暮、休、苗、开、伐、明、林、炎、磊等。

4. 形声
形声是用形和声两部分拼合在一起来造字的一种方法。形,即形旁、形符,表示这个字的意义;声,即声旁、声符,表示这个字的读音。用这种方法造的字叫形声字,如:恭、慕、灸、忽、超、钢、雾、梨、湖、忠、泳、鹅、珠、描等。汉字中绝大多数是形声字。据统计,在现代汉字中,形声字占百分之九十以上。我们学习汉字,主要是学形声字。形声字的形旁和声旁排列的位置是多种多样的:

① 左形右声——江、村、情、姑、按、编、订
② 右形左声——飘、攻、战、顶
③ 上形下声——箕、宇、窝、雾
④ 下形上声——货、烈、辜、想、裘、梨、烫
⑤ 内形外声——问、闻、闷、辨、辩、阙
⑥ 外形内声——园、房、阅、店、衷、病、围

以上六种形式可概括为左右、上下、内外三种关系,其中以"左形右声"的形式占多数,以"上形下声"的形式比较常见。

我国古代所谓"六书"(汉代许慎的《说文解字》把汉字造字方法归纳为六种,叫"六书")的说法,除了上面提到的"四书"以外,还有"转注"和"假借"。

5. 转注

转注就是用同一部首内读音相近、字义相通的字互相解释。如"颠"、"顶"是一对转注字。

6. 假借

假借就是借用已有的同音字来表示语言中的某个词。如"豆",原指食肉用具,后来借作豆子的"豆",本义消失。这种情况一开始也可以说写了一个"别字",但流行开来,久而久之,约定俗成,这个"别字"就成了代表这个词的假借字。"转注"和"假借"都是利用已有的字,而没有产生新字,所以,严格地说来,它们只是用字法,而不是造字法。

二、检测

1. 从造字法角度指出下列结构相同的一组字　　　　　　　　　　　　　（　）
   A. 箱雾案材围　　B. 禾扬郊惜问　　C. 晨休林飘铜　　D. 忠干沐娶刃

2. 下面不属于形声字的一组是　　　　　　　　　　　　　　　　　　（　）
   A. 材银脑　　B. 闷闻栽　　C. 管露草　　D. 武休树

3. 从造字法角度看,下列说法完全正确的一项是　　　　　　　　　　　（　）
   A. "人、目、采、衣"是独体字　　B. "休、晶、江、火"是合体字
   C. "材、攻、芳、旗"是形声字　　D. "炙、射、步、月"是会意字

4. 下列汉字按造字法分类,错误的一项是　　　　　　　　　　　　　　（　）
   (1) 炙　(2) 灸　(3) 起　(4) 见　(5) 躬　(6) 几　(7) 星　(8) 磊　(9) 鱼
   (10) 井　(11) 厎　(12) 田　(13) 池　(14) 目　(15) 级　(16) 益
   　　A. (1)(4)(8)(16)　　　　　　　　B. (2)(3)(5)(7)(13)
   　　C. (6)(9)(10)(12)(14)　　　　　D. (1)(6)(11)

5. 对形声字"问、阔、衷、哀"的结构分析完全正确的一项是　　　　　（　）
   A. 全部是外形内声
   B. 问、哀是内形外声,阔、衷是外形内声
   C. 全部是内形外声
   D. 问、哀是外形内声,阔、衷是内形外声
   E. 问、阔是外形内声,哀、衷是内形外声

【参考答案】
1. A　2. D　3. C　4. D　5. B

第二节　文言实词

包括古今异义、偏义复词、一词多义、同形异义、通假字等。

一、注意词的古今异义

对学习文言文造成较大困难的,是古今字形同而意义用法已不同的词,这类词的词义发生了演变,其演变有以下几种情况:

1. 词义扩大。如:"江",古代专指长江,现在泛指一切大的河流;"好",古代指女子相貌好看,现在泛指一切美好的性质。

2. 词义缩小。如:"臭",古代表示好坏气味均可,现在只表示坏气味;"让",古代既可表示辞让、谦让之意,又可表示责备之意,现在后一意义不用了。

3. 词义转移。如:"涕",古代指眼泪,现在指鼻涕;"偷",古义是苟且、马虎、刻薄、不厚道,今义转移为偷窃。

4. 词义弱化。如"很",古义同"凶狠"的"狠",表示程度很高,现在用"很"字,表示的程度不怎么高了;"怨",古义表示仇恨、怀恨,现在则表示埋怨、责备。

5. 词义强化。如:"恨"古代多表示遗憾、不满意("先帝在时,每与臣论及此事,未尝不叹息痛恨于桓灵也"),现在则表示仇恨、怀恨;"诛"最初只是责备义,后来强化为"杀戮"的意思。

6. 感情色彩变化。如"卑鄙",古时表示地位低下,见识浅陋,并无贬义,现在则指品质恶劣,变为贬义词;"爪牙",古代是得力帮手之意,是褒义词,现在是贬义词;"锻炼",古代除有冶炼之意外,还有玩弄法律,对人进行诬陷之意,属贬义词,现在是褒义词。

7. 名称说法改变。如"目"改称"眼睛"、"寡"改称"少"等。

二、注意偏义复词

古汉语中,有的合成词是由两个同义或反义的单音语素合成,而用义却偏在其中一个语素上,另一个语素只是起陪衬作用。

1. 两个语素意义上相对的。例如:"宫中府中,俱为一体,陟罚臧否,不宜异同。"(《出师表》)句中的"异同"为偏义复词,用义偏在"异",不在"同"。

2. 两个语素意义相近的。例如:"今有一人入园圃,窃其桃李。"(《墨子·非攻》)"园"是种树的地方,"圃"是种菜的地方,在句中只有"园"这个语素意义,"圃"只做陪衬。

需注意的是,两个语素意义相近的偏义复词和同义复用要区别开来。如《孔雀东南飞》中,"举动自专由"、"会不相从许"中说"专由",就是说"自专"或"自由","从许"即是"相从"、"相许",此为同义复用。

阅读时,遇到偏义复词,必须依据上下文确定什么语素表示了词义,什么语素不表示词义,然后予以正确解释。

三、注意一词多义

把握一词多义,要注意了解词的本义、引申义、比喻义和假借义。如"畔",其本义是田界;田界是田边,所以引申为"旁边"的意思,如河畔、桥畔等;"畔"与"叛"同音,所以又借用为"背叛"的意思,如"亲戚畔之"的"畔",即用其假借义。又如"爪牙",本义是鸟兽的爪子和牙齿,"川无爪牙之利"的"爪牙"是用其本义;"祈父,予王之爪牙"(《诗经》),这里是用"爪牙"比喻得力的帮手和武士,是用其比喻义。

四、注意词类活用

词类活用是古汉语中某些实词的特殊用法。这些词在特定的语言环境中,临时具有某种语法功能,相应具有某一新的意义,并且临时改变了词性,有的还变了读音。下面是几种主要的活用情况。

1. 名词活用为动词

名词活用为动词有以下几种情况。

(1) 名词+宾语。　例如：籍吏民，封府库。(《鸿门宴》)

(2) 副词作状语+名词。　例如：汉水又东。(《水经注·江水》)

(3) 能愿动词+名词。　例如：假舟楫者，非能水也，而绝江河。(《荀子·劝学》)

(4) 名词+补语。　例如：今王鼓乐于此。(《孟子·梁惠王下》)

(5) 所+名词。　例如：乃丹书帛曰"陈胜王"，置人所罾鱼腹中。(《陈涉世家》)

(6) 名词充当联合式或连动式谓语组成部分之一。　例如：卒中往往语，皆指目陈胜。(《陈涉世家》)

(7) 从前后相同结构的比较中确定名词活用为动词。　例如：孙讨虏聪明仁惠，敬贤礼士。(《赤壁之战》)

(8) 叙述句谓语部分找不到动词或其他词语作谓语中心词，事物名词就活用为动词。例如：如平地三月花者，深山中则四月花。(《采草药》)

(9) 两个名词连用，不存在并列、同位和修饰关系，不带计量意义时，第一个名词活用为动词。　例如：如曰今日当一切不事事，守前所为而已，则非某之所敢知。(《答司马谏议书》)

(10) 在复句中充当一个叙述性独词分句，名词就活用为动词。　例如：权，然后知轻重。(《孟子·梁惠王上》)

2. 形容词活用为动词

形容词是不带宾语的，如果带了宾语，而又没有使动、意动的意味，就是用作一般动词。例如：

(1) 楚左尹项伯者，项羽季父也，素善留侯张良。(《鸿门宴》)

(2) 卒使上官大夫短屈原于顷襄王。(《屈原列传》)

有时，形容词后面不带宾语，也活用为一般性动词。如：

遂于蒿莱中侧听徐行，似寻针芥。而心目耳力俱穷，绝无踪响。(《促织》)

3. 动词、形容词活用为名词

动词活用为名词，就是这个动词在句子中具有明显的表示人与事物的意义。它一般处在句中主语或宾语的位置，有时前面有"其"或"之"。

例如：盖其又深，则其至又加少矣。(《游褒禅山记》)

形容词活用为名词，翻译时一般要补出中心词(名词)，而以形容词作定语。例如：

(1) 将军身被坚执锐。(《陈涉世家》)

(2) 兼百花之长而各去其短。(《芙蕖》)

(3) 与苍梧太守吴巨有旧，欲往投之。(《赤壁之战》)

4. 名词作状语

现代汉语里，普通名词是不能直接修饰谓语动词作状语的，而古代汉语中普通名词直接作状语却是相当普遍的现象。

(1) 表示比喻。例如：又间令吴广之次所旁丛祠中，夜篝火，狐鸣呼曰："大楚兴，陈胜王。"(《陈涉世家》)

(2) 表示对待人的态度。例如：君为我呼入，吾得兄事之。（《鸿门宴》）

(3) 表示处所。例如：不得已，变姓名，诡踪迹，草行露宿，日与北骑相出没于长淮间。（《〈指南录〉后序》）

(4) 表示动作使用的工具。例如：箕畚运于渤海之尾。（《愚公移山》）

(5) 表示动作进行的方式。例如：群臣吏民能面刺寡人之过者，受上赏。（《邹忌讽齐王纳谏》）

5. 使动用法

所谓使动用法，是指谓语动词具有"使宾语怎么样"的意思。它是用动宾结构表达使令式的内容。例如：项伯杀人，臣活之。（《鸿门宴》）

(1) 动词使动用法

古代汉语里，动词的使动用法一般只限于不及物动词。不及物动词本来不带宾语，用于使动时，后面就带有宾语。例如：

① 卒廷见相如，毕礼而归之。（《廉颇蔺相如列传》）

② 今以钟磬置水中，虽大风浪不能鸣也。（《石钟山记》）

有时候，及物动词和不及物动词共同带一宾语。这一宾语既是及物动词的受事者，又是主语使得它成为不及物动词的施事者。例如：

③ 今夫水，搏而跃之，可使过颡，激而行之，可使在山。（《孟子·告子上》）

④ 操军方连船舰，首尾相接，可烧而走也。（《赤壁之战》）

(2) 形容词的使动用法

古汉语里，形容词也常常活用为使动，使宾语代表的人或事物具有这个形容词所表示的性质或状态。例如：

① 市中游侠儿得佳者笼养之，昂其值，居为奇货。（《促织》）

② 强本而节用，则天不能贫。……本荒而用侈，则天不能使之富。（《荀子·天论》）

(3) 名词使动用法

A. 普通名词活用为使动。

① 先生之恩，生死而肉骨也。（《中山狼传》）

② 舍相如广成传舍。（《廉颇蔺相如列传》）

B. 方位名词活用为使动。方位名词活用为使动，是使宾语代表的人或事物按照这个方位名词所表示的方位行动。例如：令尹南辕反旆。（旆，末端像燕尾的旗）（《左传·宣公十二年》）

6. 意动用法

意动用法就是形容词、名词带宾语用如意动，就是"觉得宾语动"、"觉得宾语怎么样"，是在主观上认为宾语所代表的事物具有用如意动的形容词表示的性质或状态，或者成为用如意动的名词所表示的人或事物。代词有时也活用为意动。动词一般不用如意动。用如意动的词可以译成"以……为……"或"认为……是……"或"把……当作……"。

(1) 形容词意动。例如：成以其小，劣之。（《促织》）

(2) 名词意动。例如：吾所以为此者，以先国家之急而后私仇也。（《廉颇蔺相如列传》）

五、注意常见的通假字

通假字是指本应用甲字,使用时借用与其意义不相干只是音同或音近的乙字去代替它的现象。甲字是本字,乙字就是甲字的通假字。例如:"旦日不可不蚤自来谢项王"中的"蚤"字本义是跳蚤,但在这里借用为"早",于是,"早"就是本字,"蚤"是假借字,词义应按"早"解,读音按"早"的现代读音来读。一些古今字也可列入这个范围。不过古今字的"古"和"今"是相对而言的,有"先""后"的意思。如"莫"在"至莫夜月明"句里,"莫"是古字,"暮"是今字,词义应按"暮"解。因此,识别和掌握常用通假字(含古今字),对正确理解文言文的词句意义关系很大。

【方法】 推断文言实词词义的方法、技巧

1. **辨析词性推断**

根据词语在文言句子中的位置,推知它的词性,根据词性进而推知它的实词词义。如"据崤函之固,拥雍州之地"为对仗句,"据"与"拥"相对,"固"与"地"相对,"地"是地方之意,名词,那么"固"也是名词,据此推断"固"为险固的地方之意。

2. **语法分析推断**

根据汉语语法知识,主语、宾语大多由名词、代词充当,谓语大多由形容词、动词充当,定语由名词、代词充当,状语由副词充当。依据它们所处的语法位置,推知它的词性,进而推知它的意义。如"怀信侘傺","怀"为动词,处在谓语的位置,"信"处于宾语的位置,应为名词,"忠诚"的意思。

3. **语言结构推断**

有些文言句子结构整齐,讲求对仗,常采用互文的修辞形式,我们可利用这一结构特点推知词义。如"忠不必用兮,贤不必以"属对仗,"忠"与"贤"相对,"用"和"以"相对,应为同义,所以"以"就是"重用、任用"的意思。

4. **联想推断**

试卷上常出现一些难以理解的文言实词,我们可以联想已经学过的有关语句中的用法,相互比照,辨其异同,然后初步确定文中实词的今义,如"不以外夷见忽"的"见",我们可联想学过的"府吏见叮咛"来推断。"见"是第一人称代词"我"的意思,"不以外夷见忽"意为"不因为我是外夷而轻视我"。

5. **语境分析推断**

语境可分为句子内部环境和外部环境。所谓内部环境是指句子本身的语言环境;所谓外部环境就是针对整段文字、整篇文章而言的大语境,即上下文的语言环境。有些句子中的实词义我们可借助这些语境推断。如:①"郦元之所见闻,殆与余同,而言之不详";②"而渔工水师虽知而不能言"。第①句根据前文语境可知,郦道元对石钟山的命名有自己的看法,只是在观点表述上说得不够详细,由此推知这句中"言"为"叙述"之意。第②句联系全篇及背景看,渔工水师虽知石钟山命名的真正原因,但因文化水平低,不能用文字记载下来,因此这句中的"言"可理解为"记载"。

【示例】 了解词的本义、引申义、比喻义等方面的知识。

本义是最初造字时表示的意义,引申义是由本义引申出来的意义,比喻义是用打比方的方法形成的词的新义,假借义则是借用另外一个同音的词的意义。了解了词的本义及引申义是掌握一词多义的基本方法,尤其要注意遵循"词不离句,句不离文"的精神,这样才能准确理解词义。

"信"字在下列句子中的词义相同的一组是 （　　）
① 楚怀王贪而信张仪
② 秦,虎狼之国,不可信
③ 信而见疑,忠而被谤
④ 自可断来信,徐徐更谓之
⑤ 低眉信手续续弹
⑥ 欲信大义于天下
⑦ 君臣相顾尽沾衣,东望都门信马归
⑧ 吾闻君子之出于不知己而信于知己者
⑨ 人而无信,不知其可
⑩ 虽信美而非吾土

A. ①③⑤　　　B. ①②⑧　　　C. ④⑤⑦　　　D. ⑥⑨⑩

【解析】　此题考查多义词的辨析。"信"字,从字形结构上看,应该属于会意字,人言为信,因此"相信"、"信任"是"信"的基本义。第①②⑧句中的"信"都是"相信"之义,由此引申开来,"信"又有"讲信用"、"使者"、"确实"、"忠诚"、"诚实"、"随意"等引申义和"伸"这一假借义。根据语境及对应义项,第⑤⑦句中的"信",可以解释为"随意",第③句为"忠诚",第④句为"使者",第⑥句通"伸",第⑨句为"讲信用",第⑩句"确实"。答案为B。

【示例】　注意积累古今异义的词语。

下列句中加点的词语古今同义的一项是 （　　）
A. 近臣尽规,亲戚补察
B. 俯足以畜妻子
C. 璧有瑕,请指示王
D. 寻常巷陌

【解析】　此题考查文言词义辨析的能力。A项中的"亲戚",在古代包括父母在内的内亲外亲,现代则指旁系亲属。B项中的"妻子"在古代包括妻子和儿女,现代仅指妻子。C项中的"指示"在古代是指给人看,现代则是"指导意见"或者发布指导意见的行为。可见A、B两项词义缩小了,C项词义转移了,只有D项古今同义。答案为D。

【示例】　掌握通假字的一些相关知识。

在文言文阅读中,通假现象较普遍。通假字原本是古人在书中用同音代替的办法写成的别字、错字。考试考查的是在理解基础上的通假。在辨析通假字时常见的失误一般有三方面:一是不明通假,望文生义;二是不懂得通假字有"约定俗成"的规律,认为凡是同音字皆可通假;三是忽视声母或韵母相同,而读音和字形又有一些差别的通假字。通假基本上是同音代替,可分三种情况:同音通假、双声通假、叠韵通假。

阅读下文,选出解说不正确的一项 （　　）

宣帝即位,久之,渤海左右郡岁饥,盗贼并起,二千石不能禽制。上选能治者,丞相、御史举(龚)遂可用,上以为渤海太守。时遂年七十余,召见,形貌短小,不副所闻,心内轻焉,谓遂曰:"渤海废乱,朕甚忧之。君欲何以息其盗贼,以称朕意?"遂对曰:"海濒遐远,不沾圣化,其民困于饥寒而吏不恤,故使陛下赤子盗弄陛下之兵于潢池中耳。今欲使臣胜之邪,将安之也?"上闻遂对,甚说,答曰:"选用贤良,固欲安之也。"

A. 二千石不能禽制　　"禽"通"擒",捉拿
B. 上闻遂对,甚说　　"说"通"悦",高兴
C. 遂年七十余,召见　　"召"通"诏",皇帝的命令
D. 不副所闻　　副,相称

【解析】 此题考查对文言文实词及通假字的辨析能力。A项的"禽"与"制"皆为动词,支配的应该是宾语"盗贼",结合语境,指太守(用官俸"二千石"代指太守)都不能擒拿制服盗贼。故A项正确。B项"说"指皇帝听了龚遂的对答,很满意,故通"悦"正确。D项的"副"解释为"相称"正确,从文意看,丞相和御史大夫推荐龚遂,认为可以任用,皇帝召见龚遂,眼前所见的已70多岁、形貌矮小的龚遂与自己听到的不相符合。而C项的"召"与"见"组合,指"上"叫"下"来见面,解释为"诏"是错误的。答案为C。

【示例】 掌握一些偏义复词。

在文言文中,无论偏义复词中的两个语素是相对还是相反的,必须联系具体的语境,才能辨识得准确无误。

选出下列句子中加点的词属于偏义复词的一项　　　　　　　　　　　(　　)

A. 然往来视之,觉无异能者
B. 小大之狱,虽不能察,必以情
C. 但欲求死,不复顾利害
D. 颜色憔悴,形容枯槁

【解析】 此题考查文言文实词中偏义复词的辨识能力。A项的"往"与"来"两个语素虽然是相反的,但各有意义,彼此不能陪衬,故不属偏义复词。同理,B项的"小大"也不是偏义复词。D项的"颜色"是个古今异义词,两个语素间是修饰与被修饰的关系。C项的"利害",只有"害"的意思,"利"的意思消失了。答案为C。

【练习题】

1. 阅读下面文段,回答问题。

石奢者,楚昭王相也。坚直廉正,无所阿避。行县,道有杀人者,相追之,乃其父也。纵其父而还自系焉。使人言之王曰:"杀人者,臣之父也。夫以父立政,不孝也;废法纵罪,非忠也;臣罪当死。"王曰:"追而不及,不当伏罪,子其治事矣。"石奢曰:"不私其父,非孝子也;不奉主法,非忠臣也。王赦其罪,上惠也;伏诛而死,臣职也。"遂不受令,自刎而死。

李离者,晋文公之理也。过听杀人,自拘当死。文公曰:"官有贵贱,罚有轻重,下吏有过,非子之罪也。"李离曰:"臣居官为长,不与吏让位,受禄为多,不与下分利。今过听杀人,傅其罪下吏,非所闻也。"辞不受令。文公曰:"子则自以为有罪,寡人亦有罪邪?"李离曰:"理有法,失刑则刑,失死则死。公以臣能听微决疑,故使为理。今过听杀人,罪当死。"遂不受令,伏剑而死。

(《史记·循吏列传》)

(1) 对下列四句中加点的字的解释,错误的一项是 (　　)

A. 纵其父而还自系焉　　　　系:挂
B. 不私其父　　　　　　　　私:偏袒

C. 晋文公之理也　　　　　　理：法官
D. 子则自以为有罪　　　　　则：如果
(2) 对下列句子中加点词语的说明,错误的一项是　　　　　　　　　　(　)
A. 坚直廉正,无所阿避　　　阿避：阿谀和逃避
B. 夫以父立政,不孝也　　　立政：树立政绩
C. 废法纵罪,非忠也　　　　废法：废除法律
D. 傅其罪下吏,非所闻也　　傅：把……推给人

2. 阅读下面一段文言文,完成习题。

孙泰,山阳人,少师皇甫颖,操守颇有古贤之同。泰妻即姨妹也。先是姨老矣,以二子为托。曰："其长损一目,汝可娶女弟。"姨卒,泰取其姊。或诘之。泰曰："其人有废疾,非泰不可适。"众皆伏泰之义。尝于都市遇铁灯台,市之,而命洗刷,却银也。泰亟往还之。中和中,将家于义兴,置一别墅,用缗钱二百千。既半授之矣,泰游吴兴郡,约回日当诣所止。居两月,泰回,停舟徒步。复以余资授之,俾其人他徙。于时睹一老妪,长恸数声。泰惊悸,召诘之,妪曰："老妇尝事翁姑于此,子孙不肖,为他人所有,故悲耳。"泰怃然久之,因绐曰："吾适得京书,已别除官,不可驻此,所居且命尔子掌之。"言讫,解维而逝,不复返矣。

对下列四句加点的字的解释,错误的一项是　　　　　　　　　　　　(　)
A. 众皆伏泰之义　　　　　　伏：佩服
B. 俾其人他徙　　　　　　　俾：使
C. 老妇尝事翁姑于此　　　　事：侍奉
D. 因绐曰……　　　　　　　绐：打开信

3. 阅读下面文言文,完成文后各题。

朱云,字游,鲁人也,徙平陵。少时通轻侠,借客报仇。长八尺余,容貌甚壮,以勇力闻。年四十,乃变节从博士白子友受《易》；又事前将军萧望之受《论语》,皆能传其业。好倜傥大节,当世以是高之。至成帝时,丞相故安昌侯以帝师位特进,甚尊重。云上书求见,公卿在前。云曰："今朝廷大臣,上不能匡主,下亡以益民,皆尸位素餐,孔子所谓'鄙夫不可与事君','苟患失之,亡所不至'①者也。臣愿赐尚方斩马剑,断佞臣一人以厉其余。"上问："谁也？"对曰："安昌侯张禹。"上大怒,曰："小臣居下讪上,廷辱师傅,罪死不赦！"御史将云下,云攀殿槛,槛折。云呼曰："臣得下从龙逢、比干②游于地下,足矣！未知圣朝何如耳！"御史遂将云去。于是左将军辛庆忌免冠解印绶,叩头殿下,曰："此臣素著狂直于世。使其言是,不可诛；其言非,固当容之。臣敢以死争。"庆忌叩头流血。上意解,然后得已。及后当治槛,上曰："勿易,因而辑之,以旌直臣。"

(班固《汉书·杨胡朱梅云传》第三十七)

【注】①《论语·阳货》："鄙夫可与事君也与哉？其未得之也,患得之；既得之,患失之。苟患失之,无所不至矣。"②龙逢,夏桀时臣；比干,商纣时臣。皆因忠言直谏而被杀。

(1) "通轻侠"与"借客报仇"中的"通"与"借"字的正确意思是　　　　(　)
A. 串通　借助　　　　　　　B. 结交　帮助
C. 通过　凭借　　　　　　　D. 勾结　借用
(2) "四十乃变节"中的"变节"一词在这里的意思是　　　　　　　　　(　)
A. 改变自己的节操,屈从他人　B. 改变自己豪放侠义的品德

C. 改变自己的志向与行为　　　　D. 改变自己的性格与爱好

(3) 下列句子中加点词古今同义的一项是　　　　　　　　　　　　　　　　(　　)

① 昨日入城市,归来泪满巾
② 赢得仓皇北顾
③ 犹抱琵琶半遮面
④ 颜色憔悴,形容枯槁
⑤ 阡陌交通,鸡犬相闻
⑥ 能使人慷慨涕泣矣
⑦ 存者且偷生,死者长已矣
⑧ 可以已大风
⑨ 最喜小儿无赖
⑩ 肉食者谋之,又何间焉
⑪ 初一交战,曹军不利
⑫ 晋于是始墨
⑬ 多谢后世人,戒之慎勿忘
⑭ 然皆祖屈原之从容辞令
⑮ 一时多少豪杰

A. ③⑦⑫⑭　　　B. ②⑥⑪⑬　　　C. ①⑤⑧⑮　　　D. ②③⑦⑮

4. 阅读下面文言文,完成文后各题。

杜　环

杜环,字叔循,其先庐陵人。侍父一元游宦江东,遂家金陵。一元固善士,所与交皆四方名士。环尤好学,工书,谨饬重然诺,好周人急。父友兵部主事常允恭死于九江,家破。其母张氏,年六十,哭于九江城下,无所归。或告之曰:"今安庆守谭敬先,非允恭友乎? 盍往依之?"母附舟诣谭,谭谢不纳,母大困。念允恭尝仕金陵,亲戚交友,或有存者,庶万一可冀;复哀泣从人至金陵。问一二人,无存者。因访一元家所在,道上对以"一元死已久,唯子环存,其家直鹭洲坊中"。母服破衣,雨行至环家。环方对客坐,见母大惊,颇若尝见其面者,因问曰:"母非常夫人乎? 何为而至于此?"母泣告以故,环亦泣,扶就坐,拜之,复呼妻子出拜。妻马氏解衣更母湿衣,奉糜食母,抱衾寝母。母问其平生所亲厚故人,及幼子伯章。环知故人无在者,不足附,又不知伯章存亡,姑慰之曰:"天方雨,雨止为母访之。苟无人事母,环虽贫,独不能奉母乎?"时兵后岁饥,民骨肉不相保。母见环家贫,雨止坚欲出问他故人。环令媵女从其行,至暮,果无所遇而返。环购布帛,令妻为制衣衾,自环以下,皆以母事之。母性褊急,少不惬意,辄诟怒。环私戒其家人,顺其所为,勿以困故,轻慢与较。母有痰疾,环亲为烹药,进匕箸。以母故,不敢大声语。越十年,环奉诏祀会稽,还道嘉兴,逢其子伯章,泣谓之曰:"太夫人在环家,日夜念少子成疾,不可不早往见!"伯章若无所闻,第曰:"吾亦知之,但道远不能至耳。"环归半岁,伯章来。母见少子,相持大哭。既而伯章见母老,恐不能行,竟绐以他事辞去,不复顾。环奉母弥谨,然母愈念伯章,疾顿加。将死,举手向环曰:"吾累杜君! 吾累杜君! 愿杜君生子孙,咸如杜君!"言终而气绝。环具棺椁殓殡之礼,葬之。

(节选自宋濂《杜环小传》)

(1) 对下列句子中加点词的解释,不正确的一项是 (　)
　A. 遂家金陵　　家:安家
　B. 谭谢不纳　　谢:感谢
　C. 抱衾寝母　　寝:使……安歇
　D. 庶万一可冀　冀:希望

(2) 下列加点的词语在文中的意义与现代汉语不相同的一项是 (　)
　A. 民骨肉不相保
　B. 轻慢与较
　C. 又不知伯章存亡
　D. 复呼妻子出拜

(3) 下列四个短语解释有误的一项是 (　)
　A. 工书:下苦功读书。
　B. 重然诺:不轻易许诺,一旦许诺便必定会做到。
　C. 抱衾寝母:抱来被子让常母睡。
　D. 问他故人:寻访别的老朋友。

【参考答案】
1. (1) A　(2) C　2. D　3. (1) B　(2) C　(3) D　4. (1) B　(2) D　(3) A

第三节　文言虚词

文言虚词包括代词、副词、介词、连词、助词、叹词和兼词,数量不多,但是用法灵活,使用频率高,发展变化也比较大。

文言虚词的考查范围如下:而、何、乎、乃、其、且、若、所、为、焉、也、以、因、于、与、辄、则、者、之。

考查内容为文言虚词在文中的意义和用法。

考查题型采用选择题的形式,选出判断正确的一项,或是意义和用法相同或不相同的一组。

一、分清文言虚词的大致用法

1. 一词多类异用:之、乎、也、者、以、于、而、则、焉、其、乃、且、为、所。
2. 同类异词:若、乃、而、其、之。
3. 句末虚词(表示各种语气):者、也、乎、矣、焉、与。

二、关联虚词

1. 连接上下文句的连词:因、则、而。
2. 连接词或词组的连词:而、以、与。
3. 连接词或词组的介词:于、以、乎、与、为。

三、常见的几个双音节虚词

1. 得无：表示反诘、怀疑或揣测的副词，译为"莫非"、"莫不是"。
2. 否则："不是这样……就……"的意思。
3. 何其：多用于形容词谓语前，表示程度之深的副词，译为"多么"。
4. 然后：顺承连词，可译作"之后"或保留不译。
5. 然则：可译作"既然这样……那么……"。
6. 虽然：可译作"虽然如此"。
7. 无乃：当副词用，可译作"岂不是"、"恐怕"，与"乎"构成反问语气。

一、分清虚实，辨明词性，以词性统率用法

文言虚词大多是从实词虚化而来的，因此某个词既是实词，又可以是虚词；既可以是这个词性，又可以是那个词性，因此要搞清其用法，就要从辨明词性入手。通过分清虚实，辨明词性，以词性统率用法，就使繁多的虚词用法有了头绪；通过归类，抓特殊用法，明了一般用法，两者结合，文言虚词用法的学习就会由难变易，容易掌握了。

【示例】 指出下列句子中加点的"之"的词性及意义。

1. 项伯乃夜驰之沛公军。
2. 作《师说》以贻之。
3. 不知将军宽之至此也。
4. 均之二策，宁许以负秦曲。
5. 长子迈将赴饶之德兴尉。
6. 以其求思之深而无不在也。
7. 怅恨久之。
8. 公子勉之矣。
9. 句读之不知。
10. 若事之不济，此乃天也。

【解析】 此题主要考查文言虚词"之"的认知能力。解答此题，必须明白"之"有三种词性：

首先是作动词，可作"到"、"去"讲（作为实词仅此一个用法），如第1句。

其次作代词，有人称代词和指示代词两种用法。作人称代词，可有第三人称用法，如第2句；还可有第一人称用法，较特殊，如第3句；作指示代词，有近指代词，如第4句。

再次是作助词，用法较多：一是作定语的标志"的"，如第5句；二是作补语的标志"得"，如第6句；三是音节助词，仅起凑足音节的作用，无实际意义，如第7句；四是动词后的助词，如第8句，"之"虽在动词后，但不是代词，用法较特殊，属于特例；五是宾语前置的标志，译时省去，如第9句；六是主谓之间，取消句子独立性，如第10句。

二、结合语境，认真分析，辨明意义和用法

虚词大都有多种用法，要确定其意义和用法，必须结合语境，综合文意与虚词在句中的作用，认真分析。

【示例】 指出下列句子中加点的字的意义和用法。

A. 邻妇之子跳往助之
B. 其真无马耶,其真不知马耶
C. 舟遥遥以轻飏,风飘飘而吹衣
D. 如今人为刀俎,我为鱼肉,何辞为
E. 青,取之于蓝,而青于蓝
F. 今乃不然,反昂然自得

【解析】 此题主要考查结合语境辨明文言虚词用法的能力。A项的第一个"之"用在"邻妇"与"子"之间,是从属关系,故是"的"意思;第二个"之"用在动词"助"后作宾语,是人称代词。B项的两个"其",分别用在两个分句之首,且连用,是表示选择关系的连词,是"是……还是……"的意思。C项的两个不同的虚词,可以表示相同的用法,"以"和"而",作用完全相同,都是连接状语和中心词。D项的第一个"为"用在"我"与"鱼肉"之间,是动词"是"的意思;第二个"为"用在疑问句末,表示诘问,是个预期助词,相当于"呢"。E项的第一个"于"用在动宾词组之后,与"蓝"构成介词结构,故是介词,相当于"从";第二个"于"用在形容词之后,同是介词,却用于表示比较,是"比"的意思。F项的第一个"然"用在否定副词之后,是代词,"这样"的意思;第二个"然"用在形容词之后,是个助词,相当于"……地"。

三、通晓古今,了解虚词的变化,懂得它和现代汉语中哪些词哪些说法大体相当

变化的情况大致有以下四种:

1. 少数沿用下来,今仍使用。
2. 有的完全消失,在现代汉语中不存在。
3. 有的用法发生了变化。
4. 有的改用了别的词。

【示例】 指出下列句子中加点词的古今变化。

A. 众数虽多,甚未足畏
B. 赵氏求救于齐
C. 古之让天子者,是去监门之养而离臣虏之劳也
D. 学然后知不足

【解析】 此题主要考查文言虚词古今义的认知能力。A项的"虽"在古汉语中既可以作转折连词,相当于现代汉语的"虽然",还可用作假设连词,相当于现代汉语的"即使";在现代汉语中"虽"只能作转折连词,用法发生了变化。B项的"于"在古汉语中使用率极高,能起到多种介绍作用,现在分别用"在"、"向"、"到"、"对"、"从"、"同"、"给"、"比"、"被"等介词代替。C项的"者"在文中起提顿作用,现代汉语没有此用法。D项的"然后"在意义上则古今相同,属于少数沿用下来的虚词。

四、注意特殊现象

1. 兼词

兼词是兼有两个词的意义和作用的单音词。它所兼的两个词属于两个不同的词类。

2. 虚词连用

连用是为了加强语气,可作为一般了解。

3. 单音词连用

文言中有些原为两个单音词,发展到白话变为一个双音虚词。遇到这种情况,用现代汉语去解释则错。

【示例】 指出下列句子中加点词的意义和用法。

A. 投诸渤海之尾　　文王之国方十里,有诸　　盍各言尔志　　居心叵测
B. 噫吁嚱,危乎高哉　　吾罪也乎哉　　藉第令毋斩　　寡人之于国也,尽心焉耳矣
C. 吾祖死于是　　操虽托名汉相,其实汉贼也　　生乎吾前,其闻道也固先乎吾,吾从而师之　　乃不知有汉,无论魏晋

【解析】 此题考查文言虚词一些特殊现象的认知能力。A组的几个加点字全是兼词,第1句的"诸"字在句中等于"之于",第2句的"诸"在句末等于"之乎","盍"等于"何不","叵"等于"不可"。B组全是虚词连用,第1句是三个叹词连用,第2、4句是三个语气助词连用,第3句是三个假设连词连用。语气助词连用,重点在末一个。C项所给的几个加点词在古汉语中是两个单音词,"于是"的"于"是介词,"是"指"捕蛇这件差事",代词,不同于现代汉语的连词"于是"。"其实"在古汉语中意为"他实际",不同于现代汉语的副词"其实(实际上)";"从而"的"从"是动词"跟从","而"为连词,连接两个动词性词组,不同于现代汉语的连词"从而";"无论"的"无"是否定副词"不要"、"不必"之意,"论"是动词"说",不同于现代汉语表示条件关系的关联词"无论"。

【练习题】

1. 下列句中的"则"与"则忧其民"中的"则"的意义、用法相同的是　　（　　）

嗟夫！予尝求古仁人之心,或异二者之为,何哉？不以物喜,不以己悲;居庙堂之高则忧其民,处江湖之远则忧其君。

A. 居则具一日之积,行则备一夕之卫
B. 复之以掌,虚若无物;手裁举,则又超忽而跃
C. 公使阳处父追之,及诸河,则在舟中矣
D. 此则岳阳楼之大观也

2. 比较下列各句中"以"字的意义和用法,判断正确的一组是　　（　　）

① 以祖任为丹州司法参军
② 永以书抵幕府
③ 以资簠豆之费可乎
④ 毋以此贾祸

A. ①句和③句相同,②句和④句相同
B. ①句和③句相同,②句和④句不同
C. ①句和③句不同,②句和④句相同
D. ①句和③句不同,②句和④句不同

3. "且"用作连词,表递进或并列关系;用作副词,有"将要"、"姑且"等意。下列各句按词性和用法分类,指出分类正确的一项　　（　　）

① 臣死且不避,卮酒安足辞

② 存者且偷生,死者长已矣
③ 且将军大势可以拒操者,长江也
④ 不出,火且尽
⑤ 河水清且涟漪
⑥ 卿但暂还家,吾今且报府
⑦ 且庸人尚羞之,况于将相乎
⑧ 居一二日,何来谒上,上且怒且喜

A. ①③⑤⑦⑧/②④⑥ B. ①②④⑥⑦/③⑤⑧
C. ①②④⑥/③⑤⑦⑧ D. ①③④⑤⑦/②⑥⑧

4. 阅读下面一段文言文,完成后面的题目。

公仪休者,鲁博士也,为鲁相。奉法循理,无所变更,百官自正。使食禄者不得与下民争利,受大者不得取小。客有遗相鱼者,相不受。客曰:"闻君嗜鱼,遗君鱼,何故不受也?"相曰:"以嗜鱼,故不受也。今为相,能自给鱼;今受鱼而免,谁复给我鱼者?吾故不受也。"食茹①而美,拔其园葵而弃之。见其家织布好,而疾出其家妇,燔其机。云:"欲令农士工女安所雠②其货乎?"

石奢者,楚昭王相也。坚直廉正,无所阿避。行县,道有杀人者,相追之,乃其父也。纵其父而还自系焉。使人言之王曰:"杀人者,臣之父也。夫以父立政,不孝也;废法纵罪,非忠也;臣罪当死。"王曰:"追而不及,不当伏罪,子其治事矣。"石奢曰:"不私其父,非孝子也;不奉主法,非忠臣也。王赦其罪,上惠也;伏诛而死,臣职也。"遂不受令,自刎而死。

李离者,晋文公之理③也。过听杀人,自拘当死。文公曰:"官有贵贱,罚有轻重。下吏有过,非子之罪也。"李离曰:"臣居官为长,不与吏让位,受禄为多,不与下分利。今过听杀人,傅其罪下吏,非所闻也。"辞不受令。文公曰:"子则自以为有罪,寡人亦有罪邪?"李离曰:"理有法,失刑则刑,失死则死。公以臣能听微决疑,故使为理。今过听杀人,罪当死。"遂不受令,伏剑而死。

【注】 ① 茹:蔬菜。 ② 雠:售。 ③ 理:法官。

下列句子中,加点字的意义和用法相同的一组是 (　)

A. 相追之,乃其父也
   断其喉,尽其肉,乃去
B. 理有法,失刑则刑
   徐而察之,则山下皆石穴罅
C. 子其治事矣
   以乱易整,不武,吾其还也
D. 纵其父而还自系焉
   北救赵而西却秦

【参考答案】
1. A 2. D 3. A 4. C

第四节 归纳概括

归纳内容要点、概括中心思想考查范围一般为文中某个论点的根据,某个事件发生的原因,某种发展导致的结果。

考查重点为人物传记中人物的言行经历、形象特点。

考查题型一般为选择题。

一、采用三步阅读法,形成整体意识,准确解题

第一步,粗读文章,大体了解文中所写的时、地、人、事、作者的看法。

第二步,先排除"死"字(不需译的人名、地名、朝代名、官职名、时间名词等),再分析"关系"(人与人、人与事、事与事之间的关系),理清孰主孰次,孰善孰恶,分析事件的原因与结局,分析人物的命运归宿,从而理解文段的中心思想。

第三步,扫清障碍(文中加点的字、画线的句子一般都是难字难句,是理解的障碍,也是文后的命题依据),筛选概括,准确答题。

【示例】

阅读下面文言文,根据文意选择答案。

景公好弋,使烛邹主鸟而亡之,公怒,诏吏杀之。晏子曰:"烛邹有罪三,请数之以其罪而杀之。"公曰:"可。"于是召而数之公前,曰:"烛邹!汝为吾君主鸟而亡之,是罪一也;使吾君以鸟之故杀人,是罪二也;使诸侯闻之,以吾君重鸟以轻士,是罪三也。"数烛邹罪已毕,请杀之。公曰:"勿杀!寡人闻命矣。"

(《晏子春秋·外篇》)

这段古文主要是写(　　)

A. 齐景公的残暴　　　　　　　　B. 晏子善于劝谏
C. 烛邹罪大恶极,该杀　　　　　　D. 齐景公昏庸,重鸟轻士

【解析】 此题考查辨别文意的能力。首先,第一步阅读完后,应抓住几个关键环节:时间是春秋时期;地点应是齐国宫廷内;人物有景公、烛邹、晏子;事件是由于烛邹的疏忽使鸟飞走,景公怒而要杀烛邹,晏子劝谏;事情的结局是景公顿悟不杀烛邹。第二步阅读后,掌握人物关系:烛邹是专为景公养鸟的人,晏子是齐国的大臣,机智善谏。第三步结合原文,看选项。A项是从齐景公方面说的。齐景公只顾个人逸乐而杀无辜,确实残暴,可经晏子的劝谏,明白了道理,最终并未杀掉烛邹,可见应该排除A项;C项是从烛邹方面说的,"烛邹主鸟而亡之",这只能说是疏忽,不是"罪大恶极",不能说"该杀",C项不合文义;D项仍是从景公方面说的,从事情的发展看,也不合乎文意。这段文字主要是写晏子善于劝谏。晏子不正面冒犯盛怒的景公,而是巧妙地采取"数烛邹罪"的方法,但所列举的每一条烛邹的罪状,实际上都是景公的罪状。晏子的劝谏委婉而尖锐,使齐景公豁然顿悟,不得不接受。通过以上分析,可知答案为B。

二、既要有整体意识，还要注意抓关键语句

【示例】

阅读下面文言文，选出对文段内容理解正确的一项　　　　　　　　　　（　　）

或云丁仪、丁廙有盛名于魏，寿谓其子曰："可觅千斛米见与，当为尊公作佳传。"丁不与之，竟不为立传。寿父为马谡参军，谡为诸葛亮所诛，寿父亦坐被髡，诸葛瞻又轻寿。寿为亮立传，谓亮将略非长，无应敌之才，言瞻唯工书，名过其实。议者以此少之。

A. 交代了陈寿低评丁仪、丁廙及诸葛亮、诸葛瞻的原因。

B. 反映了陈寿撰史的态度欠严肃、公正，有挟私报复之嫌。

C. 评价诸葛亮、诸葛瞻有别于丁仪、丁廙，褒贬不同，侧重各异。

D. 陈寿客观地记载了诸葛亮、诸葛瞻的弱点与不足，议论他的人因此就少了。

【解析】　此题考查概括中心思想的能力。解做此题时，可抓住"丁不与之，竟不为立传"这个关键句子。因为陈寿对丁仪、丁廙的儿子说"可觅千斛米见与，当为尊公作佳传"，而丁仪、丁廙的儿子并未给陈寿"千斛米"，陈"竟不为立传"。既然陈寿并未给丁氏作传就不可能"低评丁仪、丁廙"，因而排除 A、C 两项。D 项中把"议者以此少之"的"少"理解为"减少"是错误的，应该是形容词活用为动词"轻视"，据此又排除 D。所以答案应该为 B。

三、把握文体特点，依其性质概括中心

【示例】

阅读下面文言文，选出最符合这则短文寓意的一项。　　　　　　　　（　　）

阳子（即杨朱，战国初哲学家）之宋，宿于逆旅。逆旅人有妾二人，其一人美，其一人恶。恶者贵而美者贱。阳子问其故，逆旅小子对曰："其美者自美，吾不知其美也；其恶者自恶，吾不知其恶也。"阳子曰："弟子记之：行贤而去自贤之行，安往而不爱哉？"

A. 骄傲使人落后，谦虚使人进步

B. 恃才而骄傲必会败事，贤德而谦虚就能成事

C. 骄傲使人吃亏，谦虚使人得益

D. 恃才而骄傲被人轻视，贤德而谦虚受人欢迎

【解析】　此题考查的是概括短文的寓意。解答此题时，应该先明确该短文是一则寓言故事，其特点是用假托的故事或自然物的拟人手法，来说明某个道理或教训，常常有讽刺或劝诫的性质。每则寓言都有一定的寓意。然后概括原文，对选项进行分析比较。A、C 两项的"骄傲"、"谦虚"的内容显然与文意不符，可排除。B、D 两项的不同在于"败事"、"成事"和"被人轻视"、"受人欢迎"上，辨析时可抓住文中作者借以表达观点的话："行贤而去自贤之行，安往而不爱哉？"这句话可这样理解："品行好而能去掉自以为品行好（的缺点），那么，到何处不受人欢迎呢？"由此可知，这就是借题发挥的道理：恃才而骄傲被人轻视，贤德而谦虚则受人欢迎。故答案为 B。

四、分析题目、尾注,掌握文章出处、作者情况、所处时代、社会背景及写作动机,然后再结合有关的文学、历史知识分析概括评价

【示例】

阅读下面文言文,回答文后问题。

齐武成帝子琅邪王,太子母弟也。生而聪慧,帝及后并笃爱之,衣服饮食,与东宫相准。帝每面称之曰:"此黠儿也,当有所成。"及太子即位,王居别宫,礼数优僭,不与诸王等;太后犹谓不足,常以为言。年十许岁,骄恣无节,器服玩好,必拟乘舆①。常朝南殿,见典御②进新冰,钩盾③献早李,还索不得,遂大怒,诟曰:"至尊已有,我何意无?"不知分齐,率皆如此。识者多有叔段④、州吁⑤之讥。后嫌宰相,遂矫诏斩之,又惧有救,乃勒麾下军士,防守殿门,既无反心,受劳而罢,后竟坐此幽薨。人之爱子,罕亦能均;自古及今,此弊多矣。贤俊者可赏爱,顽鲁者亦当矜怜,有偏宠者,虽欲以厚之,更所以祸之。

【注】① 乘舆:帝王的代称。 ② 典御:主管皇帝膳食的官员。 ③ 钩盾:主管皇帝果蔬的官员。 ④ 叔段:郑庄公之弟,受母姜氏的宠爱,骄横自恣,后谋反时为庄公所败。 ⑤ 州吁:卫庄公宠妾所生,受宠爱,喜争斗,弑桓公自立后,不修德政,虐待百姓,被杀。

对于琅邪王,"识者多有叔段、州吁之讥",其原因是 （   ）

A. 琅邪王同叔段、州吁一样,受到父母的宠爱,却萌生谋反之心
B. 琅邪王同叔段、州吁一样,受到父母的宠爱,而他自己却未能加以节制
C. 琅邪王同叔段、州吁一样,父母宠爱他,欲立为君,却未能对他严加管束
D. 琅邪王同叔段、州吁一样,父母宠爱他,他却蓄意谋反,遭到了惨败

【解析】 此题考查的是分析评价能力。解题时,可借助注释内容,加深对全文的理解,把握文意。注释④中很明确地写出叔段、州吁都有篡位谋反的企图和行为,而文中的琅邪王"既无反心,受劳而罢",据此可排除 A、D 两项。C 项说文中是在批评父母宠爱而不能严加管束的主旨,况且"欲立为君"也不符合文意。实际上文章的中心意思是讲琅邪王对自己不知道节制,"后竟坐此幽薨"。故答案为 B。

五、看作品的意义

【示例】

阅读下面一段文言文,回答文后问题。

苏子夜坐,有鼠方啮。拊床而止之,既止复作,使童子烛之,有橐①中空。嘐嘐聱聱②,声在橐中。曰:"嘻!此鼠之见闭而不得去者也。"发而视之,寂无所有,举而出之,堕地乃走,虽有敏者,莫措其手。

苏子叹曰:"异哉!是鼠之黠也,闭于橐中,橐坚而不可穴也。故不啮而啮,以声致人;不死而死,以形求脱也。吾闻有生,莫智于人。扰龙伐蛟,登龟狩麟③,役万物而君之,卒见使于一鼠。堕此虫之计中,惊脱兔于处女④,乌在其为智也?"

【注】① 橐:袋(此处指质地较坚硬的袋)。 ② 嘐嘐聱聱:拟声词。 ③ 扰龙伐蛟,登龟狩麟:驯龙服蛟,捉龟捕麟。 ④ 惊脱兔于处女:为老鼠由静到动的突变而吃惊。

以下四项最符合上文寓意的一项是 （   ）

A. 人虽聪明,但不能在任何情况下主宰一切

B. 人虽聪明,但有时也会被假象所迷惑

C. 人虽聪明,但要警惕诡计多端的小人

D. 人虽聪明,但也会有失误的时候

【解析】 此题考查的是对全文意思的理解。选文最后苏子的议论是解此题的关键,他对鼠无丝毫厌恶、贬斥之意,故首先应该排除C项。再比较A、B、D三项,B、D是从局部说的,A是从整体(任何情况下)说的。故答案应该是A。

【练习题】

1. 阅读下面文言文,回答文后问题。

河东薛存义将行,柳子载肉于俎,崇酒于觞,追而送之江浒,饮食之。且告曰:"凡吏于土者,若知其职乎?盖民之役,非以役民而已也。凡民之食于土者,出其什一佣乎吏,使司平于我也。今我受其直,怠其事者,天下皆然。岂唯怠之,又从而盗之。向使佣一夫于家,受若直,怠若事,又盗若货器,则必甚怒而黜罚之矣。今天下多类此,而民莫敢肆其怒与黜罚,何哉?势不同也。势不同而理同,如吾民何!有达于理者,得不恐而畏乎!"

存义假令零陵二年矣。早作而夜思,勤力而劳心,讼者平,赋者均,老弱无怀诈暴憎。其为不虚取直也矣,其知恐而畏也审矣。

吾贱且辱,不得与考绩幽明之说,于其往也,故赏以酒肉而重之以辞。

(柳宗元《送薛存义序》)

本文思想内涵十分深刻,下列理解不正确的一项是 ( )

A. 在官民关系中,官应是"民之役",其职责是"司平"于民,而不是去"役民"。

B. 官吏为害人民是封建社会普遍存在的现象,主要表现为"受其直,怠其事"。

C. 民怕官,不敢"怒而黜罚之",其原因是"势不同",即老百姓在官民关系中所处的地位和主人在主佣关系中所处的地位不同。

D. 作者认为薛存义"不虚取直"、"知恐而畏"、"老弱无怀诈暴憎",他与老百姓的关系才是较理想的官民关系。

2. 阅读下面文言文,回答文后问题。

(甲)铉①性质直无矫饰。有谢岳者,铉之故人也。凡铨选②之制,年七十即罢去。岳与虢州刺史有隙,奏岳年过,不堪其任。时江南人士爵齿,有司疑者必质于铉。岳求哀曰:"犬马③之齿,公实知之。岳家贫,亲属多,仰俸禄以给,今罢去即填沟壑④,愿公言不知。"铉曰:"我实知而言不知,是欺天也。"卒以实对,吏部遂罢岳官。然故人子弟及亲族之孤贫者求依铉,铉必分俸开馆以纳之。

(乙)清源留后张汉思年老淳谨,不能治军务,事皆决于副使陈洪进。汉思诸子并为牙将,颇不平,图害洪进。汉思亦患其专,乃大飨将吏,伏甲于内,将杀洪进。酒数行,地忽大震,栋宇倾侧,坐立皆不自持,同谋者惧,以告洪进。洪进亟⑤出,众惊悸而散。汉思事不成,虑洪进先发,常严兵为备。洪进子文显、文灏俱为指挥使,勒所部欲击汉思,洪进不许。

【注】 ①铉:徐铉,为江南国主李煜时的名臣。 ②铨选:任用官吏的制度。 ③犬马:下级对上级的卑贱自喻。 ④沟壑:野死之处,比喻死无葬身之地。 ⑤亟:急,赶快。

下面对甲、乙两文内容的解释、评析正确的一项是 ( )

A. 两文都是站在拥护国君统治地位立场上对史实的客观叙述。

B. 两文都是对封建统治集团内部官吏间尔虞我诈的揭露。

C. 两文是对封建官吏内部关系的褒贬记录。甲文重在褒,乙文重在贬。

D. 两文都是对封建时代官制的褒贬,均以褒为主,中间含有贬。

【参考答案】

1. B 2. C

第五章 诗歌鉴赏

第一节 诗词知识

本部分考查经历了从写作 300 字左右的鉴赏文章到根据提问回答问题的变化。近年题型为后者。

掌握基本的诗词知识是回答此类问题的前提，了解、掌握得越全面、越扎实越好。

一、诗歌分类

1. 从时代分

唐以前的诗，一般称为古诗，其中包括汉魏乐府古辞、南北朝乐府民歌，以及这个时期的文人诗。

中唐时白居易等掀起一个新乐府运动，创新题，写时事，因而叫作新乐府。

古体诗一般又叫古风，这是依照古诗的作法写的，形式比较自由，不受格律的束缚。

2. 从诗句的字数看

(1) 五言古体诗——五古

(2) 七言古体诗——七古（三五七言兼用者，一般也算七古）

唐以后的诗体，从格律上看，大致可分为近体诗和古体诗两类。

近体诗又叫今体诗，它有一定的格律。

(3) 律诗

五言律诗——五律，限定八句四十字

七言律诗——七律，限定八句五十六字

超过八句的叫长律，又叫排律。长律一般都是五言诗。

(4) 绝句

只有四句的叫绝句（绝诗、截句、断句）。

五绝共二十个字。

七绝共二十八个字。

绝句可分为律绝和古绝两种。律绝要受平仄格律的限制，古绝不受平仄格律的限制。古绝一般只限于五绝。

联：首联、颔联、颈联、尾联。

句：出句、对句。

(5) 词

又称为诗余、长短句、曲子、曲子词、乐府等。

特点:调有定格,句有定数,字有定声。
字数不同可分为长调(91字以上)、中调(59～90字)、小令(58字以内)。
词有单调和双调之分。
单调只有一段。
双调就是分两大段,两段的平仄、字数是相等或大致相等的。
词的一段叫一阕或一片,第一段叫前阕、上阕、上片,第二段叫后阕、下阕、下片。
(6) 曲
又称为词余、乐府。
元曲包括散曲和杂剧。
散曲兴起于金,兴盛于元,体式与词相近。特点:可以在字数定格外加衬字,较多使用口语。
散曲包括有小令、套数(套曲)两种。套数是连贯成套的曲子,至少为两曲,多则几十曲。每一套数都以第一首曲的曲牌作为全套的曲牌名,全套必须同一宫调。它无宾白科介,只供清唱。

3. 按内容分类:叙事诗、抒情诗、送别诗、边塞诗、山水诗、田园诗、怀古诗(咏史诗)、咏物诗、悼亡诗、行旅诗、闺怨诗、隐逸诗、闲适诗、讽喻诗、哲理诗。

二、诗歌的表现手法

1. 赋、比、兴
我国最早流行而至今仍常使用的传统表现手法有"赋、比、兴"。
《毛诗序》说:"故诗有六义焉:一曰风,二曰赋,三曰比,四曰兴,五曰雅,六曰颂。"
赋:是直接陈述事物的表现手法。
比:是用比喻的方法描绘事物,表达思想感情。
兴:是托物起兴,即借某一事物开头来引起正题要描述的事物和表现思想感情的写法。
诗歌的表现手法是很多的。

2. 诗眼
"诗眼"一词最早见于北宋。苏轼诗云:"天工忽向背,诗眼巧增损。"诗眼是诗歌中最能开拓意旨和表现力最强的关键词句。诗眼是理解诗歌的一把钥匙,抓住了诗眼,明白了主旨,可以有效地帮助解题。王安石"春风又绿江南岸",用"绿"字而不用"到"、"过"、"入"、"满"等字,是取"绿"字的色彩,增强了文章的形象性。

3. 炼字
炼字,修辞方法之一,即根据内容和意境的需要,精心挑选最贴切、最富有表现力的字词来表情达意。其目的在于以最恰当的字词,贴切生动地表现人或事物。古人作诗,常常出现"吟安一个字,捻断数茎须"的情况。

4. 意象
所谓意象,就是客观物象经过创作主体独特的情感活动而创造出来的一种艺术形象。简单地说,意象就是寓"意"之"象",就是用来寄托主观情思的客观物象。在比较文学中,意象的名词解释是:所谓"意象"简单说来,可以说就是主观的"意"和客观的"象"的结合,也就是融入诗人思想感情的"物象",是赋有某种特殊含义和文学意味的具体形象。简单地说就是借物抒情。

5. 表现手法

表现手法从广义上来讲,也就是作者在行文措辞和表达思想感情时所使用的特殊的语句组织方式。分析一篇作品,具体地可以由点到面地来抓它的特殊表现方式。

因为现代的语文已不太注重表现手法与表达技巧的区分,可认为二者是统一的。但如果要严格区分,表现手法从属于表达技巧:

托物言志、写景抒情、叙事抒情、直抒胸臆、对比、衬托、烘托、卒章显志、象征、想象、联想、照应、寓情于景、反衬、托物起兴、乐景衬哀情、渲染、渲染环境、虚实结合、点面结合、动静结合、以动衬静、伏笔照应、设置悬念、侧面描写、正面描写、直接抒情、间接抒情、修辞格、字词锤炼、以小见大、句式选择、复沓、象征、夸张、比喻、拟人、列锦、白描、互文等。

6. 列锦

全部用名词或名词性短语,经过选择组合,巧妙地排列在一起,构成生动可感的图像,用以烘托气氛,创造意境,表达情感的一种修辞手法。

枯藤老树昏鸦,小桥流水人家,古道西风瘦马。夕阳西下,断肠人在天涯。(马致远《天净沙·秋思》)

七八个星天外,两三点雨山前。(辛弃疾《西江月》)

楼船夜雪瓜洲渡,铁马秋风大散关。(陆游《书愤》)

今宵酒醒何处?杨柳岸,晓风残月。(柳永《雨霖铃》)

鸡声茅店月,人迹板桥霜。(温庭筠《商山早行》)

落叶他乡树,寒灯独夜人。(马戴《灞上秋居》)

乱山残雪夜,孤烛异乡人。(崔涂《除夜有作》)

燕子来时新社,梨花落后清明。池上碧苔三四点,叶底黄鹂一两声。(晏殊《破阵子》)

烟杨画柳,风帘翠幕,参差十万人家。(柳永《望海潮》)

试问闲愁都几许?一川烟草,满城风絮,梅子黄时雨。(贺铸《青玉案》)

一去二三里,烟村四五家,亭台六七座,八九十枝花。(邵雍《蒙学诗》,一名《山村咏怀》)

星河秋一雁,砧杵夜千家。(韩翃《酬程延秋夜即事见赠》)

林教头风雪山神庙(《水浒》第十回回目)

巍巍天山,浩浩长江;骏马西风塞北,杏花春雨江南;故园的竹篱茅舍,童年的如豆青灯……(袁鹰《序》)

运用列锦辞格的语句除了其自身的辞格特点和修辞效果外,还往往与比喻、对仗、排比、借代等叠用,以增强表达的效果。

列锦的表达效果:名词或名词性短语巧妙地排列在一起,构成生动可感的图像,多角度地描绘事物,烘托气氛,创造意境,表达复杂的思想感情。

7. 白描

也是诗歌表现手法之一。

抓住对象的特征,如实地勾勒出人物、事件、景物的情态面貌。

特点:用朴素简练的文字描摹形象,不重辞藻修饰与渲染烘托。

效果:朴素简练,不尚华丽,让人快速抓住景物特征,体会作者所寄寓的感情。

白描例文:

湖心亭看雪
张 岱

崇祯五年十二月,余住西湖。大雪三日,湖中人鸟声俱绝。是日更定矣,余挈一小舟,拥毳(cuì 鸟兽的细毛)衣炉火,独往湖心亭看雪。雾凇沆砀(hàng dàng 白气弥漫),天与云与山与水,上下一白。湖上影子,惟长堤一痕,湖心亭一点,与余舟一芥,舟中人两三粒而已。

到亭上,有两人铺毡对坐,一童子烧酒,炉正沸。见余,大喜曰:"湖中焉得更有此人!"拉余同饮。余强饮三大白而别。问其姓氏,是金陵人,客此。

及下船,舟子喃喃曰:"莫说相公痴,更有痴似相公者!"

白描手法也用于叙事,线条明晰,言简意真,鲁迅、孙犁是高手。

8. 互文,也叫互辞,是古诗文中常采用的一种修辞方法。

古文中对它的解释是:"参互成文,含而见文。"

具体地说,它是这样一种互辞形式:上下两句或一句话中的两个部分,看似各说两件事,实则是互相呼应,互相阐发,互相补充,说的是一件事。由上下文义互相交错,互相渗透,互相补充来表达一个完整句子意思的修辞方法。

单句互文:

烟笼寒水月笼沙。(杜牧《泊秦淮》)

秦时明月汉时关。(王昌龄《出塞》)

将军白发征夫泪。(范仲淹《渔家傲·秋思》)

朝晖夕阴。(《岳阳楼记》范仲淹)

对句互文:

开我东阁门,坐我西阁床。(《木兰辞》,又名《木兰诗》)

当窗理云鬓,对镜贴花黄。(《木兰辞》,又名《木兰诗》)

将军百战死,壮士十年归。(《木兰辞》,又名《木兰诗》)

明月别枝惊鹊,清风半夜鸣蝉。(辛弃疾《西江月·夜行黄沙道中》)

将军角弓不得控,都护铁衣冷难着。(岑参《白雪歌送武判官归京》)

大漠沙如雪,燕山月似钩。(李贺《马诗》)

不以物喜,不以己悲。(范仲淹《岳阳楼记》)

千里冰封,万里雪飘。(毛泽东《沁园春·雪》)(意思是"千万里冰封冻,千万里雪花飘。""千里"和"万里"是互文)

隔句互文:

十旬休假,胜友如云;千里逢迎,高朋满座。(王勃《滕王阁序》)

日月之行,若出其中;星汉灿烂,若出其里。(《观沧海》曹操)("日月之行"与"星汉灿烂"互文)

排句互文:

东市买骏马,西市买鞍鞯,南市买辔头,北市买长鞭。(《木兰辞》,又名《木兰诗》)

互文的表现作用:

互相交错,互相渗透,互相补充,起到笔墨经济,以少胜多,表意委婉,耐人寻味的艺术效果。

第二节 例说五种

诗词鉴赏考查角度可以千变万化,但也有一些相对稳定的考查点。

一、分析意境型

1. 提问方式

此诗有什么样的意境?〔所谓意境,是指寄托诗人情感的物象(即意象)综合起来构建的让人产生想象的境界。它包括景、情、境三个方面。答题时三方面缺一不可。〕或问:诗句表现了怎样的画面?诗人通过什么景物表达自己的何种感情?

2. 答题步骤

① 描写诗句中展现的画面(翻译要尊重原文)。② 用 4 个字概括景物营造氛围特点。如:孤寂冷清、萧瑟凄凉、雄浑壮阔、恬静优美、明净炫丽等。③ 回答表现诗人什么感情(先答原因,后答感情)。

备选词语(感情):欢快、恬淡、闲适、悠然、迷恋、仰慕、追慕先贤;老大无成、壮志难酬、功业无就;孤独寂寞、忧闷感伤、忧愤、愤激、愤懑;思念、羁旅愁怀、离别愁绪、怀人念远;高蹈于世、清高自守、坚守节操;伤春惜春、韶华易逝等。

3. 答题示例

问:诗句"山回路转不见君,雪上空留马行处"描绘了一幅怎样的画面?表达了诗人怎样的感情?请简要分析。

答:这句诗描写出友人离去以后的情景。山回路转,友人的身影已经看不到了,此时诗人仍伫立在风雪中,远望友人离去的路,只见雪地上留下一行长长的马蹄印。这是一幅孤寂冷清的画景,表现了诗人送友人归去时依依不舍的深情以及他的思乡之情。

请展开想象,描述"白头搔更短,浑欲不胜簪"所展现的画面,并揭示诗句的含义。

二、分析技巧型

1. 提问方式

怎样的表现手法?或怎样的艺术手法?怎样的技巧(手法)?怎样抒发感情的?

艺术手法题要关注鉴赏术语,常见的鉴赏术语:意境、意象、基调、点题、上片、下片、首颔颈尾联;常见的对偶、比喻、拟人等修辞格;常见的表现手法:虚实结合、联想、想象、以动衬静、白描、渲染、比兴、铺陈、细节描写、正侧面描写、衬托、烘托、对比、曲笔、借古讽今、用典、托物言志、以小见大、抑扬、铺垫、照应等。

2. 答题步骤

① 明确告诉其手法。② 结合诗句说明为什么。③ 运用这种手法有效地表达出因……而产生的……情感。

3. 答题示例

例(1):深林人不知,明月来相照。

问:此句主要用了什么表现手法?有何表达效果?

答:① 主要用了反衬手法。② 明月之光可照反衬出深林的幽暗。③ 表达了诗人一种潜隐心底的沉郁与孤愤。

例(2):赏析诗句"怀旧空吟闻笛赋,到乡翻似烂柯人",并说说它们表现了诗人怎样的思想感情。

答:① 这句话的意思是怀念故友徒然吟诵闻笛小赋,久贬归来感到已非旧时光景。② 诗句借用典故,前一句用向秀作《思旧赋》,说明自己在外二十三年,如今回来,许多老朋友都已去世,只能徒然地吟诵"闻笛赋"表示悼念而已,表达了对亲旧凋零的伤痛之情。后一句用王质烂柯的典故,既暗示了自己贬谪时间的长久,又表现了世态的变迁,以及回归之后生疏而怅惘的心情。

请分析诗句"浊酒一杯家万里,燕然未勒归无计,羌管悠悠霜满地"所运用的艺术手法。

三、分析语言型:

1. 提问方式

此诗有什么语言风格(或语言特色、艺术)?

2. 答题步骤

① 从以下词中选一个或几个作答:雄浑豪放、委婉含蓄、华美绚丽、运用口语、叠词互用、清新自然、朴实无华、明白晓畅、简练生动等。② 结合相关语句说明。③ 运用这种语言表现作者因……而产生的……感情。

3. 答题示例

问:请分析陆游《卜算子·咏梅》的语言特色。

答:① 此诗语言特点是委婉含蓄。② 如"无意苦争春,一任群芳妒"一句借助比喻委婉地道出了自己绝不与阿谀逢迎之徒为伍的心迹,表达了自己不畏谗言、坚贞自守的志趣。

请说说辛弃疾的《破阵子·为陈同甫赋壮词以寄之》的语言特点。

四、炼字型

1. 提问方式

最生动传神的字是什么?给出一字,问是否认可。

2. 答题步骤

① 解释此字在句中的含义。② 翻译此句(忠于原文,语言优美)。③ 回答表现诗人什么感情(先答原因,后答感情)。

3. 答题示例

问:"潮平两岸阔,风正一帆悬"一句中"阔"字达到了一字传神的水平,"阔"表现出一幅怎样的情景?

答:"阔"指江面广阔浩渺,"阔"字既写出了江水之势,又写出了大地回春、冰雪消融的景象,表现了诗人扬帆东下的壮观及豪迈的气概。

"大漠孤烟直,长河落日圆"是写景名句,请赏析"直"、"圆"二字。

五、诗眼型

1. 提问方式

关键、不能删掉的词。

2. 答题步骤

① 解释词义。② 点明中心。③ 是全诗的关键。(位于第一段或者第二段)起到了总领全文的作用;(不在第一段或者第二段)起到了承上启下的作用。

3. 答题示例

问:李白诗《春夜洛城闻笛》中"折柳"二字是全诗的关键,"折柳"寓意是什么?你是否同一"关键"之说?为什么?

答:①"折柳"的寓意是"惜别怀远",而诗歌的主旨正是思乡之情。② 这种相思之情是从听到"折柳"引起的。承上启下。③ 是全诗的关键。

请找出苏轼的《江城子·密州出猎》一词的词眼并简析之。

下编　语文知识

第六章 文学常识

第一节 中国文学

一、古代部分

1. 从中国上古到秦始皇统一中国(公元前221年)期间的文学,叫先秦文学。
2. 神话产生在文字发明以前。神话中充满了丰富的想象,是中国浪漫主义文学的源头。
3. 中国流传最广的神话是"女娲补天"、"后羿射日"、"精卫填海"、"嫦娥奔月"等。
4. 《尚书》是中国最早的一部历史文献总集,相传由孔子编选。
5. 《诗经》是中国最早的一部诗歌总集,收西周至春秋中期各地方民族及朝庙乐章共305首。
6. "楚辞"为西汉刘向所辑,收有屈原、宋玉写的赋,因具楚地方声,故称"楚辞",对后代文学创作有深远影响。
7. 屈原是中国伟大的爱国诗人,《离骚》是屈原的代表作品。
8. "路曼曼其修远兮,吾将上下而求索"是屈原《离骚》中的名句。
9. 先秦散文是指秦代以前的散文,分为历史散文和诸子散文两类。《左传》和《战国策》是先秦历史散文的代表。《论语》、《孟子》、《墨子》、《庄子》是先秦诸子散文的代表。
10. 《左传》是中国第一部叙事历史著作,在历史、文学和语言方面,都有很高的成就。
11. 《论语》是一部语录体的散文集,记录了孔子和他的学生的言行,由孔子的学生写成。这部儒家经典对中国文化产生了巨大的影响。
12. "有朋自远方来,不亦乐乎?"(有朋友从远方来是值得高兴的),"己所不欲,勿施于人"(自己不愿做的事,不应该让别人去做),这是孔子《论语》里的名言。
13. 汉赋是汉代出现的一种新的文学形式。它是一种诗化的散文。
14. 贾谊是西汉初期杰出的政治家和文学家。他散文中最著名的是政论文《过秦论》。
15. 司马相如是西汉时期辞赋的杰出作家,《子虚赋》和《上林赋》是他的代表作品。
16. 《史记》是西汉著名历史学家司马迁写的一部史书,也是纪传文学的典范。
17. 汉代乐府民歌在中国诗歌发展史上占有重要的地位。乐府本来是指汉武帝时设立的音乐机关,后来人们把乐府机关采集、整理、保存的诗歌称为乐府诗。
18. 《孔雀东南飞》是中国古代杰出的长篇叙事诗,叙述了一对青年男女的爱情悲剧,是汉乐府叙事诗发展的高峰。
19. 《古诗十九首》是东汉末年一组无名氏的短诗,它是对乐府民歌的发展,标志着五言诗技巧达到了成熟的阶段。

20. 汉末建安时期,一批文人诗歌继承了汉乐府民歌的现实主义精神,具有"慷慨悲凉"的独特风格,被人们称为"建安风骨"。

21. 建安文学的代表作家是曹操、曹丕、曹植父子,合称"三曹"。

22. "老骥伏枥,志在千里。烈士暮年,壮心不已"是曹操《龟虽寿》中的名句,表现了英雄人物老当益壮的胸怀。

23. 蔡琰,字文姬,是建安时期的女诗人。她的五言《悲愤诗》表现汉末政治动乱所造成的人民的疾苦。

24. 阮籍是正始时期文学成就最高的作家,有五言诗八十二首,总名为《咏怀诗》。

25. 陶渊明,东晋大诗人。他的诗表现田园恬淡宁静的生活情景,被人们称为"田园诗人"。

26. 陶渊明较晚时期所写的《桃花源诗并记》标志着他思想和艺术的新高度,诗人在这里提出了"世外桃源"的社会理想。

27. 抒情长诗《西洲曲》代表了南朝民歌在艺术发展上的最高成就。

28. "天苍苍,野茫茫,风吹草低见牛羊"是北朝民歌《敕勒歌》中的诗句,描写了北方大草原的风光。

29. 《木兰诗》是北朝民歌的杰出代表作,描写了女英雄花木兰代父从军的动人故事。

30. 南朝诗人谢灵运是山水诗派的开创者。

31. 干宝的《搜神记》是魏晋南北朝志怪小说的代表。

32. 刘义庆编写的《世说新语》是记录魏晋南北朝时期一些人物言行和趣事的小品文,生动活泼,文笔简洁。

33. 《文心雕龙》是一部评论文学的著作,对后代文学评论有很大的影响。

34. 钟嵘的《诗品》是一部评论诗歌的著作,对后代诗歌评论有很大的影响。

35. 唐代(618~907年)的诗歌、散文和小说都十分发达,尤其是唐诗的成就最高。

36. 唐代出现了很多伟大诗人,像李白、杜甫、白居易、刘禹锡、李商隐等等。

37. 唐代文学家韩愈和柳宗元发起了古文运动。

38. 唐代诗歌发展一般分成四个阶段:初唐、盛唐、中唐、晚唐。

39. 流传到今天的唐诗有5万多首,是此前诗歌总和的两三倍。

40. 唐代诗歌分古体和近体。古体句数不限,每句的平仄也较自由。近体分律诗、绝句两种。律诗格律较严,每首四联八句,中间要对仗。律诗、绝句平仄都有规定。古体、近体都有五言、七言之分。

41. "初唐四杰"是卢照邻、骆宾王、王勃、杨炯。

42. 王勃写了著名的《滕王阁序》,"落霞与孤鹜齐飞,秋水共长天一色"是其中最有名的一句。

43. 骆宾王7岁写了著名的《咏鹅》诗:"鹅,鹅,鹅,曲项向天歌。白毛浮绿水,红掌拨清波。"

44. 陈子昂是"初唐四杰"以后的著名诗人,他反对六朝绮丽之风,提倡古朴淡雅的诗风。

45. 盛唐有名的田园山水诗人是孟浩然和王维。他们的诗歌表现祖国山河的壮丽和田园的自然质朴,诗中有画。

46. 盛唐有名的边塞诗人是高适和岑参。他们的诗表现了祖国边塞风光和唐人开拓进取的精神。

47. 王昌龄,是写七言绝句出名的诗人,《出塞》是他的代表作之一:"秦时明月汉时关,万里长征人未还。但使龙城飞将在,不叫胡马度阴山。"

48. 王之涣的《登鹳雀楼》非常有名气,这首诗是这样的:"白日依山尽,黄河入海流。欲穷千里目,更上一层楼。"告诫人们在取得成绩之后要更加努力,才会实现更高的理想。

49. 李白,字太白,号青莲居士,唐代最著名的诗人之一。他年轻时到过中国很多地方,写下了很多歌唱祖国的好诗。他的诗热情浪漫,想象力很丰富。人称"诗仙"。

50. 李白的五绝《静夜思》,写想家的感受,是思念故乡的。名句:"床前明月光,疑是地上霜。举头望明月,低头思故乡。"

51. 李白的《秋浦歌》:"白发三千丈,缘愁似个长。不知明镜里,何处得秋霜。"白发有三千丈那样长,夸张中带有奇想,给人以深刻的印象。

52. 李白的《朝发白帝城》:"朝辞白帝彩云间,千里江陵一日还。两岸猿声啼不住,轻舟已过万重山。"既描写了三峡的壮丽景色,又表现了诗人愉快的心情。

53. 李白还有很多首有名的长诗,比如《蜀道难》、《梦游天姥吟留别》、《行路难》等等。

54. 杜甫,字子美。他的诗反映了战乱中人民的痛苦生活,表现他崇高的爱国爱民的思想,人称"诗圣"。其又与李白合称"李杜",为唐代诗歌艺术的顶峰。

55. 杜甫的诗歌记下了很多当年的历史事件,所以他的诗又被称为"诗史"。

56. 杜甫生活的时代正是唐代由强转弱的时期,战争经常发生,他在《闻官军收河南河北》中写道:"白日放歌须纵酒,青春作伴好还乡。"表现了诗人对胜利与和平的渴望。

57. 杜甫的五律《春夜喜雨》:"好雨知时节,当春乃发生。随风潜入夜,润物细无声。野径云俱黑,江船火独明。晓看红湿处,花重锦官城。"描写了春雨给人们带来的无限喜悦。

58. 杜甫其他著名的诗歌有"三吏"、"三别"以及《兵车行》等等。

59. 白居易,字乐天,号香山居士。他的诗通俗易懂,重在反映社会各方面的现实生活。

60. 白居易有两首特别有名的长诗,分别是《长恨歌》和《琵琶行》。《长恨歌》写的是唐玄宗和杨贵妃的爱情故事,"在天愿作比翼鸟,在地愿为连理枝"一句,成为流行的爱情誓言。《琵琶行》写白居易在江船上听沦落远方的妇女弹奏琵琶抒发忧伤的感觉,诗中"大珠小珠落玉盘"一句,用珍珠落在玉盘上的声音来比喻琵琶的优美旋律。

61. 韩愈,字退之,中唐时期重要的文学家,他反对六朝以来绮靡的文风,提倡朴实的散文,气势雄伟。为"唐宋八大家"之首。韩愈著名的散文有《师说》、《马说》、《原毁》等等。

62. 柳宗元,字子厚。他的散文中最有特色的是描写山水的游记,他的诗文与韩愈齐名,人称"韩柳"。

63. 柳宗元在永州当官时写了《永州八记》,其中《小石潭记》最著名,一直为人们传诵。

64. 晚唐的民间文学发展很快。唐代的小说叫作"传奇",意思就是写离奇的故事。唐代的传奇小说作品很多,中国小说的基本形式已初步完成。

65. 晚唐著名的诗人是李商隐和杜牧。人称"小李杜"。李商隐的诗清新典雅,长于抒情,以七律为主。杜牧的诗俊迈雅洁,尤工七绝。

66. 晚唐有一种叫作词的文学体裁兴起,著名的词人有温庭筠、皇甫松等。

· 163 ·

67. 五代(907～960年)时期,词的写作大为兴起,有些帝王也好作词,如南唐李璟、李煜。

68. 五代结束以后,中国进入宋朝(960～1279年),中国的文学又开始了一个新的阶段。

69. 宋代是词的时代。词和诗不同,词的句子有长有短,也有固定的格式,词可以唱,每一首词都有一个词牌,像《浣溪沙》、《一剪梅》等等,就叫作词牌。不同的词牌格式不一样,唱法也不一样。

70. 宋代周敦颐的《爱莲说》既描写了莲花的美丽,又歌颂了莲花"出淤泥而不染"的高尚品格。

71. 范仲淹,字希文,宋代著名文学家,代表作是《岳阳楼记》,其中"先天下之忧而忧,后天下之乐而乐"一句表达了作者忧国忧民的思想。

72. 唐宋八大家是韩愈、柳宗元、苏洵、苏轼、欧阳修、苏辙、王安石、曾巩,前两位是唐代人,后六位是宋代人。

73. 欧阳修,字永叔。他的诗词、散文和传记都写得很好。欧阳修领导其他作家一起完成了诗文革新运动。

74. 王安石,字介甫,是宋代的政治家、文学家。他有一首著名的诗《泊船瓜洲》,其中有"春风又绿江南岸,明月何时照我还"的名句,句中一个"绿"字将江南春色写得淋漓尽致。

75. 中国历史上有很多父子文学家,宋代的苏洵、苏轼、苏辙就是其中的代表,尤以苏轼的水平最高。苏轼字子瞻,号东坡,他的诗词、散文、书法、绘画都有独特的风格。

76. 苏轼的著名散文有《前赤壁赋》、《后赤壁赋》,抒发了对历史上英雄事迹的感慨。

77. 苏轼有一首著名的诗《题西林壁》:"横看成岭侧成峰,远近高低各不同。不识庐山真面目,只缘身在此山中。"后两句生动地说明一个人若处身于某种环境之中,往往不能清楚地洞察事情的本来面目。

78. 辛弃疾,字幼安,号稼轩,著名爱国词人。他曾闯入敌营,擒拿叛徒,并曾策划北伐大业。他的词也属豪放一派,"壮岁旌旗拥万夫,锦襜突骑渡江初"是辛弃疾《鹧鸪天》中的名句。

79. 宋词除了豪放派以外,还有婉约派。婉约派词人有张先、晏殊、晏几道、柳永等,他们对词的发展都有一定贡献。柳永的词颇为当时群众喜爱,以至于有人说:"有井水处便有柳词。"

80. 李清照是宋代最著名的女词人,她的词风格独特,极为世人所欣赏。

81. 李清照的诗也很出名,其中有这样的名句:"生当作人杰,死亦为鬼雄。"

82. 岳飞是南宋时期反抗异族侵略的著名战将,精忠报国,为奸相所害。他的《满江红》词,至今为广大人民所传唱。

83. 陆游,字务观,号放翁,是南宋著名的爱国诗人、词人。陆游的诗保留下来的有9 300多首,是现在知道留下诗歌最多的诗人。

84. 陆游的《示儿》诗很有名:"死去原知万事空,但悲不见九州同。王师北定中原日,家祭无忘告乃翁。"说出了他盼望祖国统一的心情。

85. 杨万里,号诚斋。他的诗平易自然,号诚斋体。

86. 范成大,号石湖居士。他出使金国,不辱使命。其诗表现爱国主义,反映社会现实,独创风格。

87. "人生自古谁无死,留取丹心照汗青"是中国有名的爱国诗人文天祥的名句,表达了诗人以身许国的决心。

88. 宋代的小说叫作"话本",是讲故事的人用的底本,内容有讲历史的,有讲佛经故事的,对后来的明清小说产生了直接影响。

89. 元曲是元杂剧及散曲的总称,是元代(1206~1368年)文学的代表,与唐诗、宋词并称。

90. 关汉卿、马致远、郑光祖、白朴合称元曲四大家。在元剧作家中,以关汉卿的创作数量最多,影响最大。

91. 《窦娥冤》、《救风尘》、《望江亭》、《拜月亭》是关汉卿的代表作。

92. 《西厢记》是元代杂剧作家王实甫的代表作,讲述了张生与崔莺莺的爱情故事,表达了作者"愿普天下有情人都成眷属"的美好愿望。

93. 红娘是《西厢记》中的主要人物,由于她对崔张的结合有很大帮助,后人把"红娘"作为"媒人"的代称。

94. 马致远是元代著名的杂剧作家、散曲家,代表作有杂剧《汉宫秋》和散曲《天净沙·秋思》。他的"枯藤老树昏鸦,小桥流水人家,古道西风瘦马。夕阳西下,断肠人在天涯"被前人称为"秋思之祖"。

95. 高明的《琵琶记》写赵五娘与蔡伯喈悲欢离合的故事,是元末成就较高、影响也较大的南戏作品。

96. 明代(1368~1644年)的长篇小说是从宋元话本演化发展而来的,《三国演义》、《水浒》、《西游记》、《金瓶梅》是其中最著名的作品。罗贯中的《三国演义》是章回体的长篇历史小说,描写了东汉末年与整个三国时代刘备、曹操、孙权等各封建统治集团之间复杂的政治、军事、外交斗争。他所描写的诸葛亮、关羽等已成为家喻户晓的人物。

97. 关羽作为《三国演义》中"义"的化身,远传海外,至今仍有许多地方建有"关帝庙"。

98. 《三国演义》中智慧的化身是诸葛亮。

99. 施耐庵的《水浒传》是中国第一部表现农民起义的现实主义巨著,塑造了众多个性鲜明的人物形象,鲁智深、林冲、李逵、武松、宋江等更是家喻户晓。

100. 吴承恩创作的百回长篇小说《西游记》,写了唐僧、孙悟空、猪八戒、沙僧师徒四人不怕艰险,去西天取佛经的故事。

101. 陈仲琳编辑的《封神演义》是一部著名的神魔小说。"姜太公钓鱼,愿者上钩"是其中的情节。

102. 兰陵笑笑生所作的《金瓶梅》是中国第一部文人独创的长篇小说,又是第一部以家庭生活为题材的长篇小说。

103. 冯梦龙编选的《喻世明言》、《警世通言》、《醒世恒言》三部短篇小说集,简称"三言"。

104. 凌濛初所编的《初刻拍案惊奇》、《二刻拍案惊奇》,简称"二拍"。

105. "三言"和"二拍",代表了明代短篇小说的最高成就。

106. 《牡丹亭》是汤显祖的代表作,也是中国戏曲史上浪漫主义的杰作,剧中描写了杜丽娘与柳梦梅生死离合的爱情故事。

107. "金玉其外,败絮其中",是刘基散文《卖柑者言》中的名句。作者通过卖柑者的口,揭露那些表里不一、名不副实的人和现象。

108. 清代(1616～1911年)诗坛人物甚盛。王士禛提倡神韵,沈德潜提倡格调,袁枚号召性灵,各树旗帜,都有一定影响。

109. 清代昆曲艺术的代表作品是洪昇的《长生殿》,写的是唐明皇与杨贵妃的爱情故事。

110. 孔尚任的《桃花扇》是以侯方域、李香君的爱情故事为线索,写南明王朝兴亡的一部历史剧。

111. 蒲松龄所著的文言短篇小说集《聊斋志异》以民间流传的故事为基础,以谈鬼写狐的表现方式,揭露和抨击了封建社会的丑恶,赞美了作者心目中理想的爱情。

112. 《儒林外史》是清代吴敬梓的长篇小说,这本书对科举制度和封建礼教进行了深刻的讽刺和批判。

113. 《儒林外史》在结构上没有连贯全书的主要人物和中心事件,但刻画了一系列性格鲜明的人物形象,是中国古典讽刺小说的丰碑,对以后讽刺小说的创作影响很大。

114. 李伯元的《官场现形记》、吴趼人的《二十年目睹之怪现状》、刘鹗的《老残游记》和曾朴的《孽海花》合称晚清四大谴责小说。

115. 曹雪芹的长篇小说《红楼梦》,是中国古代小说中最伟大的作品,贾宝玉、林黛玉、王熙凤、薛宝钗是《红楼梦》中塑造得最成功的艺术形象。

116. 《红楼梦》中人们最熟悉的故事是贾宝玉、林黛玉、薛宝钗之间的爱情悲剧。

117. 纪昀,又叫纪晓岚,清代学者、文学家,曾主持纂修《四库全书》。

118. 《阅微草堂笔记》是清代纪晓岚的文言短篇笔记小说。

119. 以方苞、姚鼐、刘大櫆为代表的桐城派是清代著名散文流派,提出"义法"的主张。

120. 郑燮,人们常称郑板桥,他书法、绘画、写诗都很好。

121. 《病梅馆记》是清代龚自珍的散文,表现了他渴望精神解放的思想。"我劝天公重抖擞,不拘一格降人才"是他的名句。

121. 黄遵宪,清末诗人,是当时"诗界革命"的一面旗识,论诗主张"我手写吾口",反对模拟古人。

123. 严复,近代启蒙思想家,翻译家。他反对顽固保守,主张学习西方,他翻译的《天演论》中的"物竞天择,适者生存"的观点对当时的思想界影响很大。

124. 梁启超,又号饮冰室主人,曾倡导"诗界革命"、"小说界革命",全部著作汇编为《饮冰室合集》。

125. 近代学者王国维著有《人间词》及《人间词话》等著作。

126. 《古文观止》是由清初吴楚材、吴调侯编选的一部普及性的古文选本。

二、现当代作家作品部分

中国现代、当代作家作品:

从1919年"五四运动"到1949年新中国成立,这一时期的文学称为中国现代文学。从新中国成立到当今的文学称为中国当代文学。

鲁迅,原名周树人,字豫才,我国现代伟大的文学家、思想家、革命家,中国现代文学的奠

基者,新文化运动的主将。他的主要作品如下:

(1) 散文集一部:《朝花夕拾》(1928,原名《旧事重提》)。

(2) 散文诗集一部:《野草》(1927)。

(3) 诗歌:《自题小像》、《赠画师》、《无题》(运交华盖欲何求)、《无题》(惯于长夜过春时)。

(4) 杂文集16部。

①《热风》;②《坟》;③《华盖集》;④《华盖集续编》(1926);⑤《而已集》;⑥《且介亭杂文》三集等。

(5) 鲁迅小说集所收作品如下:

①《呐喊》:《狂人日记》、《孔乙己》、《药》、《明天》、《一件小事》、《头发的故事》、《风波》、《故乡》、《阿Q正传》、《端午节》、《白光》、《兔和猫》、《鸭的喜剧》、《社戏》。

②《彷徨》:《祝福》、《在酒楼上》、《幸福的家庭》、《肥皂》、《长明灯》、《示众》、《高老夫子》、《孤独者》、《伤逝》、《弟兄》、《离婚》。

③《故事新编》:《序言》、《补天》、《奔月》、《理水》、《采薇》、《铸剑》、《出关》、《非攻》、《起死》、《怀旧》。

(6) 学术著作有:《摩罗力诗说》、《文化偏至论》、《唐宋传奇集》、《中国小说史略》、《汉文学史纲》。

郭沫若,原名郭开贞,号尚武,四川乐山人,我国现代文学家、诗人、历史学家,新诗的奠基者。诗歌代表作为《女神》,戏剧代表作为历史剧《屈原》。

茅盾,原名沈德鸿,字雁冰,浙江桐乡人,我国现代文学家。代表作为《子夜》,另外有小说《蚀》三部曲(《幻灭》、《动摇》、《追求》)、《腐蚀》、"农村三部曲"(《春蚕》、《秋收》、《残冬》)、《林家铺子》,散文名篇有《白杨礼赞》、《风景谈》。

叶圣陶,原名叶绍钧,我国现代著名作家、教育家。代表作为《倪焕之》,另有短篇小说名作《多收了三五斗》、《夜》。

朱自清,字佩弦,号秋实,江苏扬州人,现代著名散文家、学者、爱国民主战士。他的散文主要有《春》、《匆匆》、《背影》、《绿》、《荷塘月色》、《威尼斯》等。

老舍,原名舒庆春,字舍予,北京人,满族现代著名小说家,语言艺术大师,被誉为"文艺队伍中的劳动模范"。代表作为《骆驼祥子》,另外有长篇小说《四世同堂》、《老张的哲学》,剧本《茶馆》、《龙须沟》。

冰心,原名谢婉莹,福建福州人,现代女作家,著名的儿童文学家。小说有《斯人独憔悴》,散文有《小桔灯》、《樱花赞》、《寄小读者》,诗有《繁星》、《春水》。

夏衍,原名沈端先,我国现代剧作家。报告文学有《包身工》,剧作有《赛金花》、《法西斯细菌》、《上海屋檐下》。

闻一多,湖北浠水人,现代著名诗人、学者,代表作为《死水》。

巴金,原名李尧棠,字芾甘,四川成都人,现代著名作家。代表作为《家》,主要作品有激流三部曲《家》、《春》、《秋》;爱情三部曲《雾》、《雨》、《电》;抗战三部曲《火》、《憩园》、《寒夜》。另有散文《灯》、《日出》、《海行杂记》、《龙·虎·狗》、《随想录》等作品。

曹禺,原名万家宝,现代著名剧作家。代表作为《雷雨》,另有名作《日出》、《北京人》、《原野》、《王昭君》。

沙汀，四川安县人，现代小说家。代表作为《在其香居茶馆里》，另有长篇小说《还乡记》、《淘金记》、《困兽记》。

丁玲，现代著名女作家。代表作为荣获斯大林文学二等奖的《太阳照在桑干河上》。

周立波，现代著名作家。代表作为荣获斯大林文学三等奖的《暴风骤雨》，另外还有名作《山乡巨变》、《铁水奔流》。

臧克家，现代诗人。代表作为《烙印》、《罪恶的黑手》、《有的人》。另有名作《黎明的通知》。

赵树理，现代著名小说家。代表作为《李有才板话》，另有名作《小二黑结婚》、《三里湾》、《李家庄的变迁》。

孙犁，原名孙树勋，现代著名作家。代表作为《荷花淀》，另有名作《风云初记》、《白洋淀纪事》。

左联五烈士，即殷夫（白莽，原名徐祖华，有《别了，哥哥》），柔石（原名赵平复，有《二月》、《为奴隶的母亲》），李伟森，胡也频和冯铿。

吴伯箫，原名吴熙成，现代著名散文家。代表作为《北极星》，课文有《菜园小记》、《早》、《记一辆纺车》、《猎户》、《难老泉》。

杨朔，当代著名散文家。名作有《茶花赋》、《香山红叶》、《海市》、《荔枝蜜》，小说有《三千里江山》。

魏巍，当代著名作家。代表作为长篇小说《东方》。

贺敬之，当代诗人。他和丁毅执笔的《白毛女》曾获得斯大林文学奖，代表作为长诗《雷锋之歌》。

秦牧，原名林觉夫，当代著名作家。名作有散文《土地》、《花城》、《社稷坛抒情》。

峻青，原名孙俊卿，当代著名作家。代表作为小说《黎明的河边》，名作有《海啸》、《党员登记表》。

碧野，原名黄潮洋，现代散文家。代表作为《阳光灿烂照天山》，散文有《天山景物记》。

张天翼，现代作家。代表作为讽刺短篇《华威先生》。长篇小说有《鬼土日记》，短篇小说有《从空虚到充实》，儿童文学作品有《大林和小林》、《宝葫芦的秘密》、《大灰狼》等。

沈从文，现代作家，曾参加"新月社"。代表作有中篇《边城》，短篇集《沈从文短篇小说习作选》，散文《湘西散记》等。

钱钟书，现代著名作家、学者。代表作《围城》，学术著作《管锥编》，散文集《写在人生边上》等。

茹志鹃，现代女作家。其代表作有短篇小说《百合花》、《静静的产院》、《剪辑错了的故事》，其中《剪辑错了的故事》荣获1979年全国优秀短篇小说创作奖。

李准，现代作家。其代表作有短篇小说《不能走那条路》、《李双双小传》；由他改编的电影剧本有《高山下的花环》、《牧马人》、《老兵新传》等。其中《老兵新传》拍摄成电影后，曾荣获1959年莫斯科国际电影节银质奖。他的长篇小说有《黄河东流去》。

宗璞，当代女作家，原名冯钟璞。1978年写的《弦上的梦》获全国优秀短篇小说奖。

王蒙，当代作家。其处女作是长篇小说《青春万岁》，他的短篇小说《组织部新来的青年人》与《悠悠寸草心》、《春之声》分获1978年、1979年、1980年全国优秀短篇小说奖，中篇小说《蝴蝶》获全国优秀中篇小说奖。

蒋子龙,当代作家。其成名作是《机电局长的一天》,短篇小说《乔厂长上任记》荣获1979年全国优秀短篇小说一等奖,《开拓者》获全国优秀小说奖。

刘心武,当代作家。其短篇小说《班主任》荣获1978年全国优秀短篇小说一等奖,长篇小说《钟鼓楼》荣获第二届茅盾文学奖。

张洁,当代女作家。其处女作《从森林里来的孩子》和后来写的《谁生活得更美好》分别获1978年、1979年全国优秀短篇小说奖;以长篇小说《沉重的翅膀》、《无字》两获茅盾文学奖。

高晓声,当代作家。代表作《李顺大造屋》、《陈奂生上城》分别获1979年、1980年全国优秀短篇小说奖。

北岛,原名赵振开,祖籍浙江湖州,生于北京。1969年当建筑工人,后在某公司工作。20世纪80年代末移居国外。

北岛的诗歌创作开始于十年动乱后期,反映了从迷惘到觉醒的一代青年的心声。十年动乱的荒诞现实,造成了诗人独特的"冷抒情"的方式——出奇的冷静和深刻的思辨性。他在冷静的观察中,发现了"那从蝇眼中分裂的世界"如何造成人的价值的全面崩溃、人性的扭曲和异化。他想"通过作品建立一个自己的世界,这是一个真诚而独特的世界,正直的世界,正义和人性的世界"。在这个世界中,北岛建立了自己的"理性法庭",以理性和人性为准绳,重新确定人的价值,恢复人的本性;悼念烈士,审判刽子手;嘲讽怪异和异化的世界,反思历史和现实;呼唤人性的富贵,寻找"生命的湖"和"红帆船"。

清醒的思辨与直觉思维产生的隐喻、象征意象相结合,是北岛诗歌显著的艺术特征,具有高度概括力的悖论式警句,造成了北岛诗歌独有的振聋发聩的艺术力量。著有诗集《太阳城札记》、《北岛顾城诗选》、《北岛诗选》等。

顾城,原籍上海,1956年生于北京,1969年随父下放山东东北农场,1974年回北京。做过搬运工、锯木工、借调编辑等。1980年所在单位解散,成为待业者。"文革"期间开始诗歌写作,1977年开始发表作品。1979年在《今天》发表诗作后在诗歌界引起强烈反响和巨大争论,并成为朦胧诗派代表诗人之一。后成为北京市作家协会会员,中国作家协会会员。

1987年5月应邀出访欧美等国,1988年赴新西兰讲授中国古典文学,并被聘为奥克兰大学亚语系研究员,后辞职隐居激流岛。1992年获德国DAAD创作年金。1993年获伯尔创作基金,并在德写作。

著作主要有《黑眼睛》(1986年人民文学出版社出版)、《英儿》(1994年1月北京华艺出版社出版)、《灵台独语》(1994年3月敦煌文艺出版社出版,老木、阿杨编)、《顾城诗集》、《顾城童话寓言诗选》、《城》等,部分作品被译为英、德、法等多国文字。另有文集《生命停止的地方,灵魂在前进》,组诗《城》、《从自然到自我》、《没有目的的我》。

舒婷,著名女诗人。1952年生于厦门鼓浪屿,1969年到闽西山区插队,1972年回城,待业三年,期间创作了《致大海》等诗作。

1979年起,陆续发表了《致橡树》、《祖国啊,我亲爱的祖国》等诗。1982年至1985年暂时辍笔,此后专注于散文创作,有《洁白的祝福》、《梦入何乡》等篇。创作中多注重体现人道主义精神,被视为"朦胧诗"的代表作家。

其他作家及作品:

杨沫《青春之歌》,杜鹏程《保卫延安》,吴强《红日》,曲波《林海雪原》,梁斌《红旗谱》,罗广斌、杨益言《红岩》,柳青《创业史》,姚雪垠《李自成》,莫应丰《将军吟》,李国文《冬天里的春天》,周克芹《许茂和他的女儿们》,苏叔阳《丹心谱》,王愿坚《七根火柴》,李存葆《高山下的花环》,莫言《檀香刑》、《红高粱》、《透明的红萝卜》,贾平凹《废都》、《怀念狼》,苏童《妻妾成群》,毕飞宇《玉米》,路遥《平凡的世界》,阿来《尘埃落定》等。

三、现当代文学史部分

1. 中国现代文学开始于1919年"五四"新文化运动时期。陈独秀和胡适是推动文学革新的两个代表性人物。《新青年》是当时主要的文学期刊。

2. 文学研究会1921年1月成立于北京,它是最早成立的新文学社团之一,文学研究会的主要刊物有《小说月报》等,成员主要有郑振铎、沈雁冰、叶绍钧等。

3. 创造社1921年7月成立于日本东京,主要成员有郭沫若、郁达夫等。

4. 新月社1923年成立于北京,主要成员有徐志摩、闻一多、梁实秋等。

5. 1922年春,冯雪峰、潘漠华、应修人、汪静之等因在湖畔写诗,并合集《湖畔》,被称为"湖畔诗人"。他们对新诗最大的贡献是爱情诗的创作。

6. 广泛的社会批评是鲁迅早期杂文创作的特色。他早期的杂文主要收入《坟》和《热风》中。鲁迅后期杂文主要反映20世纪30年代中国的社会生活和重大的政治事件,代表作是《且介亭杂文》三集。

7. 鲁迅的《狂人日记》是现代文学的第一篇白话小说,它揭露了封建社会"吃人"的本质。《阿Q正传》是小说集《呐喊》中最著名的一篇,作品突出地描绘了阿Q的"精神胜利法"。阿Q这个人物不仅是中国文学史上,也是世界文学史上的一个典型。

8. 《女神》是郭沫若的第一部新诗集,也是中国现代文学史上一部具有突出成就和巨大影响的新诗集,《女神》中最具有代表性的作品是《凤凰涅槃》和《女神之再生》。

9. 郁达夫是"五四"新文学运动中产生过重大影响的作家。他的第一部小说集《沉沦》是作者留日时期生活和思想的写照。

10. 徐志摩的抒情诗《再别康桥》把他对母校的深情融进了别离时的形象和想象中。

11. 茅盾的代表作是长篇小说《子夜》和短篇小说《林家铺子》。

12. 老舍的作品很有北京味儿。他最著名的作品有长篇小说《骆驼祥子》、话剧《茶馆》。

13. 巴金的《激流三部曲》——《家》、《春》、《秋》是他的早期代表作。

14. 林语堂主要从事小品散文创作,他提倡"闲适文学"。赴美定居后,用英语写作了长篇小说《京华烟云》。

15. 戴望舒是20世纪30年代"现代派"的代表诗人。《雨巷》是他的代表作。

16. 沈从文最有特色的作品是反映少数民族地区风土民情的小说。中篇小说《边城》是这方面的代表作。

17. 曹禺,现代著名剧作家。代表作有话剧《雷雨》、《日出》、《原野》、《北京人》。

18. 钱钟书的长篇小说《围城》生动地描写了战时知识分子的精神面貌。

19. 艾青,现代著名诗人。《大堰河——我的保姆》一诗,抒发了对抚育他的保姆的深情追怀。

20. 梁实秋的代表作为散文集《雅舍小品》。

21. 冰心是现代著名女作家。她的散文柔美、清俊,抒情性很强,被当时的读者誉为"冰心体"。

22. 冰心影响最大的作品当推散文集《寄小读者》。母爱、童真是作品的主要内容。

23. 张恨水是通俗社会小说家。他的作品语言精练,明白晓畅,其代表作《啼笑因缘》是20世纪30年代销售量最大的长篇小说。

24. 张天翼是现代文坛杰出的讽刺作家。他的小说主要描写小市民的灰色人生和部分知识分子的庸俗虚伪,以及他们矛盾可笑的心理状态。他写的短篇小说《华威先生》,不仅是中国现代短篇小说史上的名篇,还被列入世界优秀短篇小说之林。

25. 胡适是现代诗人、著名学者。他是积极推动白话诗的先驱者之一。他1917年发表的《文学改良刍议》,是倡导文学革命的第一篇文章。

26. 周作人的散文追求知识、哲理、趣味的统一,风格冲淡平和。代表作有《乌篷船》。

27. 爱情诗人冯至是个很有个性的诗人,鲁迅评价他是"中国最为杰出的抒情诗人"。诗集有《昨日之歌》。

28. 现代女作家丁玲的代表作有日记体小说《莎菲女士的日记》和长篇小说《太阳照在桑干河上》。

29. 闻一多是现代著名诗人、学者。他提出了著名的"三美"原则:建筑美、绘画美、音乐美。他的作品大多表现爱国主义的思想内容。诗集《死水》是他的代表作。

30. 叶绍钧(圣陶)善于描写小市民和知识分子的灰色生活。《潘先生在难中》是大家熟悉的优秀短篇。

31. 赵树理是中国农村题材的优秀小说家。代表作有短篇小说《小二黑结婚》、中篇小说《李有才板话》。

32. 中国第一部大型新歌剧《白毛女》是中国现代民族新歌剧,田汉与冼星海的奠基之作,它继承了民族传统,同时又吸收了西方歌剧的长处。

33. 李季的长篇叙事诗《王贵与李香香》全部采用陕北民间流传的"信天游"写成,节奏流畅明快,语言在朴素中具有形象美、音乐美。

34. 丰子恺是一个有独特艺术气质的散文作家。代表作是散文集《缘缘堂随笔》。

35. 田汉是中国现代卓越的戏剧家,是"五四"后早期话剧运动的开拓者之一,《名优之死》是其代表作,他是中国国歌《义勇军进行曲》的作者。

36. 朱自清是著名的散文家,他的作品纯正朴实,篇幅短小,有一种朴素的美。代表作有《背影》、《荷塘月色》。

37. 庐隐是与冰心齐名的女作家。她的小说充满了悲哀,某些小说具有自传性质。代表作有《海滨故人》。

38. 沙汀1940年写了受人称道的讽刺小说《在其香居茶馆里》,手法极为精练和传神,每个人物都写得生动逼真。

39. "文化大革命"的"导火索"是1965年11月10日上海《文汇报》发表姚文元的文章《评新编历史剧〈海瑞罢官〉》。

40. 1976年10月"文革"结束后,最早展露文艺复苏迹象的,是被称为"三只报春的燕子"的三部作品:白桦的剧本《曙光》,刘心武的短篇小说《班主任》,徐迟的报告文学《哥德巴赫猜想》。

41. "文革"后文学是以"文革"、揭露社会弊病的"伤痕文学"作为其开端的。"伤痕文学"是以卢新华的小说《伤痕》命名的。

42. 揭露、反思"文革"的著名作品还有巴金的《随想录》、杨绛的《干校六记》、孙犁的《芸斋小说》等。

43. 20世纪70年代末崛起的"朦胧诗"较多地运用隐喻和象征的手法,诗人包括北岛、顾城、舒婷、江河、杨炼、芒克、多多、梁小斌等。

44. 以1979年《人民文学》第二期刊登茹志鹃的短篇小说《剪辑错了的故事》为标志,中国文学领域在1979年到1981年间形成了一股以小说为主体的"反思文学"思潮。"反思文学"的代表性作品还有王蒙的《布礼》、《蝴蝶》、《春之声》、《海的梦》、《夜的眼》、《风筝飘带》,张贤亮《灵与肉》、《土牢情话》、《绿化树》,宗璞《泥淖中的头颅》,鲁彦周《天云山传奇》,张一弓《犯人李铜钟的故事》,方之《内奸》等。

45. "文革"后较早通过作者的议论直接提出人性与人道主义概念的,是戴厚英的长篇小说《人啊,人》。同类主题的作品还有张弦《被爱情遗忘的角落》、刘心武《爱的位置》、张贤亮《邢老汉和狗的故事》、铁凝《哦,香雪》以及张洁的《爱,是不能忘记的》和《方舟》等。

46. 文学走出"伤痕"之后,几乎在"反思文学"的同时,"改革文学"勃然兴起。1983~1984年间描写社会改革的作品大量涌现,代表性作家作品有蒋子龙《乔厂长上任记》、《赤橙黄绿青蓝紫》、《燕赵悲歌》,张锲《改革者》,张洁《沉重的翅膀》;还有从另外的角度体现社会变革的,如沙叶新的剧作《假如我是真的》,高晓声的小说《陈奂生上城》等"陈奂生系列",路遥的中篇《人生》等。

47. 20世纪80年代,"乡土小说"与"市井小说"突起,代表性作家作品有刘绍棠《蒲柳人家》、《瓜棚柳巷》、《花街》,邓友梅《烟壶》、《那五》,冯骥才《神鞭》、《三寸金莲》,陆文夫《小巷人物志》系列,汪曾祺《受戒》、《大淖记事》,林斤澜《矮凳桥风情》系列,以及高晓声的拟寓言体新笔记小说《钱包》、《飞磨》等;另外,还有歌唱大西北风情的周涛的散文《巩乃斯的马》、昌耀的诗《内陆高迥》等。

48. 随着西方现代主义文学的引进,20世纪80年代初的文艺创作与批评产生了一些带有现代主义意味的作品,诗歌有舒婷等人的朦胧诗《致橡树》、《双桅船》等,小说作品有王蒙等人的《布礼》等,还有青年作家张辛欣《在同一地平线上》、刘索拉《你别无选择》、残雪《山上的小屋》、徐星《无主题变奏》等,戏剧作品有高行健的《绝对信号》、《车站》。

49. 20世纪80年代中期开始兴起的寻根文学代表性作家作品有阿城《棋王》、张承志《北方的河》、韩少功《爸爸爸》、贾平凹《商州初录》、王安忆《小鲍庄》、李杭育《最后一个渔佬儿》、李锐《厚土》等。

50. 20世纪80年代中期,马原、莫言、残雪等人的崛起,可以看作是先锋小说的真正开端。其主要作品有:马原《冈底斯的诱惑》、《虚构》、《西海的无帆船》,莫言《筑路》,残雪《山上的小屋》等。稍晚还有格非《褐色鸟群》、孙甘露《请女人猜谜》、余华《四月三日事件》等。

51. 与"先锋小说"同时产生的还有"新写实小说"。代表作家作品有:刘震云《单位》、《一地鸡毛》,方方《风景》,池莉《烦恼人生》,刘恒《狗日的粮食》、《伏羲伏羲》,王安忆"三恋"系列等。

52. "新历史小说"与"新写实小说"同根面生,只是把所描写的时空领域推移到历史之中。代表性作家作品有:莫言《红高粱》、赵本夫《刀客与女人》、尤凤伟《石门夜话》、苏童《妻妾成群》等,以及此后陈忠实的《白鹿原》、刘震云的《故乡天下黄花》。

53. 王朔被称为"中国当代商业写作第一人",其主要作品有《空中小姐》、《一半是海水,一半是火焰》、《顽主》、《动物凶猛》等。

第二节　外国文学

一、古希腊文学

1. 寓言故事:《伊索寓言》、《龟兔赛跑》、《农夫与蛇》。
2. 荷马史诗:《伊利亚特》、《奥德修记》。
3. 希腊神话:希腊神话故事是古希腊文学的蓝本,如地母盖亚、众神之主宙斯、冥王哈得斯、日神阿波罗、月神阿尔忒弥斯、战神阿瑞斯、爱神阿佛狄忒、天后赫拉、智慧女神雅典娜、狮身人面的斯芬克斯和被誉为"人类文明缔造者"的普罗米修斯等都是脍炙人口的人物。
4. 希腊戏剧:三大悲剧家(埃斯库罗斯、索福克勒斯和欧里庇得斯)。

埃斯库罗斯: 希腊悲剧的创始人,《普罗米修斯》三部曲的第一部《被缚的普罗米修斯》是最杰出的一部。

索福克勒斯: 被文学史家誉为"戏剧艺术的荷马"。代表作《安提戈涅》、《奥狄普斯王》(亚里士多德称其为"十全十美的悲剧")。

欧里庇得斯: 被称为"舞台上的哲学家"、"心理戏剧鼻祖",他的悲剧被称为"命运悲剧"。代表作《特洛伊妇女》、《美狄亚》。

二、古罗马文学

维吉尔: 主要作品《牧歌》、《农事诗》和史诗《埃涅阿斯纪》。

三、中世纪文学

但丁:《神曲》(意大利)。

四、文艺复兴时期(16世纪)

拉伯雷: 法国人,被称为人文主义的"巨人"。著有《巨人传》(是法国长篇小说的发端)。

塞万提斯: 西班牙文艺复兴时期最杰出的现实主义小说家。代表作《堂吉诃德》,是西班牙古典艺术的高峰。

莎士比亚: 英国人,是文艺复兴时期最杰出的代表。历史剧《亨利四世》、《亨利五世》,悲剧《哈姆雷特》、《奥瑟罗》、《麦克白》、《李尔王》(以上为其四大悲剧)、《罗密欧与朱丽叶》,喜剧《无事生非》、《第十二夜》、《皆大欢喜》、《仲夏夜之梦》、《威尼斯商人》、《一报还一报》。

薄伽丘: 意大利人。代表作《十日谈》。

五、17世纪文学

弥尔顿: 英国人,恩格斯称其为"第一个为弑君辩护的人",是文艺复兴运动和18世纪启蒙思想运动的桥梁。代表作《失乐园》。

莫里哀:法国古典主义喜剧家。代表作《伪君子》(又名《达尔杜弗》)、《唐璜》、《悭吝人》(又名《吝啬鬼》)。

六、18世纪文学(启蒙运动:反封建的武器是理性)

法国著名启蒙思想家:

孟德斯鸠:《法的精神》、《波斯人信札》。

伏尔泰:18世纪法国资产阶级启蒙运动的旗手,被誉为"思想之王"、"法兰西最优秀的诗人"。"18世纪是伏尔泰的世纪"。代表作史诗《亨利·亚特》;悲剧《奥狄浦斯》、《中国的孤儿》、《恺撒之死》、《穆罕默德》、《扎伊尔》(受莎士比亚《奥瑟罗》影响);《哲学书简》(又名《英国书简》,被人称为"投向旧制度的第一颗炸弹");哲理小说《查第格或命运》、《老实人或乐观主义》、《天真汉》,辛辣讽刺、轻松诙谐与嬉笑怒骂形成其哲理小说的独特风格。赫尔岑说:"伏尔泰的笑比卢梭的哭所毁坏的东西还要多。"

狄德罗:《拉摩的侄儿》(恩格斯称赞其为"辩证法的杰作"),并主编《百科全书》。

卢梭:法国启蒙运动中最具民主倾向的代表。代表作《爱弥儿》、《忏悔录》、《论科学与艺术》、《新爱洛伊斯》。

莱辛:德国著名启蒙思想家,代表作《拉奥孔》。

笛福:英国现实主义小说的奠基人。代表作《鲁滨孙漂流记》。

斯威夫特:英国爱尔兰人。代表作《格列佛游记》。

菲尔丁:英国戏剧家和最杰出的小说家。代表作《汤姆·琼斯》。

歌德:德国伟大诗人、作家、思想家。代表作《浮士德》、《少年维特之烦恼》。

席勒:德国杰出的诗人和戏剧家。代表作《阴谋与爱情》、《强盗》,警句诗《馈赠》,叙事诗《潜水者》、《手套》。

七、19世纪初期文学(浪漫主义文学和现实主义文学有了新的发展)

奥斯汀:英国作家,是英国18世纪小说(古典主义)和19世纪批判现实主义小说的桥梁。代表作《傲慢与偏见》、《爱玛》。

司各特:英国作家,开创欧洲历史小说的先河。代表作《清教徒》。

拜伦:英国19世纪初期最伟大的革命浪漫主义诗人。代表作《东方叙事诗》、《恰尔德·哈洛尔德游记》、《普罗米修斯》、《路德派之歌》、《但丁的预言》、《该隐》、《青铜时代》(最有代表性的政治讽刺诗)、《唐璜》。

雪莱:英国19世纪初期浪漫主义诗人。代表作《伊斯兰起义》、著名诗剧《解放了的普罗米修斯》和诗歌《西风颂》("要是冬天来了,西风呵,春日还会远吗?")、《致云雀》。

雨果:法国浪漫主义文学运动的领袖。代表作剧作《克伦威尔》,历史小说《巴黎圣母院》,小说《悲惨世界》、《海上劳工》、《笑面人》、《九三年》。

普希金:俄国浪漫主义文学主要代表和俄国现实主义文学的奠基人。高尔基赞誉其为"俄国文学之始祖",是"伟大的俄国人民诗人";果戈理把第一个"俄罗斯民族诗人"的荣誉给了普希金。其代表作《驿站长》(开创俄国文学描写小人物的先河)、诗体小说《叶甫盖尼·奥涅金》(奥涅金成为俄国文学中第一个多余人形象)、长篇小说《上尉的女儿》、短篇小说《黑桃皇后》、叙事长诗《青铜骑士》。

八、19世纪中期文学(批判现实主义时期)

大仲马:法国浪漫主义作家。剧本《亨利三世和他的宫廷生活》(是法国文学史上第一部突破古典主义戒律的历史剧),小说《三个火枪手》(又名《三剑客》)、《基度山伯爵》。

小仲马:法国著名作家,大仲马之子。代表作《茶花女》。

司汤达:法国批判现实主义文学奠基人。文艺论著《拉辛与莎士比亚》,第一部小说《爱的悲剧》(又名《阿尔芒斯》),长篇小说《红与黑》(原名《于连》,标志着法国批判现实主义的真正开始)、《法尼娜·法尼尼》、《回忆拿破仑》,自传性小说《自我中心的回忆》。

波德莱尔:法国著名象征主义诗人。代表作《恶之花》(是法国象征主义的开山之作,高尔基称他"生活在邪恶中,热爱着善良")。

巴尔扎克:法国批判现实主义文学的伟大代表。代表作《人间喜剧》(由九十多部长短中篇小说组成,包含着一部封建贵族的没落衰亡史和一部资产阶级的罪恶发迹史,包括《高老头》、《欧也妮·葛朗台》、《纽沁根银行》);还有作品《朱安党人》、《乡下医生》、《贝姨》、《古物陈列室》、《幻灭》等。

福楼拜:法国批判现实主义作家。"客观而无动于衷"的理论和精雕细刻的艺术风格,主张小说应当科学化。代表作《情感教育》、《包法利夫人》、《布瓦尔和佩库歇》(《情感教育》的姊妹篇,可称为"理智教育")。

狄更斯:英国作家。代表作《匹克威克先生外传》、《美国札记》、《奥利佛·推斯特》(又名《雾都孤儿》)、《老古玩店》、《双城记》、《大卫·科波菲尔》、《荒凉山庄》、《我们共同的朋友》、《艰难时世》、《远大前程》。

夏洛蒂·勃朗特:英国作家。代表作《简·爱》。

爱米莉·勃朗特:代表作《呼啸山庄》。

乔治·艾略特:英国作家。代表作《弗洛斯河上的磨房》。

海涅:德国著名革命民主主义诗人、文艺评论家、政论家。代表作《德国——一个冬天的童话》、《论浪漫派》、《西里西亚工人起义》。

果戈理:俄国批判现实主义文学奠基人。别林斯基把其讽刺艺术风格称为"含泪的笑"。代表作《死魂灵》、《钦差大臣》、《狂人日记》、《外套》。

屠格涅夫:俄国优秀现实主义作家。代表作《罗亭》、《父与子》、《前夜》、《贵族之家》、《猎人笔记》、《门槛》。

陀思妥耶夫斯基:俄国杰出作家。代表作《穷人》、《白夜》、《罪与罚》。

奥斯特洛夫斯基:俄国作家。代表作《钢铁是怎样炼成的》、《大雷雨》。

别林斯基:俄国文艺批评家。坚决支持俄国批判现实主义"自然主义"。代表作《论俄国中篇小说和果戈理先生的中篇小说》、《一八四六年俄国文学一瞥》。

车尔尼雪夫斯基:俄国革命民主主义斗士、唯物主义美学家,创造"新人"形象代替"多余人"形象。代表作《艺术对现实的美学关系》,长篇小说《怎么办》、《序幕》。

莱蒙托夫:俄国作家。代表作《当代英雄》(塑造了又一个"多余人"形象毕乔林)。

密茨凯维奇:波兰伟大的民族诗人。代表作《青春颂》、《歌谣与传奇》(包括诗剧《先人祭》)。

裴多菲:匈牙利杰出的革命诗人。代表作《酒徒》、《生与死》、《爱国者之歌》、《自由与爱情》、《自由颂》。

华盛顿·欧文：有"美国文学之父"之称。代表作《见闻札记》、《睡谷的传说》。

斯托夫人：美国作家。代表作《汤姆叔叔的小屋》。

惠特曼：美国杰出的民主主义诗人。代表作《草叶集》。

安徒生：丹麦童话家。其作品《卖火柴的小女孩》、《夜莺》、《她是一个废物》、《园丁和主人》、《皇帝的新衣》、《海的女儿》、《丑小鸭》等脍炙人口。

九、19世纪后期文学

这一时期出现了各种资产阶级哲学思潮，如德国尼采的"超人哲学"、叔本华的"悲观主义哲学和唯意志论"，法国柏格森的"直觉主义"哲学、法国泰纳"决定论"，英国达尔文"进化论"，法国贝尔纳"遗传学说"，奥地利弗洛伊德"潜意识"，左拉自然主义，德国康德、英国王尔德唯美主义。法国莫瑞亚斯发表了《象征主义宣言》，象征主义以美国的爱伦·坡为代表。

鲍狄埃：巴黎公社文学最杰出的代表。代表作《国际歌》、《自由万岁》。

左拉：法国自然主义文学的主要倡导者。代表作《卢贡—马卡尔家族》、《陪衬人》、《萌芽》、《小酒店》。

莫泊桑：法国杰出的批判现实主义作家，有"世界短篇小说巨匠"之称。代表作《羊脂球》、《项链》、《我的叔叔于勒》；长篇小说《一生》、《漂亮朋友》（又名《俊友》）。

哈代：英国本时期最重要的批判现实主义作家。代表作《德伯家的苔丝》、《列王》。

易卜生：挪威作家，欧洲现实主义戏剧的杰出代表，提倡"精神的叛逆"和个性解放。代表作《爱的喜剧》、《玩偶之家》。

伏尼契：苏格兰女作家。代表作《牛虻》、《中断的友谊》（中译《流亡中的牛虻》）。

都德：法国作家。代表作《小东西》、《最后一课》。

乔万尼奥里：意大利作家。代表作长篇历史小说《斯巴达克思》。

显克微支：波兰作家。代表作《火与剑》、《洪流》、《你往何处去》、《十字军骑士》。

列夫·托尔斯泰：俄国伟大的批判现实主义作家。代表作《安娜·卡列尼娜》、《复活》、《战争与和平》。

契诃夫：俄国伟大的批判现实主义作家。代表作《小公务员之死》、《变色龙》、《第六病室》、《套中人》（又名《装在套子里的人》）、剧本《樱桃园》。

马克·吐温：美国现实主义文学的杰出代表，以幽默讽刺著称。代表作《竞选州长》、《镀金时代》、《汤姆·索亚历险记》、《哈克贝利·费恩历险记》、《王子与贫儿》、《赤道环游记》。

欧·亨利：美国批判现实主义作家，擅长以轻松幽默的笔调写小人物的悲欢和"相濡以沫"的友谊，构思精巧，"出人意料而又在情理之中"，被称为"欧·亨利式结尾"。代表作《麦琪的礼物》、《最后一片常春藤叶》、《警察与赞美诗》、《黄雀在后》。

杰克·伦敦：美国批判现实主义作家。代表作《热爱生命》、《野性的呼唤》、《白牙》、《铁蹄》、《一块牛排》、《墨西哥人》、《毒日头》、《马丁·伊登》。

十、20世纪前期文学

高尔基：俄国（苏联）无产阶级作家。代表作《海燕之歌》、《母亲》，自传性三部曲《童年》、《在人间》、《我的大学》、《列宁》。

肖洛霍夫：苏联当代著名作家。代表作《静静的顿河》、《被开垦的处女地》。
罗曼·罗兰：法国进步作家和世界著名反战主义者。代表作《约翰·克利斯朵夫》、《贝多芬传》等。
普鲁斯特：法国现代小说家、意识流文学的先驱。代表作《追忆逝水年华》。
萧伯纳：爱尔兰剧作家。代表作《不愉快的戏剧集》、《鳏夫的房产》、《约翰牛的另一个岛屿》、《巴巴拉少校》。
乔伊斯：爱尔兰现代著名小说家。代表作《都柏林人》、《青年艺术家的肖像》、《尤利西斯》。
卡夫卡：奥地利著名小说家。他与乔伊斯、普鲁斯特一起被认为是西方现代派文学的奠基人。代表作《变形记》、《诉讼》、《乡村医生》、《城堡》。
德莱塞：美国杰出的现实主义作家。代表作《嘉利妹妹》、《墓志铭》、《珍妮姑娘》、《美国的悲剧》。
海明威：美国现代著名作家和记者。有"人可以被消灭但不可以被打败"的名言,被称为"硬汉"。代表作《太阳照样升起》、《永别了武器》、《老人与海》、《丧钟为谁而鸣》。
劳伦斯：英国作家。代表作《查太莱夫人的情人》。
艾略特：英国作家。后象征主义文学代表。代表作《荒原》。

第三节　文学团体　文学运动　文学体裁

一、文学团体

1. 初唐四杰
唐初文学家王勃、杨炯、卢照邻、骆宾王的合称。四人在初唐文坛较有成就,扭转了当时过于靡丽的文学风气。

2. 唐代古文运动和宋代诗文革新运动
唐宋时期的文学革新运动,其内容主要是复兴儒学,反对骈文,提倡古文。韩愈和柳宗元是古文运动的倡导者。宋代诗文革新运动的领袖是欧阳修。

3. 唐宋八大家
唐代文学家韩愈、柳宗元,宋代文学家欧阳修、苏洵、苏轼、苏辙、曾巩、王安石八人的合称。八人在散文创作上皆有很高的文学成就。

4. 三苏
北宋文学家苏洵及其儿子苏轼、苏辙的合称。父子三人以文著称于世,人称"三苏"。

5. 元曲四大家
关汉卿、白朴、马致远、郑光祖四位元代杂剧作家的合称。他们代表了元代不同时期不同流派杂剧创作的成就。

6. 复社
明末文学社团,主要领导人为张溥、张采,本为切磋学问、砥砺品行而设,但又带有浓烈的政治色彩。

7. 桐城派

清代散文流派,主要代表人物有方苞、刘大櫆、姚鼐等,因他们都是安徽桐城人,故称桐城派。桐城派提倡简明达意、条理清晰的文风,力求清真雅正。

二、文学运动

8. "五四"新文化运动

以《新青年》创刊为标志,主要代表人物是陈独秀、李大钊、胡适等。这次运动是中国历史上空前伟大的思想解放运动,文学革命冲破了旧文学与文言文的桎梏,宣告了中国古典文学的终结与新文学的诞生。

9. 文学研究会和创造社

这是1921年出现的两个文学社团。文学研究会主张"为人生"而创作,主要以《小说月报》为阵地,反映人生、探讨人生、指导人生。代表人物有沈雁冰、冰心、庐隐、许地山、王统照、叶绍钧(圣陶)等。创造社流露出为艺术而艺术的色彩,强调文学的自我表现。代表人物有郭沫若、郁达夫、成仿吾、田汉、郑伯奇等,他们都是留日学生。

10. 左联

左联是中国左翼作家联盟的简称,1930年在上海成立。鲁迅、冯雪峰、柔石、沈端先(夏衍)、蒋光慈、田汉等出席了成立大会,郭沫若、茅盾、郁达夫等都加入了"左联"。"左联"把参加实际革命运动放在首位,在翻译介绍马克思主义文艺理论方面做了大量工作,还积极推动文艺大众化的讨论,粉碎了国民党反动派的文化"围剿"。

11. 浪漫主义

文学艺术的基本创作方法之一。在文学艺术史上,浪漫主义与现实主义是两大主要思潮。它在反映现实上,善于抒发对理想世界的热烈追求,常用热情奔放的语言、瑰丽神奇的想象和夸张手法来塑造形象。各国文学艺术创作自始就有这种特色。如我国文学中,屈原、李白的诗歌,吴承恩的小说《西游记》等,都具有鲜明的浪漫主义特色。浪漫主义作为一种文艺思潮,产生于18世纪末19世纪初欧洲资产阶级革命时代,反映了资产阶级上升时期的意识形态。其代表作家有德国的歌德和席勒,法国的雨果和乔治·桑,英国的雪莱和拜伦等。

12. 文艺复兴

文艺复兴是14～16世纪欧洲新兴资产阶级思想文化活动。16世纪资产阶级史学家认为它是古代文化的复兴,因而得名。新兴资产阶级出于自身的利益和要求,便以复兴古希腊、罗马文化为标榜,提出了人道主义,即人文主义思想体系:反对中世纪的禁欲主义和宗教观念,摆脱教会对于人们思想的束缚,打倒作为神学和经院哲学基础的一切权威和传统教条。文艺复兴普遍表现为科学、文学和艺术的高涨,但由于各国的社会和历史条件不同,文艺复兴运动在各个国家都有自己的特征。在意大利,诗歌、绘画、雕刻、建筑、音乐取得突出的成就,代表人物是诗人但丁;在英国,诗歌和戏剧达到空前的繁荣,主要代表为莎士比亚。

13. 批判现实主义

欧洲19世纪30年代在文学艺术中开始占主导地位的文艺思潮。它是资本主义社会内部矛盾尖锐化在文学艺术上的反映。它的进步意义在于注重研究社会问题,以现实主义的态度扩大了真实反映现实的生活面,塑造了很多有典型意义的贵族、资产阶级人物形象,揭露和批判了封建社会、资本主义社会的罪恶现象,有些作品还对劳动人民的悲惨遭遇表示了同情;同时还丰富了艺术技巧和手法。但由于批判现实主义作家受到历史和阶级的局限,不能指出产生罪恶的根源,不能揭示其解决问题的出路与社会发展的必然趋势。代表作家有法国的巴尔扎克、司汤达,英国的狄更斯,俄国的果戈理、托尔斯泰等。

14. 自然主义

自然主义是文艺的一种创作方法与倾向。作为比较自觉的文艺思潮和流派,于19世纪60年代继法国浪漫主义运动后形成。它一方面排斥浪漫主义的想象、夸张、抒情等主观因素;另一方面轻视现实主义对生活的典型概括,要求单纯地描摹自然,照录实物,追求事物外在真实与琐碎细节,拒绝分析与批判,并企图用自然科学规律尤其是生物学知识解释人和社会。代表作家有左拉、龚古尔兄弟等。

15. 古典主义

17世纪欧洲出现的一种文艺思潮。主张以古希腊、罗马为典范,所以叫"古典主义"。以法国发展得最为完备。主要代表人物有拉辛、莫里哀、高乃依、布瓦洛和拉·封丹等。他们尊重王权、崇尚理性,在艺术上追求高雅、和谐、均衡的统一。当时曾具有进步意义,但形式主义、抽象化、概念化倾向严重,最后成为消极保守的陈规,被浪漫主义所取代。

三、文学体裁

16. 赋

赋是我国古代的一种文体,它讲求文采、韵律,兼具诗歌和散文的性质。其特点是"铺采摛文,体物写志",侧重于写景,借景抒情。最早出现于诸子散文中,叫"短赋";以屈原为代表的"骚体"是诗向赋的过渡,叫"骚赋";汉代正式确立了赋的体例,称为"辞赋";魏晋以后,日益向骈文方向发展,叫作"骈赋";唐代又由骈体转入律体叫"律赋";宋代以散文形式写赋,称为"文赋"。著名的赋有:杜牧的《阿房宫赋》、欧阳修的《秋声赋》、苏轼的《前赤壁赋》等。

17. 骈文

这种文体,起源于汉魏,形成于南北朝,盛行于隋唐,以四字六字相间定句,世称"四六文"。骈文由于迁就句式,堆砌词藻,往往影响内容表达。韩、柳提倡古文运动之后,骈文渐衰。著名的骈文有南朝梁吴均写的《与朱元思书》。

18. 原

推究本源的意思,是古代的一种议论文体。这种文体是对某种理论、主张、政治制度或社会习俗,从根本上考察、探讨,理论性较强,如韩愈的《原毁》、黄宗羲的《原君》。

19. 辩

"辩"即辨是非,别真伪。这种文体的特点是批驳一个错误论点,或辨析某些事实,如韩愈的《讳辩》、柳宗元的《桐叶封弟辩》。

20. 说

"说"是古代议论说明一类文章的总称。它与"论"无大异,所以后来统称说理辨析之文为论说文。《文章辨体序说》:"说者,释也,解释义理而以己意述之也。"我们学过的这种体裁的文章有《师说》、《马说》、《少年中国说》、《捕蛇者说》、《黄生借书说》。

21. 论

论是一种论文文体,按《韵术》:"论者,议也。"《昭明文选》所载:"论有两体,一曰史论,乃忠臣于传末作议论,以断其人之善恶。如《史记》后的太史公曰……二曰政论,则学士大夫议论古今时世人物或评经史之言,正其谬误。"如《六国论》、《过秦论》等。

22. 奏议

奏议是古代臣属进呈帝王的奏章的统称。它包括奏、议、疏、表、对策等。《文章辨体序说》:"七国以前,皆称上书,秦初改书曰奏。汉定礼议,是有四品:一曰章,以谢恩;二曰奏,以劾;三曰表,以陈情;四曰议,以执议。"

(1) 疏:是分条陈述的意思,如贾谊的《论积贮疏》。

(2) 表:是陈述某种意见或事情,如诸葛亮的《出师表》。

(3) 对策:古代考试把问题写到策上,令参加考试的人回答叫策,考生回答的文章叫对策,如苏轼的《教战守策》。

23. 序、跋

序也作"叙"或称"引",有如今日的"引言"、"前言",是说明书籍著述或出版意旨、编次体例和作者情况的文章;也可包括对作家作品的评论和对有关问题的研究阐发。"序"一般写在书籍或文章前面(也有列在后面的,如《史记·太史公自序》),列于书后的称为"跋"或"后序"。这类文章,按不同的内容分别属于说明文或议论文,说明编写目的、简介编写体例和内容的,属于说明文。对作者作品进行评论或对问题进行阐发的属于议论文。我们学过的"序言"有:《〈呐喊〉自序》、《〈农村调查〉序言》、《〈指南录〉后序》、《伶官传序》等。

24. 赠序

文体名。古代送别各以诗文相赠,集而为之序的,称为赠序。如韩愈《送石处士序》:"于是东都之人士……遂各为歌诗六韵,遣愈为之序云。"其后凡是惜别赠言的文章,不附于诗帙也都叫赠序,内容多推重、赞许或勉励之辞。我们学过明代文学家宋濂的《送东阳马生序》。

25. 铭

古代刻在器物上用来警诫自己或者称述功德的文字叫"铭"。刻在牌上,放在书案右边用以自警的铭文叫"座右铭",如刘禹锡的《陋室铭》。刻在石碑上,叙述死者生平,加以颂扬追思的,叫"墓志铭",如韩愈的《柳子厚墓志铭》。

26. 祭文

祭文是指在告祭死者或天地山川等神时所诵读的文章,体裁有韵文和散文两种。内容是追念死者生前的主要经历,颂扬他的主要品德和业绩,寄托哀思,激励生者。如袁枚的《祭妹文》。

27. 杂记

包括:① 山川、景物、人事杂记。描写山川、景物和人事的,如《小石潭记》、《登泰山记》。② 笔记文。以记事为主,它的特点是篇幅短小,长的千字左右;内容丰富,有历史掌故、遗闻轶事、文艺随笔、人物短论、科学小说、文字考证、读书杂记等五花八门。《世说新语》、《梦溪笔谈》就是这种文体。

28. 游记

游记是描写旅行见闻的一种散文形式。游记的取材范围极广,可以描绘名山大川的秀丽瑰奇,可以记录风土人情的诡异阜盛,可以反映一人一家的日常生活面貌,也可以记下一国的重大事件,并表达作者的思想感情。文笔轻松,描写生动,记述翔实,给人以丰富的社会知识和美的感受。游记有带议论色彩的,如《岳阳楼记》、《游褒禅山记》;有带科学色彩的,如郦道元的《三峡》;有带抒情色彩的,如柳宗元的《小石潭记》。

29. 童话

童话是儿童文学的一种，通过丰富的想象、幻想和夸张的手法来塑造人物，反映生活，对儿童进行思想教育。童话的语言通俗、生动、形象，情节离奇曲折，富于趣味性。对自然景物往往进行拟人化的描写，能适应儿童的心理、情趣，激发人们的想象，便于他们接受和转化。选入教材的童话有：安徒生的《皇帝的新装》、叶圣陶的《古代英雄的石像》。

30. 民间故事

民间故事是群众口头创作、口头流传，经过很多人不断地修改加工而形成的文学形式。民间故事的特点：故事性强，情节生动；口语化，朴素明快；想象奇特丰富；常用夸张、比喻，艺术感染力强。内容上它来自民间，反映的多是民间生活。有的民间故事常有神话式的幻想情节，充满神奇色彩。例如：《渔夫的故事》、《牛郎织女》等。

31. 寓言

寓言是带有劝谕或讽谏性的故事。"寓"是"寄托"的意思。寓言，通常是把深刻的道理寄于简单的故事之中，借此喻彼，借小喻大，借古喻今，惯于运用拟人的手法，语言简洁锋利。欧洲文学中著名的寓言作品有古希腊的《伊索寓言》。我国春秋战国时期寓言盛行，《庄子》、《韩非子》等著作中有不少寓言，如《郑人买履》(《韩非子》)、《鹬蚌相争》(《战国策》)、《刻舟求剑》(《吕氏春秋》)。

32. 传说

传说是长期在民间流传而形成的，带有某种传奇色彩和幻想成分的历史人物、历史事件或自然物貌的故事，如英雄人物传说，西湖的传说，黄鹤楼的传说。有的是以特定历史事实为基础，有的则纯属幻想虚构。人物和事件的传说，大都是颂扬、赞美的，反映人民的理想和愿望；自然景物的传说，则近于优美的叙事散文。

33. 传奇

小说体裁之一，以其情节奇特、神奇，故名，一般用以指唐、宋人用文言写的短篇小说，如《柳毅传》、《南柯太守传》等。又因为"传奇"多为后代的说唱和戏剧所取材，故宋元戏文、元人杂剧、明清戏曲也有称为"传奇"的，如明戏曲作家汤显祖的《还魂记》(即《牡丹亭》)，清初孔尚任的传奇剧本《桃花扇》。

34. 话本

宋元时期以说书活动中口传故事为蓝本的文字记录本，以及受说话体式影响而衍生的其他故事文本等，后世统称为"话本"。包括小说话本、讲史话本(又称"平话")、说经话本以及说唱文学"诸宫调"的脚本。

35. 拟话本

拟话本是指明代中后期，一些文人模拟宋元小说话本的体制所作、供案头阅读的小说，鲁迅先生将之称为"拟话本"。拟话本标志着中国古代短篇白话小说的创作进入了新的历史时期。拟话本作家以冯梦龙的"三言"(《喻世明言》、《醒世恒言》、《警世通言》)和凌濛初的"二拍"(《初刻拍案惊奇》、《二刻拍案惊奇》)成就最高，并称"三言二拍"。

36. 编年体

以年代为线索编排的有关历史事件，如《左传》。

37. 纪传体

通过记叙人物活动反映历史事件，如《史记》。

38. 纪事本末体

以事件为主线，将有关专题材料集中在一起，首创于南宋的袁枢，如袁枢的《通鉴纪事本末》。

39. 国别体

以国家为单位分别记叙的历史，如《战国策》。

40. 通史

不间断地记叙自古及今的历史事件，如《史记》。

41. 断代史

记录某一时期或某一朝代的历史，如《汉书》。

编年体、纪传体、纪事本末体、国别体、通史、断代史是按不同标准划分的，实际上同一史书按不同标准可同时归入不同体例，如《三国志》属纪传体、国别体、断代史。

第四节 名著梗概

要全面掌握关于一部名著的文学常识，最好能了解作品的故事梗概。由于名著太多，仅举数例。余者请自行搜罗，相互交流。

《牡丹亭》故事梗概

《牡丹亭》，原名《牡丹亭还魂记》，是汤显祖的代表作，共五十五出。

贫寒书生柳梦梅梦见在一座花园的梅树下立着一位佳人，说同他有姻缘之分，从此经常思念她。南安太守杜宝之女名丽娘，才貌端妍，从师陈最良读书。她由《诗经·关雎》章而伤春寻春，从花园回来后在昏昏睡梦中见一书生持半枝垂柳前来求爱，两人在牡丹亭畔幽会。杜丽娘从此愁闷消瘦，一病不起。她在弥留之际要求母亲把她葬在花园的梅树下，嘱咐丫环春香将其自画像藏在太湖石底。其父升任淮阳安抚使，委托陈最良葬女并修建"梅花庵观"。三年后，柳梦梅赴京应试，借宿梅花庵观中，在太湖石下拾得杜丽娘画像，发现杜丽娘就是他梦中见到的佳人。杜丽娘魂游后园，和柳梦梅再度幽会。柳梦梅掘墓开棺，杜丽娘起死回生，两人结为夫妻，前往临安。杜丽娘的老师陈最良看到杜丽娘的坟墓被发掘，就告发柳梦梅盗墓之罪。柳梦梅在临安应试后，受杜丽娘之托，送家信传报还魂喜讯，结果被杜宝囚禁。发榜后，柳梦梅由阶下囚一变而为状元，但杜宝拒不承认女儿的婚事，强迫她离异。纠纷闹到皇帝面前，杜丽娘和柳梦梅二人终成眷属。

《围城》故事梗概

方鸿渐在欧洲留学四年换了三所大学，最后从爱尔兰骗子手中买了子虚乌有的克莱登大学哲学博士学位，四年后与苏文纨乘同一条船回国。同学的时候，苏文纨并没把方鸿渐放在眼里，她把自己的爱情看得太名贵了，身为女博士，她反觉得崇高的孤独，没人敢攀上来。这次同船回国对方鸿渐的家世略有所知，人也不讨厌，似乎也有钱，已准备向方鸿渐示爱。但因为稍微矜持了一点，方鸿渐竟被已有未婚夫的放荡的鲍小姐引诱了去。苏小姐妒火中烧，骂他们可无耻。然而鲍小姐刚刚下船，她就马上打扮得袅袅婷婷来找方鸿渐。

第六章 文学常识

回到上海,方鸿渐住在已去世的未婚妻周淑英家。周淑英的父亲是上海点金银行的经理,就是周家出钱让方鸿渐出国留学的。周太太向方鸿渐打听苏小姐,并希望认他的太太为干女儿,这让方鸿渐很惊慌。方鸿渐回到本县探望自己的父母,听说方家留洋的博士回来了,当地的校长想请方鸿渐为学生们做一次演讲,谁知方鸿渐竟对学生们大讲特讲起鸦片和梅毒来,这让校长很尴尬。

方鸿渐回到上海,出于礼貌去拜访苏文纨,在苏家认识了苏文纨的表妹唐晓芙和赵辛楣。赵辛楣的父亲跟苏文纨的父亲是同僚,辛楣和文纨从小一起玩,辛楣对文纨一往情深,可苏文纨的心思在方鸿渐身上。赵辛楣与方鸿渐初次见面,就产生醋意。方鸿渐借看苏小姐为名去看唐晓芙,并暗中与唐晓芙恋爱。而赵辛楣和"新派诗人"曹元朗却与他争风吃醋,苏文纨也希望借此来抬高自己的身价。而赵辛楣也真的醋意大发,从不放过任何一个扫方鸿渐面子的机会。在一次聚会上,故意将方鸿渐灌醉,让方鸿渐当着苏文纨的面出丑。苏小姐对方鸿渐表示关心,并送方鸿渐回家,这让赵辛楣感到很失望。

方鸿渐无意与赵辛楣为敌,因为他并不爱苏小姐,他爱的是年轻漂亮、聪明活泼的唐晓芙。苏小姐明白了这一切之后,恼羞成怒,将方鸿渐以往买假文凭、与鲍小姐鬼混等丑事添油加醋地告诉了唐晓芙。唐晓芙退回了方鸿渐写给她的情书,并要方鸿渐把她的信也全部退回。方鸿渐感到像从昏厥里醒过来,开始不住地心痛,就像因蜷曲而麻木的四肢,到伸直了血脉流通,就觉得刺痛。

方鸿渐在报馆里的差事没了,赵辛楣为了让他远离苏文纨,介绍他到三闾大学去任教。而三闾大学的校长高松年一再催赵辛楣到三闾大学任政治系主任,赵辛楣被苏小姐拒绝后就答应了。

赵辛楣、方鸿渐、孙柔嘉、李梅亭四人费尽了周折终于到了三闾大学。三闾大学是为了躲避战乱而重新组建的学校,学校只有一百五十八位学生,刚刚聘好的教授十之八九托故不来了。方鸿渐因学历中没有学位证书而被聘为中文系副教授。

他在一次晚宴上听范小姐说陆子潇追求孙柔嘉,给孙小姐写了好多信。这件事仿佛在复壁里咬东西的老鼠,扰乱了他,他想自己并未爱上孙小姐,何以不愿她跟陆子潇要好?孙小姐有她的可爱,不过她妩媚得不稳固,妩媚得勉强,不是真实的美丽。孙柔嘉已有意于方鸿渐,故意就此事向方鸿渐请教处理办法。方鸿渐对孙小姐虽然还只是朦朦胧胧有些好感,却下意识起了妒意,建议孙小姐将陆子潇的情书,不加任何答复地全部送还。

赵辛楣与中文系主任汪处厚的年轻太太有了越轨交往,而老校长高松年也对汪太太抱有非分之想,就向汪处厚揭发他们的私情,赵辛楣只得离开三闾大学。他到了重庆进了国防委员会,颇为得意,比起出走时的狼狈,像换了一个人。

赵辛楣走后,方鸿渐也不想在三闾大学待下去了,自己筹划着退掉高松年的聘书,并在信中痛痛快快地批评校政一下,借此发泄这一年来的气愤。谁知他并未接到聘书,孙小姐倒是有聘约的,连薪水也升了一级。孙柔嘉退掉聘书与方鸿渐一同离开三闾大学。

方鸿渐想从桂林坐飞机到香港,然后再回上海,写信让赵辛楣给他弄飞机票,赵辛楣回信说他母亲也要从重庆到香港。方鸿渐与孙柔嘉在香港举行了婚礼,在香港遇到赵辛楣和苏文纨,而此时的苏文纨已是曹元朗的夫人了。苏文纨怠慢了方鸿渐和孙柔嘉,孙柔嘉感到受了委屈,回到旅馆免不了与方鸿渐大吵一顿。

回到上海后,孙柔嘉不想立刻去婆家,要先回娘家。婆婆嫌孙柔嘉架子太大,不柔顺,对她初次见面没有给公婆叩头也耿耿于怀,因而常常旁敲侧击、指桑骂槐地挑拨她和儿子的关系。柔嘉有两个妯娌,本来矛盾重重,但有一次听见公公夸孙柔嘉是新式女性能自立的话,便马上把她认作共同的敌人,尽释前嫌,一致对外。孙柔嘉做梦也想不到她成了妯娌二人的和平使者。她们不仅背后对孙柔嘉挑剔诽谤,当面说话也常常暗藏讥讽。

孙柔嘉和方鸿渐两人之间也总是争吵不断,他们都想按着自己的意志行事,结果经常发生冲突。他们为了择职吵,为了亲戚吵,为了朋友吵,甚至无缘无故,为了随便一句话也要吵。夫妻结合犹如冤家相逢,互相把对方当作出气筒。柔嘉让鸿渐到她姑母的厂里去做事,而鸿渐想到重庆去找赵辛楣,两人为此事又大吵一顿,最后鸿渐离家出走。一个人在大街上闲逛,最后还是决定回家与柔嘉和好,等他到家时发现柔嘉已经走了。

《安娜·卡列尼娜》故事梗概

安娜·卡列尼娜的哥哥奥布朗斯基公爵已经有五个孩子,仍和英国家庭女教师恋爱,因此和妻子多丽闹翻。安娜从彼得堡乘车到莫斯科去为哥嫂调解,在车站认识了青年军官渥伦斯基。渥伦斯基毕业于贵族军官学校,后涉足于莫斯科社交界,以其翩翩风度得到了多丽的妹妹吉提的垂青,但他只与她调情,并无意与她结婚。

而深爱着吉提的康斯坦丁·列文也从乡下来到莫斯科,他打算向吉提求婚。但早倾心于渥伦斯基的吉提拒绝了他的求婚,她正想象着与渥伦斯基将来的幸福生活。渥伦斯基是一个身体强壮的、黝黑的男子,有着一副和蔼、漂亮而又异常沉静和果断的面孔。他的整个容貌和风采,令许多贵族小姐倾心。

他在看到安娜的一刹那,即刻被安娜所俘虏。在公爵家的舞会上,他向安娜大献殷勤。而吉提精心打扮,想象着渥伦斯基要正式向她求婚。在吉提眼里,安娜·卡列尼娜是那样的出众:"她那穿着简朴的黑衣裳的姿态是迷人的,她那带着手镯的圆圆的手臂是迷人的,她那生气勃勃的、美丽的脸蛋是迷人的……"

吉提发现渥伦斯基和安娜异常地亲热,这使她感到很苦闷。安娜不愿看到吉提痛苦,劝慰了兄嫂一番,便回彼得堡去了。随后渥伦斯基也来到彼得堡,开始对安娜热烈追求。他参加一切能见到安娜的舞会和宴会,从而引起上流社会的流言蜚语。起初,安娜还一直压抑着自己的情感,不久渥伦斯基的热情唤醒了安娜沉睡已久的爱情。

安娜的丈夫亚历山大·卡列宁其貌不扬,在官场中却是个地位显赫的人物,是一个"完全醉心于功名"的人物。他根本不懂什么是倾心相爱的情感,他认为:他和安娜的结合是神的意志。他责备妻子行为有失检点,要她注意社会舆论,明白结婚的宗教意义,以及对儿女的责任。他并不在乎妻子和别人相好,"而是别人注意到才使他不安"。

有一天,安娜与丈夫卡列宁一起去看一场盛大的赛马会,比赛中渥伦斯基从马上摔了下来,安娜情不自禁地大声惊叫。卡列宁认为安娜有失检点,迫使她提前退场。安娜无法忍受丈夫的虚伪与自私,"我爱他……我憎恶你……"卡列宁考虑了决斗但又怕死,离婚又有损名誉。他考虑再三最后决定"不能因为一个下贱的女人犯了罪的缘故使自己不幸",于是他要安娜维持表面的夫妻关系。

安娜已怀了渥伦斯基的孩子,在她分娩时,由于产褥热而感染重病,拍电报给到边远省份去调查的卡列宁。卡列宁匆匆赶回,但心里希望妻子早点死掉。安娜在昏迷中呼唤卡列宁的名字,请求他与渥伦斯基和好。卡列宁深受感动,原谅了她和渥伦斯基。

由于卡列宁的令人吃惊的宽厚,渥伦斯基感到自己是那么的卑劣、渺小。安娜的爱情和自己的前途又是那么的渺茫,绝望、羞耻、负罪感使他举起了手枪自杀,但没有死。安娜和渥伦斯基的爱情更加炽热,渥伦斯基带着安娜离开了彼得堡,他们到国外旅行去了。

在奥勃朗斯基家的宴会上,列文与吉提彼此消除了隔阂,互相爱慕。不久他们结婚了,婚后他们回到列文的农庄,吉提亲自掌管家务,列文撰写农业改革的论文,他们生活很幸福美满。

旅行了三个月,安娜感到无比的幸福,但这是以名誉和儿子为代价换来的。归国后,她没有回家,而是住在旅馆里。由于思念儿子,在儿子谢辽沙生日那天,偷偷去看他。天真无邪的谢辽沙不放妈妈走,他含着泪说:"再没有比你更好的人了。"

他们返回彼得堡,遭到冷遇,旧日的亲戚朋友拒绝与安娜往来,使她感到屈辱和痛苦。渥伦斯基被重新踏入社交界的欲望和舆论的压力所压倒,与安娜分居,尽量避免与她单独见面,这使安娜感到很难过。她责问道:"我们还相爱不相爱?别人我们用不着顾虑。"

在一次晚会上,安娜受到卡尔塔索夫夫人的公开羞辱,回来后渥伦斯基却抱怨她,不该不听劝告去参加晚会。于是他们搬到渥伦斯基的田庄居住。渥伦斯基要安娜和卡列宁正式离婚,但她又担心儿子将来会看不起她。3个月过去了,离婚仍无消息。

渥伦斯基对安娜越来越冷淡了,他常常上俱乐部去,把安娜一个人扔在家里,安娜要求渥伦斯基说明:假如他不再爱她,也请他老实说出来。渥伦斯基大为恼火。一次,渥伦斯基到他母亲那儿处理事务,安娜问他的母亲是否要为他说亲,他要安娜不要诽谤他尊敬的母亲。安娜认识到渥伦斯基的虚伪,因为他并不爱他的母亲。

大吵之后,渥伦斯基愤然离去,她觉得一切都完了。安娜准备自己坐火车去找他,她想象着渥伦斯基现在正和他母亲及他喜欢的小姐谈心,她回想起这段生活,明白了自己是一个被侮辱、被抛弃的人。她跑到车站,在候车室里接到了渥伦斯基的来信,说他10点钟才能回来,她决心"不让你折磨我了",倒在疾驰而过的车轮下。

卡列宁参加了安娜的葬礼,并把安娜生的女儿带走了。渥伦斯基受到良心的谴责,他志愿参军去塞尔维亚和土耳其作战,但愿求得一死。

《麦田里的守望者》故事梗概

《麦田里的守望者》是塞林格唯一的长篇,虽然只有十几万字,却在美国社会上和文学界产生过巨大影响。1951年,这部小说一问世,立即引起轰动。主人公的经历和思想在青少年中引起强烈共鸣,受到读者,特别是大中学生的热烈欢迎。他们纷纷模仿主人公霍尔顿的装束打扮,讲"霍尔顿式"的语言,因为这部小说道出了他们的心声,反映了他们的理想、苦闷和愿望。家长们和文学界也对这本书展开了争论。

整部小说是以回忆的方式写的。

本书的主人公霍尔顿是个中学生,出身于富裕的中产阶级家庭。他虽只有16岁,但比常人高出一头,整日穿着风雨衣,戴着鸭舌帽,游游荡荡,不愿读书。他对学校里的一切——老师、同学、功课、球赛等等,全都腻烦透了,3次被学校开除。又一个学期结束了,他又因5门功课中4门不及格被校方开除。他丝毫不感到难受。在和同房间的同学打了一架后,他深夜离开学校,回到纽约城。但他不敢贸然回家,当天深夜住进了一家小旅馆。他在旅馆里看到的都是些不三不四的人,有穿戴女装的男人,有相互喷水、喷酒的男女。他们寻欢作乐,怩怩作态,使霍尔顿感到恶心和惊讶。他无聊至极,便去夜总会厮混了一阵。回旅馆时,心里仍觉得十分烦闷,糊里糊涂答应电梯工毛里斯,让他叫来了一个妓女。妓女一到他又紧张害怕,最后按讲定的价格给了5元钱,把她打发走了。

第二天是星期天,霍尔顿上街游荡,遇见两个修女,捐了10块钱。后来跟他的女友萨丽去看了场戏,又去溜冰。看到萨丽那假情假意的样子,霍尔顿很不痛快,两人吵了一场,分了手。接着霍尔顿独自去看了场电影,又到酒吧里和一个老同学一起喝酒,喝得酩酊大醉。他走进厕所,把头伸进盥洗盆里用冷水浸了一阵,才清醒过来。可是走出酒吧后,被冷风一吹,他的头发都结了冰。他想到自己也许会因此患肺炎死去,永远见不着妹妹菲芯了,决定冒险回家和她诀别。

霍尔顿偷偷回到家里,幸好父母都出去玩了。他叫醒菲芯,向她诉说了自己的苦闷和理想。他对妹妹说,他将来要当一名"麦田里的守望者":"有那么一群小孩子在一大块麦田里做游戏。几千几万个小孩子,附近没有一个——没有一个大人,我是说——除了我。我呢,就在那混账的悬崖边。我的职务是在那儿守望,要是有哪个孩子往悬崖边奔来,我就把他捉住——我是说孩子们都在狂奔,也不知道自己是在往哪儿跑。我得从什么地方出来,把他们捉住。我整天就干这样的事。我只想当个麦田里的守望者。"后来父母回来了,霍尔顿吓得躲进壁橱。等父母去卧室,他急忙溜出家门,到一个他尊敬的老师家中借宿。可是睡到半夜,他发觉这个老师有可能是个同性恋者,于是只好偷偷逃出来,到车站候车室过夜。

霍尔顿不想再回家,也不想再念书了,决定去西部谋生,做一个又聋又哑的人。但他想在临走前再见妹妹一面,于是托人给她带去一张便条,约她到博物馆的艺术馆门边见面。过了约定时间好一阵,菲芯终于来了,可是拖着一只装满自己衣服的大箱子,她一定要跟哥哥一起去西部。最后,因对妹妹劝说无效,霍尔顿只好放弃西部之行,带她去动物园和公园玩了一阵,然后一起回家。回家后不久,霍尔顿就生了一场大病。

第七章 文化常识

第一节 人称官职

一、人的称谓

【直称姓名】 大致有三种情况：① 自称姓名或名，如"五步之内，相如请得以颈血溅大王矣"，"庐陵文天祥自序其诗"；② 用于介绍或作传，如"遂与鲁肃俱诣孙权"，"柳敬亭者，扬之泰州人"；③ 称所厌恶、所轻视的人，如"不幸吕师孟构恶于前，贾余庆献谄于后"。

【称字】 古人幼时命名，成年（男 20 岁、女 15 岁）取字，字和名有意义上的联系。字是为了便于他人称呼，对平辈或尊辈称字出于礼貌和尊敬。如称屈平为屈原，司马迁为司马子长，陶渊明为陶元亮，李白为李太白，杜甫为杜子美，韩愈为韩退之，柳宗元为柳子厚，欧阳修为欧阳永叔，司马光为司马君实，苏轼为苏子瞻，苏辙为苏子由等。

【称号】 号又叫别号、表号。名、字与号的根本区别是：前者由父亲或尊长取定，后者由自己取定。号，一般只用于自称，以显示某种志趣或抒发某种情感。对人称号也是一种敬称。如：陶潜号五柳先生，李白号青莲居士，杜甫号少陵野老，白居易号香山居士，李商隐号玉溪生，贺知章晚年自号四明狂客，欧阳修号醉翁、晚年又号六一居士，王安石晚年号半山，苏轼号东坡居士，陆游号放翁，文天祥号文山，辛弃疾号稼轩，李清照号易安居士，杨万里号诚斋，罗贯中号湖海散人，关汉卿号已斋叟，吴承恩号射阳山人，方苞号望溪，吴趼人号我佛山人，袁枚号随园老人，刘鹗号洪都百炼生。

【称谥号】 古代王侯将相、高级官吏、著名文士等死后被追加的称号叫谥号。如称陶渊明为靖节征士，欧阳修为欧阳文忠公，王安石为王文公，范仲淹为范文正公，王翱为王忠肃公，左光斗为左忠毅公，史可法为史忠烈公，林则徐为林文忠公；而称奸臣秦桧为缪丑则是一种"恶谥"。

【称斋名】 指用斋号或室号来称呼。如南宋诗人杨万里的斋名为诚斋，人们称其为杨诚斋；姚鼐因斋名为惜抱轩而被称为姚惜抱、惜抱先生；再如称蒲松龄为聊斋先生，梁启超为饮冰室主人，谭嗣同为谭壮飞（其斋名为壮飞楼）。

【称籍贯】 如唐代诗人孟浩然是襄阳人，故而人称孟襄阳；张九龄是曲江人，故而人称张曲江；柳宗元是河东（今山西永济）人，故而人称柳河东；北宋王安石是江西临川人，故而人称王临川；明代戏曲家汤显祖被称为汤临川（江西临川人）；清初学者顾炎武是江苏昆山亭林镇人，被称为顾亭林；康有为是广东南海人，人称康南海；北洋军阀首领袁世凯被称为袁项城（河南项城人）。清末有一副饱含讥刺的名联："宰相合肥天下瘦，司农常熟世间荒。"上联"合肥"指李鸿章（安徽合肥人），下联"常熟"即指出生于江苏常熟的翁同龢。

· 187 ·

【称郡望】 韩愈虽系河内河阳(今河南孟州)人,但因昌黎(今辽宁义县)韩氏为唐代望族,故韩愈常以"昌黎韩愈"自称,世人遂称其为韩昌黎;再如苏轼本是四川眉州人,可他有时自己戏称"赵郡苏轼"、"苏赵郡",就因为苏氏是赵郡的望族。

【称官名】 如"孙讨虏聪明仁惠","孙讨虏"即孙权,因他曾被授讨虏将军的官职,故称。《梅花岭记》有"经略从北来","谓颜太师以兵解,文少保亦以悟大光明法蝉脱"句,"经略"是洪承畴的官职,"太师"是颜真卿官职"太子太师"的省称,"少保"则是文天祥的官职。《与妻书》:"司马春衫,吾不能学太上之忘情也。""司马"指白居易,曾任江州司马。把官名用作人的称谓在古代相当普遍,如称贾谊为贾太傅;"竹林七贤"之一的阮籍曾任步兵校尉,世称阮步兵;嵇康曾拜中散大夫,世称嵇中散;东晋大书法家王羲之官至右军将军,至今人们还称其王右军;王维曾任尚书右丞,世称王右丞;杜甫曾任左拾遗,故而被称为杜拾遗,又因任过检校工部员外郎,故又被称为杜工部;刘禹锡曾任太子宾客,被称为刘宾客;柳永曾任屯田员外郎,被称为柳屯田;苏轼曾任端明殿翰林学士,被称为苏学士。

【称爵名】 《训俭示康》"近世寇莱公豪侈冠一时",寇准的爵号是莱国公,莱公是省称。《梅花岭记》"和硕豫亲王以先生呼之",清代多铎被封为豫亲王。《柳敬亭传》"宁南南下,皖帅欲结欢宁南,致敬亭于幕府",宁南是明末左良玉爵号宁南侯的省称。再如诸葛亮曾封爵武乡侯,所以后人以武侯相称;南北朝诗人谢灵运袭其祖谢玄的爵号康乐公,故世称谢康乐;唐初名相魏徵曾封爵郑国公,故世称魏郑公;名将郭子仪在平定"安史之乱"中因功封爵汾阳郡王,世称郭汾阳;大书法家褚遂良封爵河南郡公,世称褚河南;北宋王安石封爵荆国公,世称王荆公;司马光曾封爵温国公,世称司马温公;明初朱元璋的大臣刘基封爵诚意伯,人们以诚意伯相称。

【称官地】 指用任官之地的地名来称呼。如《赤壁之战》:"豫州今欲何至?"因刘备曾任豫州刺史,故以官地称之。再如贾谊曾贬为长沙王太傅,世称贾长沙;"建安七子"之一的孔融曾任北海相,世称孔北海;陶渊明曾任彭泽县令,世称陶彭泽;骆宾王曾任临海县丞,世称骆临海;岑参曾任嘉州刺史,世称岑嘉州;韦应物曾任苏州刺史,世称韦苏州;柳宗元曾任柳州刺史,世称柳柳州;贾岛曾任长江县主簿,世称贾长江,他的诗集就叫《长江集》。

【兼称】 如《游褒禅山记》:"四人者,庐陵萧君圭君玉,长乐王回深父,余弟安国平父、安上纯父。"前两人兼称籍贯、姓名及字,后两人先写与作者关系,再称名和字。《五人墓碑记》:"贤士大夫者,冏卿因之吴公,太史文起文公,孟长姚公也。"前两人兼称官职、字和姓,后一人称字和姓。《梅花岭记》:"督相史忠烈公知势不可为。"兼称官职与谥号。"马副使鸣騄、任太守民育及诸将刘都督肇基等皆死。"兼称姓、官职和名。《促织》:"余在史馆,闻翰林天台陶先生言博鸡者事。"兼称官职、籍贯和尊称。

【谦称】 ①表示谦逊的态度,用于自称。愚,谦称自己不聪明。鄙,谦称自己学识浅薄。敝,谦称自己或自己的事物不好。卑,谦称自己身份低微。窃,有私下、私自之意,使用它常有冒失、唐突的含义在内。臣,谦称自己不如对方的身份地位高。仆,谦称自己是对方的仆人,使用它含有为对方效劳之意。②古代帝王的谦辞有孤(小国之君)、寡人(少德之人)、不谷(不善)。③古代官吏的谦辞有下官、末官、小吏等。④读书人的谦辞有小生、晚生、晚学等,表示自己是新学后辈;如果自谦为不才、不佞、不肖,则表示自己没有才能或才能平庸。⑤古人称自己一方的亲属朋友时,常用"家"、"舍"等谦辞。"家"是对别人称自己的辈分高或年纪大的亲属时用的谦辞,如家父、家母、家兄等。"舍"用以谦称自己的家或自己的卑幼亲属,前者如寒舍、敝舍,后者如舍弟、舍妹、舍侄等。⑥ 其他谦辞有:因为古人座席尊长者在上,所以晚辈或地位低的人谦称在下;小可是有一定身份的人的自谦,意思是自己很平常、不足挂齿;小子是子弟晚辈对父兄尊长的自称;老人自谦时用老朽、老夫、老汉、老拙等;女子自称妾;老和尚自称老衲;对别国称自己的国君为寡君。

【敬称】 表示尊敬客气的态度,也叫"尊称"。① 对帝王的敬称有万岁、圣上、圣驾、天子、陛下等。驾,本指皇帝的车驾。古人认为皇帝当乘车行天下,于是用"驾"代称皇帝。古代帝王认为他们的政权是受命于天而建立的,所以称皇帝为天子。古代臣子不敢直达皇帝,就告诉在陛(宫殿的台阶)下的人,请他们把意思传达上去,所以用陛下代称皇帝。② 对皇太子、亲王的敬称是殿下。③ 对将军的敬称是麾下。④ 对有一定地位的人的敬称:对使节称节下;对三公、郡守等有一定社会地位的人称阁下,现在多用于外交场合,如大使阁下。⑤ 对于对方或对方亲属的敬称有令、尊、贤等。令,意思是美好,用于称呼对方的亲属,如令尊(对方父亲)、令堂(对方母亲)、令阃(对方妻子)、令兄(对方哥哥)、令郎(对方儿子)、令爱(对方女儿)。尊,用来称与对方有关的人或物,如尊上(称对方父母),尊公、尊君、尊府(皆称对方父亲),尊堂(对方母亲),尊亲(对方亲戚),尊驾(称对方),尊命(对方的嘱咐),尊意(对方的意思)。贤,用于称平辈或晚辈,如贤家(称对方)、贤郎(称对方的儿子)、贤弟(称对方的弟弟)。仁,表示爱重,应用范围较广,如称同辈友人中长于自己的人为仁兄,称地位高的人为仁公等。⑥ 称年老的人为丈、丈人,如"子路从而后,遇丈人"(《论语》)。唐朝以后,丈、丈人专指妻父,又称泰山,妻母称丈母或泰水。⑦ 称谓前面加"先",表示已死,用于敬称地位高的人或年长的人,如称已死的皇帝为先帝,称已经死去的父亲为先考或先父,称已经死去的母亲为先慈或先妣,称已死去的有才德的人为先贤。称谓前加"太"或"大"表示再长一辈,如称帝王的母亲为太后,称祖父为大(太)父,称祖母为大(太)母。唐代以后,对已死的皇帝多称庙号,如唐太宗、唐玄宗、宋太祖、宋仁宗、元世祖、明太祖等;明清两代,也用年号代称皇帝,如称朱元璋为洪武皇帝,称朱由检为崇祯皇帝,称玄烨为康熙皇帝,称弘历为乾隆皇帝。⑧ 对尊长者和用于朋辈之间的敬称有君、子、公、足下、夫子、先生、大人等。⑨ 君对臣的敬称是卿或爱卿。⑩ 对品格高尚、智慧超群的人用"圣"来表敬称,如称孔子为圣人,称孟子为亚圣。后来,"圣"多用于帝王,如圣上、圣驾等。

【贱称】 表示轻慢斥骂的态度。如《荆轲刺秦王》:"今往而不反者,竖子也。"《毛遂自荐》:"白起,小竖子耳。"《鸿门宴》:"竖子不足与谋!"《孔雀东南飞》:"小子无所畏,何敢助妇语!"

【特殊称谓】 主要有以下四种:

(1) 百姓的称谓。常见的有布衣、黔首、黎民、生民、庶民、黎庶、苍生、黎元、氓等。

(2) 职业的称谓。对一些以技艺为职业的人,称呼时常在其名前面加一个表示他的职业的字眼,让人一看就知道这人的职业身份。如《庖丁解牛》中的"庖丁","丁"是名,"庖"是厨师,表明职业。《师说》中的"师襄"和《群英会蒋干中计》中提到的"师旷","师",意为乐师,表明职业。《柳敬亭传》中的"优孟",是指名叫"孟"的艺人。"优",亦称优伶、伶人,古代用以称以乐舞戏谑为职业的艺人,后亦称戏曲演员。

(3) 不同的朋友关系之间的称谓。贫贱而地位低下时结交的朋友叫"贫贱之交";情谊契合、亲如兄弟的朋友叫"金兰之交";同生死、共患难的朋友叫"刎颈之交";在遇到磨难时结成的朋友叫"患难之交";情投意合、友谊深厚的朋友叫"莫逆之交";从小一块儿长大的异性好朋友叫"竹马之交";以平民身份相交往的朋友叫"布衣之交";辈分不同、年龄相差较大的朋友叫"忘年交";不拘于身份、形迹的朋友叫"忘形交";不因贵贱的变化而改变深厚友情的朋友叫"车笠交";在道义上彼此支持的朋友叫"君子交";心意相投、相知很深的朋友叫"神交"("神交"也指彼此慕名而未见过面的朋友)。

（4）年龄的称谓。古人的年龄有时不用数字表示，不直接说出某人多少岁或自己多少岁，而是用一种与年龄有关的称谓来代替。垂髫(tiáo)是三四岁至八九岁的儿童(髫，古代儿童头上下垂的短发)。总角是八九岁至十三四岁的少年(古代儿童将头发分作左右两半，在头顶各扎成一个结，形如两个羊角，故称"总角")。豆蔻是十三四岁至十五六岁(豆蔻是一种初夏开花的植物，初夏还不是盛夏，比喻人还未成年，故称未成年的少年时代为"豆蔻年华")。束发是男子十五岁(到了十五岁，男子要把原先的总角解散，扎成一束)。弱冠是男子二十岁(古代男子二十岁行冠礼，表示已经成人，因为还没达到壮年，故称"弱冠")。而立是男子三十岁(立，"立身、立志"之意)。不惑是男子四十岁(不惑，"不迷惑、不糊涂"之意)。知命是男子五十岁(知命，"知天命"之意)。花甲是六十岁。古稀是七十岁。耄(mào)耋(dié)指八九十岁。期颐指一百岁。

二、古代职官

【爵】 即爵位、爵号，是古代皇帝对贵戚功臣的封赐。旧说周代有公、侯、伯、子、男五种爵位，后代爵称和爵位制度往往因时而异。如汉初刘邦既封皇子为王，又封了七位功臣为王，彭越为梁王，英布为淮南王等；魏曹植曾被封为陈王；唐郭子仪被封为汾阳郡王；清太祖努尔哈赤封其子阿济格为英亲王，多铎为豫亲王，豪格为肃亲王。再如宋代寇准封莱国公，王安石封荆国公，司马光为温国公；明代李善长封韩国公，李文忠封曹国公，刘基封诚意伯，王阳明封新建伯；清代曾国藩封一等毅勇侯，左宗棠封二等恪靖侯，李鸿章封一等肃毅伯。

【丞相】 这是封建官僚机构中的最高官职，是秉承君主旨意综理全国政务的人。有时称相国，常与宰相通称，简称"相"。如《陈涉世家》："王侯将相宁有种乎？"《廉颇蔺相如列传》："且庸人尚羞之，况于将相乎！"《蜀相》："丞相祠堂何处寻，锦官城外柏森森。"《〈指南录〉后序》："予除右丞相兼枢密使，都督诸路军马。"

【太师】 指两种官职。其一，古代称太师、太傅、太保为"三公"，后多为大官加衔，表示恩宠而无实职，如宋代赵普、文彦博等曾被加太师衔。其二，古代又称太子太师、太子太傅、太子太保为"东宫三师"，都是太子的老师，太师是太子太师的简称，后来也逐渐成为虚衔。如《梅花岭记》"颜太师以兵解"，颜真卿曾被加太子太师衔，故称。再如明代张居正曾有八个虚衔，最后加太子太师衔；清代洪承畴也被加封太子太师衔，其实并未给太子讲过课。

【太傅】 参见"太师"条。古代"三公"之一，又指"东宫三师"之一。如贾谊曾先后任皇子长沙王、梁怀王的老师，故封为太傅。后逐渐成为虚衔，如曾国藩、曾国荃、左宗棠、李鸿章死后都被追赠太傅。

【少保】 指两种官职。其一，古代称少师、少傅、少保为"三孤"，后逐渐成为虚衔，如《梅花岭记》"文少保亦以悟大光明法蝉脱"，文天祥曾任少保官职，故称。其二，古代称太子少师、太子少傅、太子少保为"东宫三少"，后也逐渐成为虚衔。

【尚书】 最初是掌管文书奏章的官员。隋代始设六部，唐代确定六部为吏、户、礼、兵、刑、工，各部以尚书、侍郎为正副长官。如大书法家颜真卿曾任吏部尚书，诗人白居易曾任刑部尚书,史可法曾任兵部尚书。

【学士】 魏晋时是掌管典礼、编撰诸事的官职。唐以后指翰林学士,成为皇帝的秘书、顾问,参与机要,因而有"内相"之称。明清时承旨、侍读、侍讲、编修、庶吉士等虽亦为翰林学士,但与唐宋时翰林学士的地位和职掌都不同。如《指南录》后序"以资政殿学士行",这是文天祥辞掉丞相后被授予的官职;《谭嗣同》"君以学士徐公致靖荐",徐致靖当时任翰林院侍读学士,这是专给帝王讲学的官职。白居易、欧阳修、苏轼、司马光、沈括、宋濂等都曾是翰林学士。

【上卿】 周代官制,天子及诸侯皆有卿,分上中下三等,最尊贵者谓"上卿"。如《廉颇蔺相如列传》:"廉颇为赵将……拜为上卿。"

【大将军】 先秦、西汉时是将军的最高称号。如汉高祖以韩信为大将军,汉武帝以卫青为大将军。魏晋以后渐成虚衔而无实职。明清两代于战争时才设大将军官职,战后即废除。《张衡传》中"大将军邓骘奇其才",邓骘当时为汉和帝的大将军。

【参知政事】 又简称"参政"。是唐宋时期最高政务长官之一,与同平章事、枢密使、枢密副使合称"宰执"。宋代范仲淹、欧阳修、王安石都曾任此职。《训俭示康》:"参政鲁公为谏官","鲁公"指宋真宗时的鲁宗道。《谭嗣同》:"参预新政者,犹唐宋之参知政事,实宰相之职。"

【军机大臣】 军机处是清代辅佐皇帝的政务机构。任职者无定员,一般由亲王、大学士、尚书、侍郎或京堂兼任,称为军机大臣。军机大臣少则三四人,多则六七人,被称为"枢臣"。清末汉人只有左宗棠、张之洞、袁世凯等短时间地任过军机大臣。《谭嗣同》:"时军机大臣刚毅监斩。"

【军机章京】 参见"军机大臣"条。其是军机处的办事人员,军机大臣的属官,被称为"小军机"。《谭嗣同》:"皇上超擢四品卿衔军机章京,与杨锐、林旭、刘光第同参预新政。"

【御史】 本为史官,如《廉颇蔺相如列传》"秦御史前书曰","相如顾召赵御史书曰"。秦以后置御史大夫,职位仅次于丞相,主管弹劾、纠察官员过失诸事。韩愈曾任监察御史,明代海瑞曾任南京右佥都御史。再如《记王忠肃公翱事》:"公为都御史,与太监某守辽宁。"王翱当时任都察院长官。

【枢密使】 枢密院的长官。唐时由宦官担任。宋以后改由大臣担任。枢密院是管理军国要政的最高国务机构之一,枢密使的权力与宰相相当,清代军机大臣往往被尊称为"枢密"。宋欧阳修曾任枢密副使。《〈指南录〉后序》:"予除右丞相兼枢密使,都督诸路军马。"文天祥当时掌管军事要务。

【左徒】 战国时楚国的官名,与后世左右拾遗相当。主要职责是规谏皇帝、举荐人才。《屈原列传》:"屈原者,名平,楚之同姓也。为楚怀王左徒。"

【太尉】 元代以前的官职名称。辅佐皇帝的最高武官,汉代称大司马。宋代定为最高一级武官。《林教头风雪山神庙》:"我因恶了高太尉,生事陷害,受了一场官司。"高太尉指高俅。

【上大夫】 先秦官名,比卿低一等。《廉颇蔺相如列传》:"拜相如为上大夫。"当时蔺相如比上卿廉颇官位要低。

【大夫】 各个朝代所指的内容不尽相同,有时可指中央机关的要职,如御史大夫、谏议大夫等。《屈原列传》:"上官大夫与之同列,争宠而心害其能。""上官大夫",一般认为是指上官靳尚。"子非三闾大夫欤?"屈原担任的是掌管王族昭、屈、景三姓事务的长官。《〈指南录〉后序》:"缙绅、大夫、士萃于左丞相府。"指的便是御史大夫、谏议大夫等。

【士大夫】 旧时指官吏或较有声望、地位的知识分子。《师说》:"士大夫之族,曰师曰弟子者,则群聚而笑之。"《石钟山记》:"士大夫终不肯以小舟夜泊绝壁之下,故莫能知。"《训俭示康》:"当时士大夫家皆然。"《五人墓碑记》:"郡之贤士大夫请于当道。"

【太史】 西周、春秋时为地位很高的朝廷大臣,掌管起草文书、策命诸侯卿大夫、记载史事,兼管典籍、历法、祭祀等事。秦汉以后设太史令,其职掌范围渐小,地位渐低。司马迁做过太史令。《张衡传》:"顺帝初,再转,复为太史令。"《五人墓碑记》:"贤士大夫者,冏卿因之吴公,太史文起文公,孟长姚公也。"文起为翰林院修撰,史官,故称太史。

【长史】 秦时为丞相属官,如李斯曾任长史,相当于丞相的秘书长。两汉以后成为将军属官,是幕僚之长。《出师表》:"侍中、尚书、长史、参军,此悉贞良死节之臣。"《赤壁之战》:"子瑜者,亮兄瑾也,避乱江东,为孙权长史。"

【侍郎】 初为宫廷近侍。东汉以后成为尚书的属官。唐代始以侍郎为三省(中书、门下、尚书)各部长官(尚书)的副职(详见"三省六部"条)。韩愈曾先后任过刑部、兵部、吏部的侍郎。《出师表》"侍中、侍郎郭攸之、费祎、董允等",其中董允是侍郎。《谭嗣同》:"八月初一日,上召见袁世凯,特赏侍郎。"袁世凯为兵部侍郎。

【侍中】 原为正规官职外的加官之一。因侍从皇帝左右,地位渐高,等级超过侍郎。魏晋以后,往往成为事实上的宰相。《出师表》提到的郭攸之、费祎即是侍中。

【郎中】 战国时为宫廷侍卫。自唐至清成为尚书、侍郎以下的高级官员,分掌各司事务。如《荆轲刺秦王》:"诸郎中执兵,皆陈殿下。"此指宫廷侍卫。《张衡传》"公车特征拜郎中","郎中"是管理车骑门户的官名。

【参军】 "参谋军务"的简称,最初是丞相的军事参谋,如《出师表》所说的参军蒋琬。晋以后地位渐低,成为诸王、将军的幕僚,如陶渊明曾任镇军参军,《后汉书》著者范晔曾任刘裕第四子刘义康的参军。隋唐以后逐渐成为地方官员,如杜甫曾任右卫率府胄曹参军、华州司功曹参军,白居易曾任京兆府户曹参军。

【令尹】 战国时楚国执掌军政大权的长官,相当于丞相,如《屈原列传》:"令尹子兰闻之大怒。"明清时指县长,如《促织》:"天将以酬长厚者,遂使抚臣、令尹并受促织恩荫。"

【尹】 参见"令尹"条。战国时楚国令尹的助手有左尹、右尹,如《鸿门宴》"楚左尹项伯者",左尹地位略高于右尹。又为古代官名的通称,如京兆尹、河南尹、州尹、县尹等。

【都尉】 职位次于将军的武官。《陈涉世家》:"陈涉自立为将军,吴广为都尉。"《鸿门宴》:"沛公已出,项王使都尉陈平召沛公。"

【冏卿】 太仆寺卿的别称,掌管皇帝车马、牲畜之事。《五人墓碑记》:"贤士大夫者,冏卿因之吴公。""因之"是吴默的字。

【司马】 各个朝代所指官位不尽相同。战国时为掌管军政、军赋的副官,如《鸿门宴》:"沛公左司马曹无伤言之。"隋唐时是州郡太守(刺史)的属官,如《琵琶行》:"元和十年,予左迁九江郡司马。"白居易当时被贬至九江,位在州郡别驾、长史之下。

【节度使】 唐代总揽数州军政事务的总管,原只设在边境诸州,后内地也遍设,造成割据局面,因此世称"藩镇"。《红楼梦》第四回:"雨村便疾忙修书二封与贾政并京营节度使王子腾。"

【经略使】 也简称"经略"。唐宋时期为边防军事长官,与都督并置。如范仲淹曾任陕西经略副使。明清两代有重要军事任务时特设经略,官位高于总督。如《梅花岭记》:"经略洪承畴与之有旧。"洪承畴降清后曾任七省经略,驻扎江宁。

【刺史】 原为巡察官名,东汉以后成为州郡最高军政长官,有时称为太守。唐白居易曾任杭州、苏州刺史,柳宗元曾任柳州刺史。

【太守】 参见"刺史"条。又称"郡守",州郡最高行政长官。范晔曾任宣城太守。《桃花源记》:"及郡下,诣太守,说如此。"《孔雀东南飞》:"直说太守家,有此令郎君。"《赤壁之战》:"与苍梧太守吴巨有旧,欲往投之。"

【都督】 参见"经略使"条。军事长官或领兵将帅的官名,有的朝代地方最高长官亦称"都督",相当于节度使或州郡刺史。如《梅花岭记》:"任太守民育及诸将刘都督肇基等皆死。"刘肇基是驻地方卫所的军事长官。

【巡抚】 明初指京官巡察地方。清代正式成为省级地方长官,地位略次于总督,别称"抚院"、"抚台"、"抚军"。如《五人墓碑记》:"是时以大中丞抚吴者为魏之私人。"抚吴,即担任吴地的巡抚。

【抚军】 参见"巡抚"条。《促织》:"乃赏成,献诸抚军。抚军大悦,以金笼进上。"又称作"抚臣",如"诏赐抚臣名马衣缎"。

【校尉】 两汉时期次于将军的官职。如《赤壁之战》:"以鲁肃为赞军校尉。"鲁肃当时担任协助主帅周瑜规划军事的副将。唐以后地位渐低。

【教头】 宋代军中教练武艺的军官,《水浒传》中的林冲就是京城八十万禁军的枪棒教头。

【提辖】 宋代州郡武官的官名,主管训练军队、督捕盗贼等事务。如《水浒传》中的鲁提辖鲁智深。

【从事】 中央或地方长官自己任用的僚属,又称"从事员"。《赤壁之战》:"品其名位,犹不失下曹从事。"

【知府】 即"太守",又称"知州"。《登泰山记》:"是月丁未,与知府朱孝纯子颍由南麓登。"

【县令】 一县的行政长官,又称"知县"。《孔雀东南飞》:"还家十余日,县令遣媒来。"

【里正】 古代的乡官,即一里之长。如《促织》:"令以责之里正。"

【里胥】 管理乡里事务的公差。《促织》:"里胥猾黠,假此科敛丁口。"

【三省六部】 三省为中书省、门下省、尚书省。隋唐时,三省同为最高政务机构,一般中书省管决策,门下省管审议,尚书省管执行,三省的长官都是宰相。中书省长官称中书令,下有中书侍郎、中书舍人等官职;门下省长官称侍中,下有门下侍郎、给事中等官职;尚书省长官为尚书令,下有左右仆射等官职。尚书省下辖六部:吏部(管官吏的任免与考核等,相当于现在的组织部)、户部(管土地户口、赋税财政等)、礼部(管典礼、科举、学校等)、兵部(管军事,相当于现在的国防部)、刑部(管司法刑狱,相当于现在的司法部)、工部(管工程营造、屯田水利等)。各部长官称尚书,副职称侍郎,下有郎中、员外郎、主事等官职。六部制从隋唐开始实行,一直延续到清末。

【官职的任免升降】 "三省六部"制出现以后,官员的升迁任免由吏部掌管。官职的任免升降常用以下词语:

(1) 拜。用一定的礼仪授予某种官职或名位。如《〈指南录〉后序》中的"于是辞相印不拜",就是没有接受丞相的印信,不去就职。

(2) 除。拜官授职,如"予除右丞相兼枢密使"(《〈指南录〉后序》)一句中的"除",就是授予官职的意思。

(3) 擢。提升官职,如《战国策·燕策》:"先王过举,擢之乎宾客之中,而立之乎群臣之上。"

(4) 迁。调动官职,包括升级、降级、平级转调三种情况。为易于区分,人们常在"迁"字的前面或后面加一个字,升级叫迁升、迁授、迁叙,降级叫迁削、迁谪、左迁,平级转调叫转迁、迁官、迁调,离职后调复原职叫迁复。

(5) 谪。降职贬官或调往边远地区。《岳阳楼记》"滕子京谪守巴陵郡"中的"谪"就是贬官。

(6) 黜。"黜"与"罢"、"免"、"夺"都是免去官职。如《国语》:"公将黜太子申生而立奚齐。"

(7) 去。解除职务,其中有辞职、调离和免职三种情况。辞职和调离属于一般情况和调整官职,而免职则是削职为民。

(8) 乞骸骨。年老了请求辞职退休,如《张衡传》:"视事三年,上书乞骸骨,征拜尚书。"

第二节 天文地理

一、天文历法

【星宿】 宿(xiù),古代把星座称作星宿。《范进中举》:"如今却做了老爷,就是天上的星宿。""天上的星宿是打不得的。"古人认为人间有功名的人是天上星宿降生的,这是迷信说法。

【二十八宿】 又叫二十八舍或二十八星,是古人为观测日、月、五星运行而划分的二十八个星区,用来说明日、月、五星运行所到的位置。每宿包含若干颗恒星。二十八宿的名称,自西向东排列为:东方苍龙七宿(角、亢 kàng、氐 dī、房、心、尾、箕);北方玄武七宿(斗、牛、女、虚、危、室、壁);西方白虎七宿(奎、娄、胃、昴 mǎo、毕、觜 zuī、参 shēn);南方朱雀七宿(井、鬼、柳、星、张、翼、轸 zhěn)。唐代温庭筠的《太液池歌》:"夜深银汉通柏梁,二十八宿朝玉堂。"夸饰地描写星光灿烂、照耀官阙殿堂的景象。王勃《滕王阁序》:"物华天宝,龙光射斗牛之墟。"是说物产华美有天然的珍宝,龙泉剑光直射斗宿、牛宿的星区。刘禹锡诗:"鼙鼓夜闻惊朔雁,旌旗晓动拂参星。"形容雄兵出师惊天动地的场面,参星即参宿。

【四象】 参见"二十八宿"条。古人把东、北、西、南四方每一方的七宿想象为四种动物形象,叫作四象。东方七宿如同飞舞在春天夏初夜空的巨龙,故而称为东官苍龙;北方七宿似蛇、龟出现在夏天秋初的夜空,故而称北官玄武;西方七宿犹猛虎跃出深秋初冬的夜空,故而称为西官白虎;南方七宿像一展翅飞翔的朱雀,出现在寒冬早春的夜空,故而称为南官朱雀。

【分野】 古代占星家为了用天象变化来占卜人间的吉凶祸福,将天上星空区域与地上的国州互相对应,称作分野。具体来说就是把某星宿当作某封国的分野,某星宿当作某州的分野,或反过来把某国当作某星宿的分野,某州当作某星宿的分野。如王勃《滕王阁序》:"豫章故郡,洪都新府。星分翼轸,地接衡庐。"是说江西南昌地处翼宿、轸宿分野之内。李白《蜀道难》:"扪参历井仰胁息,以手抚膺坐长叹。"参宿是益州(今四川)的分野,井宿是雍州(今陕西、甘肃大部)的分野,蜀道跨益、雍二州。扪参历井是说入蜀之路在益、雍两州极高的山上,人们要仰着头摸着天上的星宿才能过去。

【昴宿】 西方白虎七宿的第四宿,由七颗星组成,又称旄头(旗头的意思)。唐代李贺诗"秋静见旄头",旄头指昴宿。唐代卫象诗"辽东老将鬓有雪,犹向旄头夜夜看",旄头亦指昴宿。诗句表现了一位老将高度警惕、细心防守的情景。

【参商】 参指西官白虎七宿中的参宿,商指东官苍龙七宿中的心宿,是心宿的别称。参宿在西,心宿在东,二者在星空中此出彼没,彼出此没,因此常用来喻人分离不得相见。如曹植"面有逸景之速,别有参商之阔";杜甫诗"人生不相见,动如参与商"。

【壁宿】 指北官玄武七宿中的第七宿,由两颗星组成,因其在室宿的东边,很像室宿的墙壁,又称东壁。唐代张说诗"东壁图书府,西园翰墨林",形容壁宿是天上的图书库。

【流火】 流,下行;火,指大火星,即东官苍龙七宿中的心宿。《诗经·七月》:"七月流火,九月授衣。"七月相当于公历的八月,流火是说大火星的位置已由中天逐渐西降,表明暑气已退。

【北斗】 又称"北斗七星",指在北方天空排列成斗形(或杓形)的七颗亮星。七颗星的名称是:天枢、天璇、天玑、天权、玉衡、开阳、摇光。排列如斗杓,故称"北斗"。根据北斗星便能找到北极星,故又称"指极星"。屈原《九歌》:"操余弧兮反沦降,援北斗兮酌桂浆。"《古诗十九首》:"玉衡指孟冬,众星何历历。"玉衡是北斗星中的第五星。《小石潭记》中用"斗折蛇行",形容像北斗星的曲线一样弯弯曲曲。

【北极星】 星座名,是北方天空的标志。古代天文学家对北极星非常尊崇,认为它固定不动,众星都绕着它转。其实,由于岁差的原因,北极星也在变更。三千年前周代以帝星为北极星,隋唐宋元明以天枢为北极星,一万二千年以后,织女星将会成为北极星。

【彗星袭月】 彗星俗称扫帚星,彗星袭月即彗星的光芒扫过月亮,按迷信的说法是重大灾难的征兆。如《唐雎不辱使命》:"夫专诸之刺王僚也,彗星袭月。"

【白虹贯日】 "虹"实际上是"晕",大气中的光学现象。这种现象的出现,往往是天气将要变化的预兆,可是古人把这种自然现象视作人间将要发生异常事情的预兆。如《唐雎不辱使命》:"聂政之刺韩傀也,白虹贯日。"汉代邹阳《狱中上梁王书》:"昔荆轲慕燕丹之义,白虹贯日,太子畏之。"燕太子丹厚养荆轲,让其刺秦王,行前已有天象显现,太子丹却畏其不去。

【运交华盖】 华盖,星座名,共十六星,在五帝座上,今属仙后座。旧时迷信,以为人的命运中犯了华盖星,运气就不好。鲁迅《自嘲》诗:"运交华盖欲何求,未敢翻身已碰头。"

【月亮的别称】 月亮是古诗文提到的自然物中最突出的被描写的对象。它的别称可分为:

(1) 因初月如钩,故称银钩、玉钩。
(2) 因弦月如弓,故称玉弓、弓月。
(3) 因满月如轮如盘如镜,故称金轮、玉轮、银盘、玉盘、金镜、玉镜。
(4) 因传说月中有兔和蟾蜍,故称银兔、玉兔、金蟾、银蟾、蟾宫。

(5) 因传说月中有桂树，故称桂月、桂轮、桂宫、桂魄。

(6) 因传说月中有广寒、清虚两座宫殿，故称广寒、清虚。

(7) 因传说为月亮驾车之神名望舒，故称月亮为望舒。

(8) 因传说嫦娥住在月中，故称月亮为嫦娥。

(9) 因人们常把美女比作月亮，故称月亮为婵娟。

【东曦】 古代神话说太阳神的名字叫曦和，驾着六条无角龙拉的车子在天空驰骋。东曦指初升的太阳。《促织》："东曦既驾，僵卧长愁。""东曦既驾"指东方的太阳已经出来了。

【天狼星】 为全天空最明亮的恒星。苏轼《江城子》词："会挽雕弓如满月，西北望，射天狼。"其中用典皆出自星宿，雕弓指弧矢星，天狼即天狼星。屈原《九歌》中也有"举长矢兮射天狼"，长矢即弧矢星。

【老人星】 为全天空第二颗最明亮的星，也是南极星座最亮的星。民间把它称作寿星。北方的人若能见到它，便是吉祥太平的事。杜甫诗云："今宵南极外，甘作老人星。"

【牵牛织女】 "牵牛"即牵牛星，又叫牛郎星，是夏秋夜空中最亮的星，在银河东。"织女"即织女星，在银河西，与牵牛星相对。《古诗十九首》："迢迢牵牛星，皎皎河汉女。"唐代诗人曹唐《织女怀牵牛》："北斗佳人双泪流，眼穿肠断为牵牛。"

【银河】 又名银汉、天河、天汉、星汉、云汉，是横跨星空的一条乳白色亮带，由一千亿颗以上的恒星组成。曹操《观沧海》："星汉灿烂，若出其里。"陈子昂《春夜别友人》："明月隐高树，长河没晓天。"苏轼《阳关曲》："暮云收尽溢清寒，银汉无声转玉盘。"秦观《鹊桥仙》词："纤云弄巧，飞星传恨，银汉迢迢暗度。"

【文曲星】 星宿名之一。旧时迷信说法，文曲星是主管文运的星宿，文章写得好而被朝廷录用为大官的人是文曲星下凡。如吴敬梓《范进中举》："这些中老爷的都是天上的文曲星。"

【天罡】 古星名，指北斗七星的柄。道教认为北斗丛星中有三十六个天罡星、七十二个地煞星。小说《水浒》受这种迷信说法的影响，将梁山泊一百零八名大小起义头领附会成天罡星、地煞星降生。

【云气】 古代迷信说法，龙起生云，虎啸生风，即所谓"云龙风虎"。又说真龙天子所产生的地方，天空有异样云气，占卜测望的人能够看出。如《鸿门宴》："吾令人望其气，皆为龙虎，成五采，此天子气也。"

【农历】 我国长期采用的一种传统历法，它以朔望的周期来定月，用置闰的办法使年平均长度接近太阳回归年，因这种历法安排了二十四节气以指导农业生产活动，故称农历，又叫中历、夏历，俗称阴历。古人写文章，凡用序数纪月的，大多以农历为据。如《游褒禅山记》"至和元年七月某日"，《石钟山记》"元丰七年六月丁丑"，农历的六月、七月相当于公历的七月、八月。

【二十四节气】 这是我国古代历法的重要组成部分。古人根据太阳一年内的位置变化以及所引起的地面气候的演变次序，把一年三百六十五又四分之一的天数分成二十四段，分列在十二个月中，以反映四季、气温、物候等情况，这就是二十四节气。每月分为两段，月首叫"节气"，月中叫"中气"。二十四节气的名称和顺序为：

正月　立春、雨水　二月　惊蛰、春分

三月　清明、谷雨　四月　立夏、小满

五月　芒种、夏至　六月　小暑、大暑
七月　立秋、处暑　八月　白露、秋分
九月　寒露、霜降　十月　立冬、小雪
十一月　大雪、冬至　十二月　小寒、大寒

为了便于记忆，人们编出了歌谣："春雨惊春清谷天，夏满芒夏暑相连，秋处露秋寒霜降，冬雪雪冬小大寒。"古诗文中常用二十四节气来纪日，如《扬州慢》："淳熙丙申至日，予过维扬。"夏至白天最长，冬至白天最短，因而古人称夏至、冬至为至日，这里指冬至。

【初阳】　约在农历十一月，冬至以后、立春以前的一段时间。此时阳气初动，故称"初阳"。《孔雀东南飞》："往昔初阳岁，谢家来贵门。"

【四时】　指春夏秋冬四季。农历以正月、二月、三月为春季，分别称作孟春、仲春、季春；以四月、五月、六月为夏季，分别称作孟夏、仲夏、季夏；秋季、冬季以此类推。欧阳修《醉翁亭记》："风霜高洁，水落而石出者，山间之四时也。"

【社日】　古代农民祭祀土地神的节日，在春分前后。《永遇乐》："可堪回首，佛狸祠下，一片神鸦社鼓。"社鼓，指社日祭祀土地神的鼓声。

【初七】　农历七月初七，民间有七夕乞巧的风俗。传说为牵牛织女聚会之夜。《孔雀东南飞》："初七及下九，嬉戏莫相忘。"

【下九】　农历每月十九日，是妇女欢聚的日子。

【干支】　天干地支的合称。天干：甲、乙、丙、丁、戊、己、庚、辛、壬、癸。地支：子、丑、寅、卯、辰、巳、午、未、申、酉、戌、亥。十干和十二支依次相配，组成六十个基本单位，古人以此作为年、月、日、时的序号，叫"干支纪法"。如《冯婉贞》："咸丰庚申，英法联军自海入侵。"咸丰，皇帝年号；庚申，干支纪年。

【纪年法】　我国古代纪年法主要有四种：

（1）王公即位年次纪年法。以王公在位年数来纪年。《廉颇蔺相如列传》："赵惠文王十六年，廉颇为赵将。"

（2）年号纪年法。汉武帝起开始有年号。此后每个皇帝即位都要改元，并以年号纪年。如《岳阳楼记》"庆历四年春"、《琵琶行》"元和十年"、《游褒禅山记》"至和元年七月某日"、《石钟山记》"元丰七年"、《梅花岭记》"顺治二年"、《〈指南录〉后序》"德祐二年"、《雁荡山》"祥符中"（"祥符"是"大中祥符"的简称，宋真宗年号）等。

（3）干支纪年法。如《五人墓碑记》："予犹记周公之被逮，在丁卯三月之望。""丁卯"指公元1627年。《〈黄花岗七十二烈士事略〉序》："死事之惨，以辛亥三月二十九日围攻两广督署之役为最。""辛亥"指公元1911年。《与妻书》"辛未三月念六夜四鼓"，"辛未"应为辛亥。近世还常用干支纪年来表示重大历史事件，如"甲午战争"、"戊戌变法"、"庚子赔款"、"辛丑条约"、"辛亥革命"。

（4）年号干支兼用法。纪年时皇帝年号置前，干支列后。如《扬州慢》"淳熙丙申"，"淳熙"为南宋孝宗赵昚（shèn）年号，"丙申"是干支纪年；《核舟记》"天启壬戌秋日"，"天启"是明熹宗朱由校年号，"壬戌"是干支纪年；《祭妹文》"乾隆丁亥冬"，"乾隆"是清高宗爱新觉罗·弘历年号，"丁亥"是干支纪年；《梅花岭记》"顺治二年乙酉四月"，"顺治"是清世祖爱新觉罗·福临年号，"乙酉"是干支纪年。

【纪月法】　我国古代纪月法主要有三种：

（1）序数纪月法。如《采草药》："如平地三月花者，深山中则四月花。"《〈指南录〉后序》"德祐二年二月"，"是年夏五"，"五"就是五月。《谭嗣同》："今年四月，定国是之诏既下"，"八月初一日，上召见袁世凯"，"以八月十三日斩于市"。

（2）地支纪月法。古人常以十二地支配称十二个月，每个地支前要加上特定的"建"字。如杜甫《草堂即事》诗："荒村建子月，独树老夫家。""建子月"按周朝纪月法指农历十一月。庾信《哀江南赋》："以戊辰之年，建亥之月，金陵瓦解。""建亥"即农历十月。

（3）时节纪月法。如《古诗十九首》："孟冬寒气至，北风何惨栗。""孟冬"代农历十月。陶渊明《拟古诗九首》"仲春遘时雨"，"仲春"代农历二月。

【纪日法】 我国古代纪日法主要有四种：

（1）序数纪日法。如《梅花岭记》："二十五日，城陷，忠烈拔刀自裁。"《项脊轩志》："三五之夜，明月半墙……""三五"指农历十五日。《〈黄花岗七十二烈士事略〉序》："死事之惨，以辛亥三月二十九日围攻两广督署之役为最。"

（2）干支纪日法。如《殽之战》"夏四月辛巳，败秦军于殽"，"四月辛巳"指农历四月十三日；《石钟山记》"元丰七年六月丁丑"，即农历六月九日；《登泰山记》中"是月丁未"，指这个月的十八日。古人还单用天干或地支来表示特定的日子。如《礼记·檀弓》中"子卯不乐"，"子卯"，代指恶日或忌日。

（3）月相纪日法。指用"朔、朏（fěi）、望、既望、晦"等表示月相的特称来纪日。每月第一天叫朔，每月初三叫朏，月中叫望（小月十五日，大月十六日），望后这一天叫既望，每月最后一天叫晦。如《祭妹文》"此七月望日事也"；《五人墓碑记》"在丁卯三月之望"；《赤壁赋》"壬戌之秋，七月既望"；《与妻书》"初婚三四个月，适冬之望日前后"。

（4）干支月相兼用法。干支置前，月相列后。如《登泰山记》："戊申晦，五鼓，与子颖坐日观亭。"

【纪时法】 我国古代纪时法主要有两种：

（1）天色纪时法。古人最初是根据天色的变化将一昼夜划分为十二个时辰，它们的名称是：夜半、鸡鸣、平旦、日出、食时、隅中、日中、日昳、晡时、日入、黄昏、人定。

（2）地支纪时法。以十二地支来表示一昼夜十二时辰的变化。

天色法与地支法是古代诗文中常见的两种纪时方法。如《孔雀东南飞》："鸡鸣入机织，夜夜不得息。""奄奄黄昏后，寂寂人定初。"《李愬雪夜入蔡州》："夜半雪愈急……愬至城下……鸡鸣，雪止……晡时，门坏。"《芙蓉楼送辛渐》："寒雨连江夜入吴，平明送客楚山孤。"平明是平旦的别称。再如《失街亭》："魏兵自辰时困至戌时。"《景阳冈》："可教往来客人于巳、午、未三个时辰过冈。"《祭妹文》："果予以未时还家，而汝以辰时气绝。"《群英会蒋干中计》："从巳时直杀到未时。"

【五更】 我国古代把夜晚分成五个时段，用鼓打更报时，所以叫作五更、五鼓，或称五夜。如《孔雀东南飞》："仰头相向鸣，夜夜达五更。"《群英会蒋干中计》："伏枕听时，军中鼓打二更。"《李愬雪夜入蔡州》："四鼓，愬至城下，无一人知者。"《登泰山记》："戊申晦，五鼓，与子颖坐日观亭。"《与妻书》："辛未三月念六夜四鼓，意洞手书。"

二、古代地理

【中国】 现为中华人民共和国简称。古代文献中它是一个多义性的词组。从春秋战国至宋元明清,多用来泛指中原地区。如孟子《齐桓晋文之事》:"莅中国而抚四夷也。"司马光《赤壁之战》:"若能以吴、越之众与中国抗衡,不如早与之绝。""驱中国士众远涉江湖之间。"

【中华】 上古时期华夏族居四方之中的黄河流域一带,故称"中华",后常用来泛指中原地区。如《三国志》:"其地东接中华,西通西域。"今已成为中国的别称。

【九州】 传说中的我国上古时期划分的九个行政区域,州名分别为:冀、兖、青、徐、扬、荆、豫、梁、雍。后成为中国的别称。陆游诗云:"死去原知万事空,但悲不见九州同。"《过秦论》"序八州而朝同列",秦居雍州,加上八州即九州。

【赤县】 古人把中国称作"赤县神州"。毛泽东词《浣溪沙·和柳亚子先生》:"长夜难明赤县天。"辛弃疾词《南乡子》:"何处望神州,满眼风光北固楼。"

【中原】 又称中土、中州。狭义的中原指今河南省一带,广义的中原指黄河中下游地区或整个黄河流域。如《出师表》:"当奖率三军,北定中原。"陆游《示儿》:"王师北定中原日,家祭无忘告乃翁。"指整个黄河流域。

【海内】 古代传说我国疆土四面环海,故称国境之内为海内。王勃《送杜少府之任蜀州》:"海内存知己,天涯若比邻。"司马光《赤壁之战》:"海内大乱,将军起兵江东。"

【四海】 参见"海内"条。指天下、全国。如贾谊《过秦论》:"有席卷天下,包举宇内,囊括四海之意。"《赤壁之战》:"遂破荆州,威震四海。"《阿房宫赋》:"六王毕,四海一。"《五人墓碑记》:"四海之大,有几人欤?"

【六合】 上下和四方,泛指天下。如《过秦论》"履至尊而制六合","然后以六合为家,殽函为宫"。李白《古风》诗:"秦王扫六合,虎视何雄哉!"

【八荒】 四面八方遥远的地方,犹称"天下"。《过秦论》:"囊括四海之意,并吞八荒之心。"梁启超《少年中国说》:"纵有千古,横有八荒。"

【江河】 古代许多文章中专指长江、黄河。如《鸿门宴》:"将军战河南,臣战河北。"《过秦论》:"然后践华为城,因河为池。"《殽之战》:"公使阳处父追之,及诸河。"再如《祭妹文》:"先茔在杭,江广河深。"此处"江"即指长江,"河"则指运河。

【西河】 又称河西,黄河以西的地区。如《廉颇蔺相如列传》:"会于西河外渑池。"《过秦论》:"于是秦人拱手而取西河之外。"

【江东】 因长江在安徽境内向东北方向斜流,而以此段江为标准确定东西和左右。所指区域有大小之分,可指南京一带,也可指安徽芜湖以下的长江下游南岸地区,即今苏南、浙江及皖南部分地区称作江东。《史记·项羽本纪》:"且籍与江东子弟八千人渡江而西,今无一人还,纵江东父兄怜而王我,我何面目见之!"李清照诗云:"至今思项羽,不肯过江东。"《赤壁之战》:"兼仗父兄之烈,割据江东。"

【江左】 即江东。古人以东为左,以西为右。《群英会蒋干中计》:"即传令悉召江左英杰与子翼相见。"

【江表】 长江以南地区。《赤壁之战》:"江表英豪,咸归附之。"

【江南】 长江以南的总称,所指区域因时而异。白居易词云:"江南好,风景旧曾谙。"王安石诗云:"春风又绿江南岸,明月何时照我还。"

【淮左】 淮水东面。《扬州慢》:"淮左名都,竹西佳处。"扬州在淮水东面。

【山东】 顾名思义,在山的东面。但需注意的是,因"山东"之"山",可指崤山、华山、太行山、泰山等数种不同的山,而所指地域不尽相同。下面是以崤山为标准的"山东"。如《汉

· 199 ·

书》曾提到"山东出相,山西出将"。《鸿门宴》:"沛公居山东时,贪于财货。"《过秦论》:"山东豪俊遂并起而亡秦族矣。"

【关东】 古代指函谷关或潼关以东地区,近代指山海关以东的东北地区。曹操《蒿里行》:"关东有义士,兴兵讨群凶。"指潼关以东地区。

【关西】 指函谷关或潼关以西地区。《赤壁之战》:"马超、韩遂尚在关西,为操后患。"

【关中】 所指范围不一,古人习惯上将函谷关以西地区称为关中。《鸿门宴》:"沛公欲王关中,使子婴为相。"《过秦论》:"始皇之心,自以为关中之固。"

【西域】 古代称我国新疆及其以西地区。《雁荡山》:"按西域书,阿罗汉诺矩罗居震旦东南大海际雁荡山芙蓉峰龙湫。"

【岭峤】 五岭的别称,指越城、都庞、萌渚、骑田、大庾等五岭。《采草药》:"岭峤微草,凌冬不雕。"(这里特指两广一带)

【朔漠】 指北方的沙漠,也可单称"朔",泛指北方。《采草药》:"朔漠则桃李夏荣。"《木兰诗》:"朔气传金柝,寒光照铁衣。"朔气指北方的风。《林教头风雪山神庙》:"仍旧迎着朔风回来",指北风。

【百越】 又作百粤、诸越。古代越族居住在江浙闽粤各地,统称为百越。古文中常泛指南方地区。《过秦论》"南取百越之地",《采草药》"诸越则桃李冬实"。

【五岳】 五大名山的总称,即东岳泰山、西岳华山、中岳嵩山、北岳恒山、南岳衡山。《梦游天姥吟留别》:"势拔五岳掩赤城。"

【京畿】 国都及其附近的地区。《左忠毅公逸事》:"乡先辈左忠毅公视学京畿。"

【三辅】 西汉时本指治理京畿地区的三位官员,后指这三位官员管辖的地区。《张衡传》:"衡少善属文,游于三辅。"《记王忠肃公翱事》:"公一女,嫁为畿辅某官某妻。"隋唐以后简称"辅"。

【三秦】 指潼关以西的关中地区。项羽灭秦后曾将此地封给秦军三位降将,故得名。《送杜少府之任蜀州》:"城阙辅三秦,风烟望五津。"

【郡】 古代的行政区域。秦统一天下设三十六郡,隋唐后州郡互称,明清称府。《过秦论》"北收要害之郡",《琵琶行》"元和十年,予左迁九江郡司马",《赤壁之战》"已据有六郡,兵精粮多"。

【州】 参见"郡"条。《隆中对》:"自董卓已来,豪杰并起,跨州连郡者不可胜数。"《赤壁之战》:"荆州之民附操者,逼兵势耳。"

【道】 汉代在少数民族聚居区设道,这是一种行政特区,与县相当。唐代的道,先为监察区,后演变为行政区,是州以上一级行政单位。明清在省内设道,其中守道是小行政区,而巡道只有监察区性质。《谭嗣同》"旋升宁夏道",这里的"道",指道的长官。

【路】 宋元时期行政区域,相当于现在的省。《〈指南录〉后序》:"予除右丞相兼枢密使,都督诸路军马。"《永遇乐·京口北固亭怀古》:"望中犹记,烽火扬州路。"

【山水阴阳】 古代以山南、水北为阳,以山北、水南为阴。《愚公移山》:"指通豫南,达于汉阴。""汉阴"指汉水南面。《登泰山记》:"泰山之阳,汶水西流;其阴,济水东流。"《游褒禅山记》:"所谓华阳洞者,以其乃华山之阳名之也。"

【古称别称】 如南京又称建康、金陵、江宁、白下。《柳敬亭传》:"尝奉命至金陵。"《病梅馆记》:"江宁之龙蟠……皆产梅。"《梅花岭记》:"吴中孙公兆奎以起兵不克,执至白下。"又如扬州称广陵、维扬,李白《送孟浩然之广陵》:"烟花三月下扬州。"姜夔《扬州慢》:"淳熙丙申至日,予过维扬。"再如杭州称临安、武林,苏州称姑苏,福州称三山,成都称锦官城。《柳敬亭传》:"余读《东京梦华录》、《武林旧事》。"《枫桥夜泊》:"姑苏城外寒山寺,夜半钟声到客船。"《春夜喜雨》:"晓看红湿处,花重锦官城。"《〈指南录〉后序》:"自海道至永嘉来三山,为一卷。"

第三节　科举礼仪

一、科举制度

【察举】　汉代官吏选拔制度的一种形式。察举有考察、推举的意思,又叫荐举。由侯国、州郡的地方长官在辖区内随时考察、选取人才,推荐给上级或中央,经过试用考核,再任命官职。察举的主要科目有孝廉、贤良文学、茂才(汉代避刘秀讳,称秀才为茂才)等。《张衡传》:"永元中,举孝廉不行。"《陈情表》:"前太守臣逵,察臣孝廉;后刺史臣荣,举臣秀才。"

【征辟】　也是汉代官吏选拔制度的一种形式。征,是皇帝征聘社会知名人士到朝廷充任要职。辟,是中央官署的高级官僚或地方政府的官吏任用属吏,再向朝廷推荐。《张衡传》:"连辟公府,不就。""安帝雅闻衡善术学,公车特征拜郎中。"

【孝廉】　汉代察举制的科目之一。孝廉是孝顺父母、办事廉正的意思。实际上察举多为世族大家垄断,互相吹捧,弄虚作假,当时有童谣讽刺:"举秀才,不知书;举孝廉,父别居。"

【科举】　指历代封建王朝通过考试选拔官吏的一种制度。由于采用分科取士的办法,所以叫科举。从隋代至明清,科举制实行了一千三百多年。《诗话二则·推敲》"岛(指贾岛)初赴举京师",意思是说贾岛当初前去长安参加科举考试。到明朝,科举考试形成了完备的制度,共分四级:院试(即童生试)、乡试、会试和殿试。考试内容基本上是儒家经义,以"四书"文句为题,规定文章格式为八股文,解释必须以朱熹《四书集注》为准。

【童生试】　也叫"童试"。明代由提学官主持、清代由各省学政主持的地方科举考试,包括县试、府试和院试三个阶段。院试合格后取得生员(秀才)资格,方能进入府、州、县学学习。应试者不分年龄大小都称童生。《左忠毅公逸事》:"及试,吏呼名至史公。"这里就是指童生试,在这次考试中左光斗录取史可法为生员(秀才),当时史可法二十岁。《促织》:"邑有成名者,操童子业。""操童子业"是说正在准备参加童生试。

【乡试】　明清两代每三年在各省省城(包括京城)举行的一次考试,因在秋八月举行,故又称秋闱(闱,考场)。主考官由皇帝委派。考后发布正、副榜,正榜所取的叫举人,第一名叫解(jiè)元。

【会试】　明清两代每三年在京城举行的一次考试,因在春季举行,故又称春闱。考试由礼部主持,皇帝任命正、副总裁,各省的举人及国子监监生皆可应考,录取三百名为贡士,第一名叫会元。

【殿试】　是科举制度最高级别的考试,皇帝在殿廷上,对会试录取的贡士亲自策问,以定甲第。实际上皇帝有时委派大臣主管殿试,并不亲自策问。录取分为三甲:一甲三名,赐"进士及第"的称号,第一名称状元(鼎元),第二名称榜眼,第三名称探花;二甲若干名,赐"进士出身"的称号;三甲若干名,赐"同进士出身"的称号。二、三甲第一名皆称传胪,一、二、三甲统称进士。

【及第】 指科举考试应试中选,应试未中的叫落第、下第。《祭妹文》:"逾三年,予披宫锦还家。"古时考中进士要披宫袍,这里"披宫锦"即指中进士。《祭妹文》:"大概说长安登科,函使报信迟早云尔。""登科"是及第的别称,也就是考中进士。

【进士】 参见"殿试"条。是科举考试的最高功名。《儒林外史》第十七回:"读书毕竟中进士是个了局。"贡士参加殿试录为三甲都叫进士。据统计,在我国一千三百多年的科举制度史上,考中进士的总数至少是 98 749 人。古代许多著名作家都是进士出身,如唐代的贺知章、王勃、宋之问、王昌龄、王维、岑参、韩愈、刘禹锡、白居易、柳宗元、杜牧等,宋代的范仲淹、欧阳修、司马光、王安石、苏轼等。考中进士,一甲即授官职,其余二甲参加翰林院考试,学习三年再授官职。

【状元】 参见"殿试"条。科举制度殿试第一名,又称殿元、鼎元,为科名中最高荣誉。历史上获状元称号的有一千多人,但真正参加殿试被录取的大约七百五十名。唐代著名诗人贺知章、王维,宋代文天祥,都是经殿试而被赐状元称号的。

【会元】 参见"会试"条。举人参加会试,第一名称会元,其余考中的称贡士。

【解元】 参见"乡试"条。生员(秀才)参加乡试,第一名称解元,其余考中的称举人。

【连中三元】 科举考试以名列第一者为元,凡在乡、会、殿三试中连续获得第一名,被称为"连中三元"。据统计,历史上连中三元的至少有十六人。欧阳修《卖油翁》中提到的"陈康肃公尧咨",陈尧咨与其兄陈尧叟都曾考中状元,而陈尧叟则是连中三元。

【鼎甲】 指殿试一甲三名——状元、榜眼、探花,如一鼎之三足,故称鼎甲。状元居鼎甲之首,因而别称鼎元。

【贡士】 参见"会试"条。参加会试而被录取的称贡士。

【举人】 参见"乡试"条。参加乡试而被录取的称举人。举人可授知县官职。《儒林外史》第三回写范进中举后,张乡绅立即送贺仪银和房屋;范的丈人胡屠户也立时变了嘴脸,吹捧女婿"是天上的星宿";而范得了消息,高兴得发了疯。说明古代中举后便可升官发财。

【生员】 即秀才,参见"童生试"条。通过院试(童试)的可称为生员或秀才。如王安石《伤仲永》"传一乡秀才观之"。东汉时避光武帝刘秀讳,而称秀才为茂才。《阿Q正传》中称赵少爷"茂才公",表示讽刺。

【八股文】 明清科举考试制度所规定的一种文体,也叫时文、制义、制艺、时艺、四书文、八比文。这种文体有一套固定的格式,规定由破题、承题、起讲、入手、起股、中股、后股、束股八个部分组成,每一部分的句数、句型也都有严格的限定。"破题"规定两句,说破题目意义;"承题"三句或四句,承接"破题"加以说明;"起讲"概括全文,是议论的开始;"入手"引入文章主体;从"起股"到"束股"是八股文的主要部分,尤以"中股"为重心。在正式议论的这四个段落中,每段都有两股相互排比对偶的文字,共为八股,八股文由此得名。八股文的题目,出自"四书"、"五经",八股文的内容,不许超出"四书"、"五经"范围,要模拟圣贤的口气,传达圣贤的思想,考生不得自由发挥。无论是内容还是形式,八股文都是束缚思想、摧残人才的。

【金榜】 古代科举制度殿试后录取进士,揭晓名次的布告,因用黄纸书写,故而称黄甲、金榜。多由皇帝点定,俗称皇榜。考中进士就称金榜题名。

【同年】 科举时代同榜录取的人互称同年。《训俭示康》:"同年曰:'君赐不可违也。'"

【校】 夏代学校的名称,举行祭祀礼仪和教习射御、传授书数的场所。

【庠】 殷商时代学校的名称。《孟子·齐桓晋文之事》:"谨庠序之教,申之以孝悌之义。"

【序】 周代学校的名称。《孟子·滕文公》:"设为庠序学校以教之。"古人常以庠序称地方学校,或泛指学校或教育事业。

【国学】 先秦学校分为两大类:国学和乡学。国学为天子或诸侯所设,包括太学和小学两种。太学、小学教学内容都是以"六艺"(礼、乐、射、御、书、数)为主,小学尤以书、数为主。

【乡学】 与国学相对而言,泛指地方所设的学校。

【稷下学宫】 战国时期齐国的高等学府,因设于都城临淄稷下而得名。当时的儒、法、墨、道、阴阳等各学派都会集于此,他们兴学论战、评论时政和传授生徒,孟子和荀子等大师都曾来此讲学,是战国时期"百家争鸣"的重要园地。

【太学】 中国封建时代的教育行政机构和最高学府。魏晋至明清或设太学,或设国子学(监),或两者同时设立,名称不一,制度也有变化,但都是教授王公贵族子弟的最高学府,就学的生员皆称太学生、国子生。《张衡传》:"因入京师,观太学。"《送东阳马生序》:"东阳马生君则在太学已二年。"

【国子监】 参见"太学"条。汉魏设太学,西晋改称国子学,隋又称国子监(jiàn),从此国子监与太学互称,都是最高学府,兼有教育行政机构的职能。如明代设"国子监",而《送东阳马生序》中则称之为"太学"。

【书院】 唐宋至明清出现的一种独立的教育机构,是私人或官府所设的聚徒讲授、研究学问的场所,宋代著名的四大书院是:江西庐山的白鹿洞书院、湖南善化的岳麓书院、湖南衡阳的石鼓书院和河南商丘的应天府书院。明代无锡有"东林书院",曾培养了杨涟、左光斗这样一批不畏阉党权势、正直刚硬廉洁的进步人士,他们被称为"东林党"。

【学官】 古代主管学务的官员和官学教师的统称。如祭酒、博士、助教、提学、学政、教授和教习、教谕等。

【祭酒】 古代主管国子监或太学的教育行政长官。战国时荀子曾三任稷下学官的祭酒,相当于现在的大学校长。唐代的韩愈、明代的崔铣(《记王忠肃公翱事》的作者)都曾任过国子监祭酒。

【博士】 古为官名,现为学位名称。秦汉时是掌管书籍文典、通晓史事的官职,后成为学术上专通一经或精通一艺、从事教授生徒的官职。《三国志·吕蒙传》:"孤岂欲卿治经为博士邪!"《送东阳马生序》:"有司业、博士为之师。"

【司业】 学官名。为国子监或太学副长官,相当于现在的副校长,协助祭酒主管教务训导之职。

【学政】 学官名。"提督学政"的简称,是由朝廷委派到各省主持院试,并督察各地学官的官员。学政一般由翰林院或进士出身的京官担任。《促织》:"又嘱学使俾入邑庠。"学使即学政的别称。《左忠毅公逸事》:"乡先辈左忠毅公视学京畿。"指左光斗任京城地区的学政。

【教授】 原指传授知识、讲课授业,后成为学官名。汉唐以后各级学校均设教授,主管学校课试具体事务。

【助教】 学官名。是国子监或太学的学官,协助国子祭酒和国子博士教授生徒,又称国子助教。

【监生】 国子监的学生。或由学政考取,或地方保送,或皇帝特许,后来成为虚名,捐钱就能取得监生资格。《祝福》中的"四叔"就是"一个讲理学的老监生",《儒林外史》中的严监生则是一个吝啬鬼的典型。

【诸生】 明清时期经考试录取而进入府、州、县各级学校学习的生员。生员有增生、附生、廪生、例生等,统称诸生。《送东阳马生序》"今诸生学于太学",则是指在国子监学习的各类监生。

二、风俗礼仪

【春节】 我国传统习俗中最隆重的节日。此节乃一岁之首。古人又称元日、元旦、元正、新春、新正等,而今人称春节,是在采用公历纪元后。古代"春节"与"春季"为同义词。春节习俗一方面是庆贺过去的一年,一方面又祈祝新年快乐、五谷丰登、人畜兴旺,多与农事有关。迎龙舞龙为取悦龙神保佑,风调雨顺;舞狮源于震慑糟蹋庄稼、残害人畜之怪兽的传说。随着社会的发展,接神、敬天等活动已逐渐淘汰,燃鞭炮、贴春联、挂年画、耍龙灯、舞狮子、拜年贺喜等习俗至今仍广为流行。

【元宵】 我国民间传统节日。又称正月半、上元节、灯节。元宵习俗有赏花灯、包饺子、闹年鼓、迎厕神、猜灯谜等。宋代始有吃元宵的习俗。元宵即圆子,用糯米粉做成实心的或带馅的圆子,可带汤吃,也可炒吃、蒸吃。

【寒食】 我国民间传统节日。节日里严禁烟火,只能吃寒食。在冬至后的一百零五天或一百零六天,在清明前一二日。相传,春秋时晋公子重耳流亡在外,大臣介子推曾割股啖之。重耳做国君后,大封功臣,独未赏介子推。子推便隐居山中。重耳闻之甚愧,为逼他出山受赏,放火烧山。子推抱木不出而被烧死。重耳遂令每年此日不得生火做饭,追念子推,表示对自己过失的谴责。因寒食与清明时间相近,后人便将寒食的风俗视为清明习俗之一。

【清明】 我国民间传统节日。按农历算在三月上半月,按阳历算则在每年四月五日或六日。此时天气转暖,风和日丽,"万物皆洁齐而清明",清明节由此得名。其习俗有扫墓、踏青、荡秋千、放风筝、插柳戴花等。历代文人都有以清明为题材入诗的。

【端午】 我国民间传统节日。又称端阳、重午、重五。端午原是月初午日的仪式,因"五"与"午"同音,农历五月初五遂成端午节。一般认为,该节与纪念屈原有关。屈原忠而被黜,投水自尽,于是人们以吃粽子、赛龙舟等来悼念他。端午习俗有喝雄黄酒、挂香袋、吃粽子、插花和菖蒲、斗百草、驱"五毒"等。

【乞巧】 我国民间传统节日。又称少女节或七夕。相传,天河东岸的织女嫁给河西的牛郎后,云锦织作稍慢,天帝大怒,将织女逐回,只许两人每年农历七月初七夜晚在鹊鸟搭成的桥上相会。或说:天上的织女嫁给了地上的牛郎,王母娘娘将织女抓回天庭,只许两人一年一度鹊桥相会。每年七月初七晚上,妇女们趁织女与牛郎团圆之际,摆设香案,穿针引线,向她乞求织布绣花的技巧。在葡萄架下,静听牛郎织女的谈话,也是七月初七的一大趣事。

【中秋】 我国民间传统节日。又称团圆节。农历八月在秋季之中,八月十五又在八月之中,故称中秋。秋高气爽,明月当空,故有赏月与祭月之俗。圆月带来的团圆的联想,使中秋节更加深入人心。唐代将嫦娥奔月与中秋赏月联系起来后,更富浪漫色彩。历代诗人以中秋为题材作诗的很多。中秋节的主要习俗有赏月、祭月、观潮、吃月饼等。

【重阳】 我国民间传统节日。《易经》将"九"定为阳数,两九相重,故农历九月初九为"重阳"。重阳时节,秋高气爽,风清月洁,故有登高望远、赏菊赋诗、喝菊花酒、插茱萸等习俗。唐人有"遍插茱萸少一人"的诗句。

【腊日】 我国民间传统节日。古代岁末祭祀祖先、祭拜众神、庆祝丰收的节日。腊日通常在每年的最后一个月（腊月）举行，南北朝时已固定在农历十二月初八，有吃赤豆粥、祭拜祖先等习俗。佛教的腊八粥后也渗入腊日习俗。

【除夕】 我国民间传统节日。农历十二月三十日晚，家家在打扫一清的屋里，摆上丰盛的菜肴，全家团聚吃"年饭"。此夜大家通宵不眠，或喝酒聊天，或猜谜下棋，嬉戏游乐，谓之"守岁"。零点时，众人争相奔出，在庭前拢火燃烧（古称"庭燎"，取其兴旺之意），并在这"岁之元，月之元，时之元"的"三元"之时抢先放出三个"冲天炮"，以求首先发达，大吉大利。此时，爆竹声、欢叫声响成一片，一派"爆竹声中除旧岁"的景象。

【伯（孟）仲叔季】 兄弟行辈中长幼排行的次序。伯（孟）是老大，仲是老二，叔是老三，季是老四。古代贵族男子的字前常加伯（孟）、仲、叔、季表示排行，字的后面加"父"或"甫"字表示男性，构成男子字的全称，如伯禽父、仲尼父、叔兴父等。

【十二生肖】 又称属相。古代术数家拿十二种动物来配十二地支，子为鼠，丑为牛，寅为虎，卯为兔，辰为龙，巳为蛇，午为马，未为羊，申为猴，酉为鸡，戌为狗，亥为猪。后以为某人生在某年就肖某物，如子年生的肖鼠，亥年生的肖猪，称为十二生肖。在古代，十二生肖常被涂上迷信色彩，一遇休戚祸福，往往牵扯起来，特别是在婚配中男女属相很有讲究，有所谓"鸡狗断头婚"、"龙虎不相容"等说法。

【生辰八字】 一个人出生的年、月、日、时，各有天干、地支相配，每项两个字，四项共八个字。根据这八个字，可推算出一个人的命运。遇有大事，都需推算八字。旧俗订婚时，男女双方互换庚帖，上有生辰八字。双方各自卜问对方的生辰八字命相阴阳，以确定能否成婚，吉凶如何。

【孝悌】 孝，指对父母要孝顺、服从；悌，指对兄长要敬重、顺从。孔子非常重视孝悌，把孝悌作为实行"仁"的根本，提出"三年无改于父道"、"父母在，不远游"等一系列孝悌主张。孟子也把孝悌视为基本的道德规范。秦汉时的《孝经》则进一步提出："孝为百行之首。"儒家提倡孝悌的目的，是为了维护宗法等级秩序。

【牺牲】 古代祭祀用的牲畜，色纯为"牺"，体全为"牲"。《左传·曹刿论战》中有这样的话："牺牲玉帛，弗敢加也，必以信。"

【三牲】 一指古代用于祭祀的牛、羊、猪，后来也称鸡、鱼、猪为三牲。一指夏、商、周三代所用牺牲的总称。

【太牢、少牢】 古代帝王祭祀社稷时，牛、羊、豕（shǐ，猪）三牲全备为"太牢"。古代祭祀所用牺牲，行祭前需先饲养于牢，故这类牺牲称为牢；又根据牺牲搭配的种类不同而有太牢、少牢之分。少牢只有羊、豕，没有牛。由于祭祀者和祭祀对象不同，所用牺牲的规格也有所区别：天子祭祀用太牢，诸侯祭祀用少牢。

【家祭】 古人在家庙内祭祀祖先或家族守护神的礼仪。唐代即有专人制定家祭礼仪，相沿施行。宋代陆游《示儿》诗中有这么两句："王师北定中原日，家祭无忘告乃翁。"

【朝仪】 古代帝王临朝的典礼。按规定，天子面向南；三公面向北，以东为上；诸侯面向东，以北为上；卿大夫面向西，以北为上；王族在路门右侧，面向南，以东为上；大仆大右及大仆的属官在路门左侧，面向南，以西为上。朝仪之位已定，天子和臣子行揖礼，礼毕退朝。后世也称人臣朝君之礼仪为"朝仪"。

【朝聘】 古代宾礼之一。为诸侯定期朝见天子的礼制。诸侯朝见天子有三种形式：每年派大夫朝见天子称为"小聘"；每隔三年派卿朝见天子为"大聘"；每隔五年亲自朝见天子为"朝"。

【朝觐】 古代宾礼之一。为周代诸侯朝见天子的礼制。诸侯朝见天子，"春见曰朝，秋见曰觐"，此为定期朝见。春秋两季朝见天子，合称为朝觐。

【揖让】 一指古代宾主相见的礼节。揖让之礼按尊卑分为三种，称为三揖：一为土揖，专用于没有婚姻关系的异姓，行礼时推手微向下；二为时揖，专用于有婚姻关系的异姓，行礼时推手平而置于前；三为天揖，专用于同姓宾客，行礼时推手微向上。一指禅让，即让位于比自己更贤能的人。

【长揖】 古时不分尊卑的相见礼，拱手高举，自上而下。

【拱】 古代的一种相见礼，两手在胸前相合表示敬意。《论语·微子》中有这样的记载："子路拱而立。"

【顿首】 古时一种拜礼，为"九拜"之一，俗称叩头。行礼时，头碰地即起。因其头接触地面时间短暂，故称顿首。通常用于下对上及平辈间的敬礼，如官僚间的拜迎、拜送，民间的拜贺、拜望、拜别等。也常用于书信中的起头或末尾，如丘迟《与陈伯之书》："迟顿首。陈将军足下无恙，幸甚幸甚……丘迟顿首。"

【稽首】 古代的拜礼，为"九拜"之一。行礼时，施礼者屈膝跪地，左手按右手，拱手于地，头也缓缓至于地。头至地须停留一段时间，手在膝前，头在手后。这是九拜中最隆重的拜礼，常为臣子拜见君王时所用。后来，子拜父，拜天拜神，新婚夫妇拜天地父母，拜祖拜庙，拜师、拜墓等，也都用此大礼。

【九拜】 我国古代特有的向对方表示崇高敬意的跪拜礼。《周礼》谓"九拜"："一曰稽首，二曰顿首，三曰空首，四曰振动，五曰吉拜，六曰凶拜，七曰奇拜，八曰褒拜，九曰肃拜。"这是不同等级、不同身份的社会成员，在不同场合所使用的规定礼仪。

【跪】 两膝着地，挺直身子，臀不沾脚跟，以示庄重。如《廉颇蔺相如列传》："于是相如前进缶，因跪请秦王。"

【坐】 古代席地而坐，坐时两膝着地，臀部贴于脚跟。为了表示对人尊重，坐法颇有讲究："虚坐尽后，食坐尽前。""尽后"是尽量让身体坐后一点，以表谦恭；"尽前"是尽量把身体往前挪，以免饮食污染座席而对人不敬。

【座次】 古时官场座次尊卑有别，十分严格。官高为尊居上位，官低为卑处下位。古人尚右，以右为尊，"左迁"即表示贬官。《廉颇蔺相如列传》："以相如功大，拜为上卿，位在廉颇之右。"古代建筑通常是堂室结构，前堂后室。在堂上举行的礼节活动是南向为尊。皇帝聚会群臣，他的座位一定是坐北朝南的。因此，古人常把称王称帝叫作"南面"，称臣叫作"北面"。室东西长而南北窄，因此室内最尊的座次是坐西面东，其次是坐北向南，再次是坐南面北，最卑是坐东面西。《鸿门宴》中有这样几句："项王、项伯东向坐，亚父南向坐……沛公北向坐，张良西向侍。"项王座次最尊，张良座次最卑。

【冠礼】 古代男子成年时（二十岁）加冠的礼节。冠礼在宗庙中进行，由父亲主持，并由指定的贵宾给行冠礼的青年加冠三次，先后加缁布冠、皮弁、爵弁，分别表示有治人、为国出力、参加祭祀的权利。加冠后，由贵宾向冠者宣读祝词，并起一个与俊士德行相当的美"字"，使他成为受人尊敬的成员。因为男子二十岁行冠礼，所以后世将二十岁称作"弱冠"。

【婚冠礼】 古代嘉礼之一。《周礼》："以婚冠之礼亲成男女。"古代贵族男子二十岁行冠礼后即可成婚,并享受成人待遇。女子十五岁行笄礼(笄:束发用的簪子。古时女子满十五岁把头发绾起来,戴上簪子)后也可结婚。所以把婚礼、冠礼合称为婚冠礼。

【祖道】 古代为出行者祭祀路神和设宴送行的礼仪。《汉书》载,西汉将领李广利率军队出击匈奴之前,"丞相为祖道,送至渭桥"。《荆轲刺秦王》:"至易水上,既祖,取道。"文中的"祖"就是"祖道",临行祭路神,引申为饯行送别。

【斋戒】 古代祭祀或重大事件,事先要沐浴、更衣、独居,戒其嗜欲,以示心地诚敬,这些活动叫"斋戒"。"斋"又称"致斋",致斋三日,宿于内室,要求"五思"(思其居处、笑语、志意、所乐、所嗜),这主要是为了使思想集中、统一。"戒"又称"散斋",散斋七日,宿于外室,停止参加一切娱乐活动,也不参加哀吊丧礼,以防"失正"、"散思"。古人斋戒时忌荤,但并非忌食鱼肉荤腥,而是忌食有辛味臭气的食物如葱、蒜等,这主要是为了防止祭祀时口中发出的臭气,对神灵、祖先有所亵渎。

【虚左】 古代座次以左为尊,空着左边的位置以待宾客称"虚左"。《信陵君窃符救赵》:"公子于是乃置酒大会宾客。坐定,公子从车骑,虚左,自迎夷门侯生。"足见信陵君对侯生之尊敬。今人有"虚左以待"一语。

【再拜】 先后拜两次,表示礼节之隆重。旧时书信末尾也常用"再拜",以表示敬意。

【膜拜】 古代的拜礼。行礼时,两手放在额上,长时间下跪叩头。原专指礼拜神佛时的一种敬礼,后泛指表示极端恭敬或畏服的行礼方式。今人多用"顶礼膜拜"形容对某人崇拜得五体投地。

【折腰】 即拜揖。鞠躬下拜,表示屈辱之意。《晋书·陶潜传》载:陶渊明曾为彭泽县令,州郡派督邮巡视至县,县吏劝陶束带迎见,他感叹地说:"吾不能为五斗米折腰,拳拳事乡里小人邪!"李白《梦游天姥吟留别》:"安能摧眉折腰事权贵,使我不得开心颜!"后来引申为倾倒、崇拜,如毛泽东《沁园春·雪》:"江山如此多娇,引无数英雄竞折腰。"

【六礼】 中国古代婚姻的六种手续和礼仪,即纳采、问名、纳吉、纳征、请期、亲迎。

【秦晋之好】 春秋时,秦、晋两国国君几代都互相通婚,后称两姓联姻为"秦晋之好"。

【举案齐眉】 古代妻子为丈夫捧膳食时要举案于眉,表示相敬。

【以文会友】 古代文人交往、交友的礼俗。文人相交轻财物而重情谊、才学,故多以诗文相赠答,扬才露己,以表心态。唱酬是通行的方式,即以诗词相酬答。在宴饮等聚会时,更是不可有酒无诗,流行尽觞赋诗之俗。

【讳称】 古人对"死"有许多讳称,主要的有:

(1) 天子、太后、公卿王侯之死:山陵崩、崩、百岁、千秋、晏驾、薨等。

(2) 父母之死:见背、孤露、弃养等。

(3) 佛道徒之死:涅槃、圆寂、坐化、羽化、仙游、仙逝等。"仙逝"现也用于称被人尊敬的人物的死。

(4) 一般人的死:亡故、长眠、长逝、过世、谢世、寿终、殒命、捐生、就木、溘逝、老、故、逝、终等。

第四节 饮食文娱

一、饮食器用

【五谷】 古代所指的五种谷物。"五谷",古代有多种不同说法,最主要的有两种:一种指稻、黍、稷、麦、菽;另一种指麻、黍、稷、麦、菽。两者的区别是:前者有稻无麻,后者有麻无稻。古代经济文化中心在黄河流域,稻的主要产地在南方,而北方种稻有限,所以"五谷"中最初无稻。

【五牲】 五种动物,具体所指说法不一,指牛、羊、猪、犬、鸡的说法流传较广。

【五味】 指酸、咸、甜(甘)、苦、辣(辛)五种味道。烹调上讲究"五味调和"。

【六畜】 指六种家畜:马、牛、羊、猪、狗、鸡。

【八珍】 指古代八种珍贵的食品。其具体所指随时代和地域而不同。陶宗仪《南村辍耕录》卷九云:"所谓八珍,则醍醐、麖沆、野驼蹄、鹿唇、驼乳麋、天鹅炙、紫玉浆、玄玉浆也。"后世以龙肝、凤髓、豹胎、鲤尾、鸮炙、猩唇、熊掌、酥酪蝉为八珍。

【古代食器】 古代食器种类很多,主要的有:簋,形似大碗,人们从甗中盛出食物放在簋中再食用。簠,是一种长方形的盛装食物的器具,用途与簋相同,故有"簠簋对举"的说法。豆,像高脚盘,本用来盛黍稷,供祭祀用,后渐渐用来盛肉酱与肉羹了。皿,盛饭食的用具,两边有耳。盂,盛饮之器,敞口,深腹,有耳,下有圆形之足。盆盂,均为盛物之器。案,又称食案,是进食用的托盘,形体不大,有四足或三足,足很矮,古人进食时常"举案齐眉",以示敬意。古人食肉常用匕把鼎中肉取出,置于俎上,然后用刀割着吃。匕,是长柄汤匙;俎,是长方形砧板,两端有足支地。古人常以刀匕、刀俎并举,并以"俎上肉"比喻受人欺凌、任人宰割的境遇。《鸿门宴》中有这么一句:"人为刀俎,我为鱼肉,何辞为?"说的就是这种境遇。箸,夹食的用具,与"住"谐音,含有停步之意,因避讳故取反义为"快",又因以竹制成,故加个"竹"字头为"筷",沿用至今。以上食器的质料均可选用竹、木、陶、青铜等。一般百姓大多用竹、木、陶制成,贵族的食器则以青铜居多。古代统治者所用的筷子,有的用金、银或象牙制成。

【古代炊具】 我国古代炊具有鼎、镬、甑、甗、鬲等。鼎,最早是陶制的,殷周以后开始用青铜制作。鼎腹一般呈圆形,下有三足,故有"三足鼎立"之说;鼎的上沿有两耳,可穿进棍棒抬举,可在鼎腹下面烧烤。鼎的大小因用途不同而差别较大。古代常将整个动物放在鼎中烹煮,可见其容积较大。夏禹时的九鼎,经殷代传至周朝,象征国家最高权力,只有得到九鼎才能成为天子,可见它是传国之宝。镬是无足的鼎,与现在的大锅相仿,主要用来烹煮鱼肉之类的食物;后来它又发展成对犯人施行酷刑的工具,即将人投入镬中活活煮死。甑,是蒸饭的用具,与今之蒸笼、笼屉相似,最早用陶制成,后用青铜制作,其形直口立耳,底部有许多孔眼,置于鬲或釜上,甑里装上要蒸的食物,水煮开后,蒸气透过孔眼将食物蒸熟。鬲与鼎相近,但足空,且与腹相通,这是为了更大范围地接受传热,使食物尽快烂熟。鬲与甑合成一套使用称为"甗"。鬲只用作炊具,故体积比鼎小。炊具可分为陶制、青铜制两大类。一般百姓多用陶制,青铜炊具为贵族所用。

【古代酒器】 尊,是古代酒器的通称,作为专名是一种盛酒器,敞口,高颈,圈足。尊上常饰有动物形象。壶,是一种长颈、大腹、圆足的盛酒器,不仅装酒,还能装水,故后代用"箪食壶浆"指犒劳军旅。彝、卣、罍、缶,都是形状不一的盛酒器。爵,古代饮酒器的总称,作为专名是用来温酒的,下有三足,可升火温酒。角,口呈两尖角形的饮酒器。觥,是一种盛酒、饮酒兼用的器具,像一只横放的牛角,长方圈足,有盖,多作兽形,觥常被用作罚酒,欧阳修《醉翁亭记》中有这样的描述:"射者中,弈者胜,觥筹交错,起坐而喧哗者,众宾欢也。"杯,椭圆形,是用来盛羹汤、酒水的器物。杯的质料有玉、铜、银、瓷器,小杯为盏、盅。卮,也是一种盛酒器,《鸿门宴》中有"卮酒安足辞"之句。

【羹】 即肉汁。有两种:一种是纯肉汁,供食饮;另一种是肉羹,制成五味调和的浓肉汤,后泛指煮或蒸成的汁状、糊状、冻状的食品。在古代,肉是"肉食者"才能吃到的,贫苦百姓只能用白水煮菜为羹,这就是所谓的菜羹。

【脍炙】 脍,切细的鱼、肉;炙,烤肉。古代鲜肉一般用火炙,就像今天的烤羊肉串;干肉则用火烤。"食不厌精,脍不厌细",可见古代脍食需要很高的刀工技法。脍炙,是人们所共同喜好的,后来把诗文为人所称颂叫作"脍炙人口"。

【古代家具】 我国古代家具主要有席、床、屏风、镜台、桌、椅、柜等。席子,是最古老、最原始的家具,最早由树叶编织而成,后来大都由芦苇、竹篾编成。古人常"席地而坐",足见席子的应用是很广泛的。床,是席子以后最早出现的家具。一开始,床极矮,古人读书、写字、饮食、睡觉几乎都在床上进行。《孔雀东南飞》:"阿母得闻之,槌床便大怒。"诗中的"床"指的是坐具。和这种矮床配合用的家具有几、案、屏风等。还有一种矮榻常与床并用,故有"床榻"之称。魏晋南北朝以后,床的高度与今天的床差不多,成为专供睡觉的家具。唐宋以来,高型家具广泛普及,有床、桌、椅、凳、高几、长案、柜、衣架、巾架、屏风、盆架、镜台等,种类繁多,品种齐全。各个朝代的家具都讲究工艺手法,力求图案丰富、雕刻精美,表现出浓厚的中国传统气息,成了我国传统文化的一个组成部分。其独特风格与样式,对世界不少国家产生过深远影响。

二、音乐文娱

【五声】 也称"五音",即我国古代五声音阶中的宫、商、角、徵、羽五个音级。五声与古代的所谓阴阳五行、五味、五色、五官、五谷等朴素的理论形式一样,是我国早期整体化的美学观,被西方人看作是整个东方音乐的基本形态。《战国策·荆轲刺秦王》:"高渐离击筑,荆轲和而歌,为变徵之声,士皆垂泪涕泣。"文中的"变徵"是角、徵二音之间接近徵音的声音,声调悲凉。

【宫调】 音乐术语。古代称宫、商、角、变徵、徵、羽、变宫为七声,其中以任何一声为音阶的起点,均可构成一种调式。凡以宫声为音阶的起点的调式称"宫",即宫调式,而以其他各声为主者则称"调",如商调、角调等,统称为"宫调"。

【十二律】 古代乐律学名词,是古代的定音方法。即用三分损益法将一个八度分为十二个不完全相同的半音的一种律制。各律从低到高依次为:黄钟、大吕、太簇、夹钟、姑洗、中吕、蕤宾、林钟、夷则、南吕、无射、应钟。十二律又分为阴阳两类,凡属奇数的六种律称阳律,属偶数的六种律称阴律。另外,奇数各律称"律",偶数各律称"吕",故十二律又简称"律吕"。

【俗乐】 古代各种民间音乐的泛称。宫廷中宴会时所用的俗乐,称为"燕乐"。"雅乐"

是统治阶级制定的典礼乐舞，寻根究底，几乎都来自民间音乐，只不过改变了它的内容和情调而已。有著名琴曲《广陵散》、《酒狂》、《高山》、《流水》、《梅花三弄》等，琵琶曲《阳春古曲》、《平沙落雁》、《霓裳曲》，丝竹曲《春江花月夜》、《老八板》，广东音乐《旱天雷》、《雨打芭蕉》等，以及大量的寺院音乐、各地各种乐曲，其中不少是我国传统文化中的珍宝。

【雅乐】 古代帝王祭祀天地、祖先及朝贺、宴享等大典时所用的乐舞。周代雅乐是指"六舞"（云门、咸池、大磬、大夏、大镬、大武，前四种属文舞，后两种属武舞）。以后历代统治者都把这奉为乐舞的最高典范，认为它的音乐"中正和平"，歌词"典雅纯正"，故称之为"雅乐"。各个朝代均循礼作乐，歌功颂德，此类乐舞统称为"雅乐"。

【春江花月夜】 乐府《吴声歌曲》名。相传为陈后主（陈叔宝）所创，原词已佚。隋炀帝、温庭筠等都曾作有此曲。唐代张若虚所作《春江花月夜》最为出名。

【霓裳羽衣舞】 即《霓裳羽衣曲》，简称《霓裳》。唐代宫廷乐舞。其由来传说不一：有的说，唐玄宗登三乡驿，望见女儿山，归而作之；有的说，此曲是《婆罗门曲》之别名；有的说，唐玄宗凭幻想写成前半曲，又将西凉都督杨敬述进《婆罗门曲》改编成后半曲合而制之。白居易有首诗，对此曲的演唱作了详尽的描述。

【十面埋伏】 琵琶大曲。明代后期已在民间流传。乐曲描写公元前202年楚汉战争在垓下最后决战之情景，运用了琵琶特有的表现技巧，表现古代战争中千军万马冲锋陷阵之势，十分生动。此曲是传统琵琶曲的代表作品之一。

【五射】 古代的五种射技。这五种射技为：白矢、参连、剡注、襄尺、井仪。白矢，箭穿靶子而箭头发白，表明发矢准确而有力；参连，前放一矢，后三矢连续而去，矢矢相属，若连珠之相衔；剡注，谓矢行之疾；襄尺，臣与君射，臣与君并立，让君一尺而退；井仪，四矢连贯，皆正中目标。

【文房四宝】 旧时对笔、墨、纸、砚四种文具的总称。文房，即书房。北宋苏易简著有《文房四谱》一书，叙述了四种文具的品类及故实等。这些文具，制作历史悠久，名手辈出，且品类丰富，风格独特。著名的有：安徽泾县的宣纸、安徽歙县的歙墨、广东端州的端砚、浙江吴兴的湖笔。

【书法】 中国传统艺术之一，是以汉字为表现对象、以毛笔为表现工具的一种线条造型艺术。汉字经历了篆、隶、楷等发展阶段，技法日精，在文字书写的点画篇章之间，表达出作者的性格、情感、意趣、素养、气质等精神因素，遂成为一门独立的艺术。用笔、结构、章法为书法之大要。从商周甲骨文、两周金文、秦篆、汉隶，以及魏晋到唐宋楷、行、草，书体繁复，流派众多，涌现了王羲之、颜真卿、怀素等伟大的书法家，留下了《兰亭序》、《自叙帖》等珍贵书法遗产。

【六书】 古人分析汉字的造字方法而归纳出来的六种条例，即象形、指事、会意、形声、转注、假借。今人一般认为后两种与造字无关。象形即描摹事物形状的造字法，如"日、月、山、羊、马"等，象形字全是独体字。指事是以象征性的符号来表示意义的造字法，如"上、下、本、末、中、甘、刃"等，指事字也全是独体字。会意是由两个或多个字合起来表达一个新的意义的造字法，如"明、旦、采、休"等。形声是意符和声符并用的造字法，形声字占汉字的80%左右。

【永字八法】 "永"字具有汉字的八种基本笔画：点、横、竖、撇、捺、折、钩、提。

【阳文阴文】 我国古代刻在器物上的文字，笔画凸起的叫阳文，凹下的叫阴文。

【岁寒三友】 指古诗文中经常提到的松、竹、梅。松,是耐寒树木,经冬不凋,常被看作刚正节操的象征。竹,也经冬不凋,且自成美景,它刚直、谦逊,不亢不卑,潇洒处世,常被看作不同流俗的高雅之士的象征。梅,迎寒而开,美丽绝俗,是坚韧不拔的人格的象征。

【花中四君子】 古诗文中常提到的梅、竹、兰、菊。兰,一则花朵色淡香清,二则多生于幽僻之处,故常被看作是谦谦君子的象征。菊,它不仅清丽淡雅、芳香袭人,而且具有傲霜斗雪的特征;它艳于百花凋后,不与群芳争列,故历来被用来象征恬然自处、傲然不屈的高尚品格。"梅、竹"见上条。

第五节 典籍辞书

一、文史典籍

【四书】 《大学》、《中庸》、《论语》、《孟子》的合称。宋人抽出《礼记》中的《大学》、《中庸》两篇,与《论语》、《孟子》配合。至南宋淳熙间,朱熹撰《四书章句集注》,"四书"之名由此而定。此后,"四书"始终是我国封建社会正统教育的必读书和科举取士的初级标准书。

【五经】 《诗》、《书》、《礼》、《易》、《春秋》五部儒家经典的简称,始称于汉武帝时。其中存有中国古代丰富的历史资料,是封建时代教育的必读教科书,并被统治阶级作为宣传封建宗法思想的理论依据。

【六经】 指的是六部儒家经典,即在"五经"外,另加《乐经》。也有称"六经"为"六艺"的,韩愈《师说》中的"六艺经传皆通习之"中的"六艺"即"六经"。

【十三经】 十三部儒家经典。汉代开始,把《诗》、《书》、《礼》、《易》、《春秋》称为"五经"。唐代把"三礼"(《周礼》、《仪礼》、《礼记》)、"三传"(《公羊传》、《穀梁传》、《左传》),连同《易》、《书》、《诗》称为"九经"。至唐文宗刻石经,将《孝经》、《论语》、《尔雅》列入经部,则为"十二经"。宋代又将《孟子》提升为经,故有"十三经"之称。

【三字经】 旧时广泛使用的蒙学课本。相传为宋代王应麟撰,明清学者陆续增补,至清初的本子为一千一百四十字。内容从阐述教育的重要性开始,进而依次讲述名物常识、经书子书、历史知识及古人勤学的故事等。全部用三言韵语,便于儿童诵读。句法灵活丰富,语言通俗易懂。自编成后广为流传,一直使用至清末民初。

【千字文】 旧时广泛使用的蒙学课本。南朝梁代周兴嗣编,梁武帝大同年间编成。全书将一千个字编为四字一句的韵语,介绍有关自然、社会、历史、伦理、教育等方面的知识,基本上无重复的字。自隋代开始流行,至清末一直被广泛用作儿童识字课本。宋代以后,有种种续编和改编本,但都没有旧本流传得广泛、长久。

【千家诗】 旧时蒙学读物。有《新镌五言千家诗》、《重订千家诗》两种,前者题王相选注,后者题谢枋得选、王相注,所选均为七言诗。两种选本都分绝句、律诗两部分,大都为唐、五代、宋作品,宋诗尤多。因入选之诗浅近易解,所以流传较广。

【唐诗三百首】 诗歌选集。清代乾隆年间蘅塘退士孙洙编,实选唐诗三百一十首,分五古、七古、五律、七律、五绝、七绝及乐府诸体排列。选编的原意,本作为家塾课本。所选诗作大都艺术性较高,便于吟诵,是流传最广的唐诗选本。

【文选】 现存最早的诗文总集。南朝梁萧统(昭明太子)编选,世称《昭明文选》。选录自先秦至梁的诗文辞赋,共一百二十九家、七百余篇,分三十八类。选者注意到文学与其他类型著作的区分,故不选经子,史书也仅取论赞,入选作品大多为骈文。该书是研究梁以前文学的重要参考资料。

【古文观止】 清代康熙年间吴楚材、吴调侯叔侄二人编选的一部历代文章总集,共十二卷,是清代以后流传最广、影响较大的古文选本。全书收录自东周至明末的文章二百二十二篇,以朝代为序排列。选文多慷慨悲愤之作,语言朗朗上口。每篇的简要评注,颇有见解。

【古文辞类纂】 清代姚鼐编的各类文章总集。全书七十五卷,选录战国至清代的古文,依文体分为论辩、序跋、奏议、书说、赠序、诏令、传状、碑志、杂记、箴铭、颂赞、辞赋、哀祭等十三类。所选作品主要是《战国策》、《史记》、两汉散文家、唐宋八大家及明代归有光、清代方苞、清代刘大櫆等的古文。书首有序目,略述各类文体的特点、源流及其义例。

【二十四史】 从《史记》到《明史》的二十四部纪传体史书,被称为"正史",清代乾隆年间编定。全书总计三千二百二十九卷,记载了从黄帝到明末共四千余年的史事,是史学研究的重要资料,也常以之代称中国历史。其中《史记》是通史,其余的都是断代史。

【史记】 我国第一部纪传体通史。原名《太史公书》,东汉以后始称《史记》,西汉司马迁撰。全书一百三十篇,计十二本纪、十表、八书、三十世家、七十列传,记载自黄帝至汉武帝时期共约三千年的历史。该书取材颇富,作者曾广泛查阅并实地调查了大量史料和史事。文笔优美生动,结构严谨,被奉为封建时代历史著作的典范,在我国史学史和文学史上都有极重要的地位。作者所创的纪传体例为历代著正史者所遵循取法。

【资治通鉴】 北宋司马光撰,全书二百九十四卷。宋神宗以其"鉴于往事,有资于治道",命名为《资治通鉴》。该书取材广泛,除历朝正史外,尚有野史、实录、谱牒、行状、文集等三百余种。该书剪裁精审,严谨清晰,功力极深,是一部对后代产生很深影响的编年体通史。

【太平广记】 著名类书,由北宋李昉等奉敕编辑。因成书于宋太宗太平兴国年间,故名。全书五百卷,另目录十卷,按题材性质分九十二大类,一百五十余小类,收录上迄先秦两汉、下及北宋初年的作品约七千则。采录汉代至宋初的小说、笔记、稗史等五百余种,保存了今已亡佚的大量古小说资料。

【诗文集的命名方式】 古人为诗文集命名的方式,主要的有:

(1) 以作者姓名命名。如《孟浩然集》、《李清照集》、《陶渊明集》。

(2) 以官爵命名。如《王右丞集》(王维)、《杜工部集》(杜甫)。

(3) 以谥号命名。如《范文正公集》(范仲淹)、《欧阳文忠公集》(欧阳修)。

(4) 以书斋命名。如《七录斋集》(张溥)、《饮冰室合集》(梁启超)、《惜抱轩文集》(姚鼐)。

(5) 以作者字、号命名。如《李太白全集》、《文山先生全集》、《王子安集》(王勃)、《苏东坡全集》、《稼轩长短句》(辛弃疾)、《徐霞客游记》(徐宏祖)。

(6) 以居官地或居住地命名。如《樊川文集》(杜牧)、《贾长沙集》(贾谊)、《长江集》(贾岛)、《梦溪笔谈》(沈括)。

(7) 以出生地命名。如《临川先生文集》(王安石)、《柳河东集》(柳宗元)。

(8) 以帝王年号命名。如《白氏长庆集》(白居易)、《嘉祐集》(苏洵)。

【史书编写方式】 分纪传体、编年体、纪事本末体三种。

(1) 纪传体是以人物为中心线索来编写的史书体裁,由司马迁首创。《二十四史》全是纪传体。

(2) 编年体是按年月日先后顺序来记述史实的史书体裁,如《左传》、《资治通鉴》。

(3) 纪事本末体是以历史事件为中心线索来编写的史书体裁。这种体裁在南宋时才出现,如《通鉴纪事本末》、《宋史纪事本末》。

二、目录辞书

【目录学】 研究书目的编制、利用并使其在科学文化事业中有效地发挥作用的学问。我国古代很早就有人注意到目录学的作用,西汉时,刘向、刘歆父子就撰有《别录》、《七略》等书,以后历代均有专著。南宋郑樵有《通志·校雠略》。至清代,章学诚著成《校雠通义》,更总结了目录学的丰富经验。反映我国古代著述的规模最大、最全的目录是《四库全书总目提要》和《四库全书简明目录》。

【经史子集】 我国古代图书分类,始于晋荀勖(xù)。经,指儒家经典;史,指各种体裁的史学著作;子,指先秦诸子百家的著作及政治、哲学、医学等著作;集,泛指诗词文赋专集等著作。

【类书】 辑录汇集资料,以利寻检、引用的一种古典文献工具书。其体例有集录各科资料于一书的综合类和专收一门资料的专科类两种。编辑方式,一般分类编排,也有按韵、按字分次编排的。现存著名的类书有:唐代的《艺文类聚》、《初学记》,宋代的《太平御览》、《册府元龟》,明代的《永乐大典》,清代的《古今图书集成》。其价值:一为保存我国古代大量的接近原作的珍贵资料,以供校勘典籍、检索诗词文句、查检典故成语出处之用;二为研究者直接提供了专题研究的资料。

【太平御览】 类书名。宋初李昉等人奉宋太宗之命辑录。全书一千卷,分五十五部、四千五百五十八子目。引书浩博,达一千六百九十余种。引书较完整,多整篇整段抄录,并注明出处。

【永乐大典】 类书名。明代解缙等二千余人奉明成祖之命辑录。该书广泛搜集当时能见到的图书七八千种,辑成二万二千八百七十七卷,另凡例、目录六十卷,共装订一万一千零九十五册,约三亿七千万字,是我国古代最大的一部类书。

【古今图书集成】 类书名。清代康熙年间陈梦雷等原辑,初名《古今图书汇编》,康熙改为今名。雍正初年蒋廷锡等人奉命再编,四年完成,共一万卷,目录四十卷,六千一百零九部,一亿六千万字。每部先列汇考,次列总论,有图表、列传、艺文、选句、纪事、杂录、外编等项,取材繁富,脉络清晰,是我国现存规模最大的类书。

【丛书】 按一定的目的,在一个总名之下,将各种著作汇编于一体的一种集群式图书,叫丛书,又称丛刊、丛刻或汇刻等。形式有综合型、专门型两类。世界著名的古代大型综合性丛书,是清代乾隆年间编的《四库全书》,收编古籍达三千四百六十一种,其中有不少罕见的旧刻和旧抄本。丛书的作用:一是集中大量稀见难得的重要图书文献,对保存、流传、校勘古籍具有重大意义;二是给人们治学以很大方便。

【四库全书】 我国古代最大的一部丛书。纪昀、陆锡熊等四千余人编,清代乾隆三十七年开馆纂修,经十年始成。共收图书三千五百零三种,七万九千三百三十七卷,约九亿九千七百万字。分经、史、子、集四部,故名四库。每部再分类、细目。内容极为广泛,对整理、保存古代文献有一定的作用。

【四部丛刊】 丛书名。近人张元济主编,分初编、续编、三编,共收书五百零四种。我国古代主要经史著作、诸子百家代表作、历朝著名学者文人的别集,大都辑入。全书按经、史、子、集四部排列,有较高的文献价值。

【四部备要】 丛书名。中华书局自1924年起辑印,前后共出五集,收书三百三十六种,一万一千三百零五卷。选书以研究古籍常备、常见和带注的为主,有的采用清代学者整理过的本子。该书较《四部丛刊》实用,两书可互为补充。

【尔雅】 我国最早的释问专著,也是世界上第一部成体系的词典。研究者认为,此书是西汉初年的学者们编辑周秦至汉诸书的旧文递相增益而成。全书计十九篇。累计各篇条目共二千零九十一条,释词语四千三百多个。书中采用的通用语词与专科语词既结合又分科的编注体系与方式,开创了我国百科词典的先例。其丰富的词汇训释,是研究古代语言学的重要资料;它的释词方法、编辑体例,对后世训诂学的发展影响很大。

【说文解字】 简称"说文",是我国第一部系统分析字形和考求字的本义的字典。东汉许慎撰,收字九千三百五十三个,重文(异体字)一千一百六十三个。首创了部首分类法,将一万零五百一十六个字归入五百四十部。每字先解字义,再按六书说解形体构造,并注明读音。

【康熙字典】 清代张玉书、陈廷敬等编纂;在我国字书史上第一次正式使用"字典"为书名,成书于康熙五十五年。全书四十二卷,共收字四万七千零三十五个,一般少见字,大都可以从中查到,是迄清为止我国规模最大的字书。

【辞源】 我国第一部有现代意义的综合词典。陆尔奎、傅运森、蔡文森等主编,1915年出版正编,1931年出续编,1939年出合订本。此书突破我国旧辞书的传统,吸收现代辞书的优点,以语词为主,兼收百科;以常见为主,强调实用;结合书证,重在溯源。共收单字一万一千二百零四个,复词八万七千七百九十个,合计词目九万八千九百九十条。1979年出版的《辞源》(修订本)是一部阅读古籍用的工具书和古典文史研究者的参考书。

【辞海】 现代大型综合性百科词典,舒新城等人主编,1936年中华书局出版。收单字一万三千九百五十五个,语词二万一千七百二十四条,百科词目五万零一百二十四条。按部首排列,以字带词,而词又以字数、笔画为序,在引证、释义、体例、收词等方面都较严密。1957年,毛泽东倡议重新修订《辞海》,先后有九百多人参加工作。1979年由上海辞书出版社出版三卷本,1980年出版缩印本。《辞海》不断增补修订,1983年出版了《辞海·增补本》,1989年出版了修订后的《辞海》。

【中华大字典】 是《汉语大字典》出版前我国大陆收字最多、规模最大的字典。欧阳溥存等主编,1914年成书,1915年由中华书局初版。全书收字四万八千多,按部首分二百十四部排列。此书继承《康熙字典》的字汇,又采录近代的方言和翻译中的新字,体例比《康熙字典》先进。

【经传释词】 古汉语虚词研究专著,清代王引之著,共十卷。以经传为主,兼及子史,收周秦两汉古籍中文言虚词一百六十个,详加解释。

【文言虚字】 文言虚词研究著作,吕叔湘著。书中选取最常见的二十九个文言虚词,广举例句,详加分析,并附有练习。1944年由开明书店出版。